NICOLAS SEYDOUX

LE CINÉMA, 50 ANS DE PASSION

nrf

GALLIMARD

En hommage à Marie qui a vécu
l'essentiel de cette aventure.
À Anne-Claire qui m'a donné
la quiétude nécessaire à son récit.

Mardi 1er octobre 1974, 21 heures

Voilà quatre jours que je suis directeur général de Gaumont. Nous sommes à Monaco pour inaugurer un ensemble de deux salles de cinéma. À cette occasion, le dernier film de Claude Sautet est projeté en avant-première mondiale. Le prince Rainier et la princesse Grace sont installés au balcon, le Tout-Monaco se presse autour d'eux, comme les dirigeants de Gaumont.

Je me suis rattaché à l'équipe du film et, comme il est de coutume, celle-ci arrive en dernier pour présenter le film. Alors que nous nous apprêtons à nous installer, nous découvrons, stupéfaits, la partie inférieure de la salle : l'orchestre est désert, sans le moindre spectateur en vue. On me murmure à l'oreille que c'est le « protocole »... bien des années plus tard, je n'ai pas vérifié cette information.

Vincent, François, Paul et les autres réunit à l'écran quelques-uns des caractères les plus trempés du cinéma français, à commencer par son réalisateur et par l'acteur principal : Yves Montand. Les deux hommes n'étant pas connus pour leur modération, surtout dans la colère, leur réaction ne dérogera pas à cette réputation : la perspective de voir *leur* film se jouer devant une salle aux trois quarts vide leur est insupportable, et ils décident de ne pas assister à la projection… me privant de l'occasion de saluer l'héroïne de *La Main au collet,* tourné en partie dans la Principauté…

Sortis du cinéma à peine inauguré, nous nous éloignons du « protocole », des balcons princiers et des principaux responsables de Gaumont. Dans les rues sinueuses de Monaco, nous partons à la recherche d'un lieu agréable où dîner. Mais une pensée me frappe tout à coup, qui ne cessera de me tarauder ensuite : le chemin sera long pour remettre la Gaumont au cœur des talents, et les talents dans le cœur de la Gaumont…

Comment me suis-je mis dans cette galère ?

1

La tradition et le risque

Comment se fait-il que les trois fils de René Seydoux et de Geneviève Schlumberger, Jérôme, Michel et Nicolas, soient « dans le cinéma » ? Cette question ne cesse de revenir, et force est de constater que je n'ai aucune réponse à y apporter. Je peux, néanmoins, tenter d'y réfléchir, proposer quelques pistes d'explication.

Je suis, nous sommes les produits d'une étrange culture, faite d'un alliage non moins étrange entre la tradition et le goût du risque.

MARGUERITE DE WITT-SCHLUMBERGER

Paul et Marguerite Schlumberger, mes arrière-grands-parents, furent sans doute les représentants les plus accomplis de la façon de voir le monde qui court dans la famille : pour les Schlumberger, rien n'est jamais acquis, et entreprendre est l'une des valeurs les plus importantes que nous partageons. « Entreprendre » est souvent synonyme de « prendre un risque », quitte à rompre la tradition comme l'ont fait Paul et Marguerite Schlumberger.

Marguerite de Witt-Schlumberger peut d'abord apparaître comme une caricature de grande bourgeoise protestante. Dévouée envers les plus démunis, s'occupant des pauvres et des défavorisés, elle est la fière représentante de cette tradition de femmes qui pensent qu'ayant beaucoup reçu, elles doivent beaucoup donner. C'était un personnage beaucoup plus complexe et riche que ce que pourrait laisser supposer une première impression : elle deviendra au fil des ans l'une des personnalités les plus importantes du mouvement féministe du début du XXe siècle.

En 1876, Marguerite Schlumberger arrive de France. Elle a vingt-trois ans, s'apprête à se marier, et fonde à Mulhouse, alors en Alsace occupée, Le Refuge[1] et l'École ménagère d'Illzach[2].

Trois décennies plus tard, rentrée en France depuis quelque temps, elle sera la première présidente de l'Union française pour le suffrage des femmes. Le 5 juillet 1914, plus de 6 000 femmes défilent, chapeautées et gantées, dans les rues de Paris. Tout en chantant *La Marseillaise* et *Le Chant du départ*, elles se dirigent vers le quai de Conti pour déposer un bouquet de fleurs au pied de la statue de Condorcet. Ce sera la première manifestation féministe publique en France, et Marguerite marchera en tête du cortège, aux côtés de Séverine, directrice du *Cri du peuple*.

Marguerite de Witt-Schlumberger assure et assume une rupture totale avec la morale bourgeoise de l'époque, très masculine : elle revendique des droits égaux à ceux des

1. Le Refuge est un établissement destiné aux femmes désemparées qui n'ont souvent d'autres ressources possibles que la prostitution.

2. L'École ménagère d'Illzach, comme son nom l'indique, a pour objet de donner une formation ménagère aux femmes sans ressources et sans formation.

hommes, en premier lieu le droit de vote et un salaire identique.

En 1923, elle sera élue présidente de l'Alliance internationale pour le suffrage des femmes, mais, affaiblie par l'âge, refusera cette position. Quelques mois plus tard, elle meurt, à soixante et onze ans. À son enterrement, Justin Godart, le ministre de l'Hygiène, de l'Assistance et de la Prévoyance, s'il se garde d'évoquer ses combats féministes, rappelle qu'« en face des vices, elle n'avait pas à la bouche la condamnation, si facile pour les sceptiques et les égoïstes. Elle recherchait les responsables, la pauvreté, l'alcoolisme. Pour elle, les dépravations avaient pour origine des défaillances collectives, plutôt que des faiblesses individuelles ».

Auparavant, avec Paul Schlumberger, ils ont décidé de quitter l'Alsace. Ils ne l'ont pas fait au lendemain de la défaite de 1870 et du rattachement à la Prusse. Ils y vivent jusqu'au début du XXe siècle : leurs six enfants[1] y naissent, et s'ils abandonnent la terre natale de Paul, c'est parce qu'ils ne souhaitent ni l'un ni l'autre que leurs fils accomplissent leur service militaire sous l'uniforme prussien. Paul Schlumberger vend tous ses actifs à vil prix. On ne peut en effet quitter la Prusse et y conserver des avoirs...

Ce départ est une rupture pour toute la famille : rupture pour les parents ; rupture pour les enfants, que Jean

1. Les six enfants de Paul et de Marguerite Schlumberger sont :

Jean, écrivain, cofondateur de la *NRF* ;

Conrad, polytechnicien, professeur à l'École des Mines, cofondateur de Schlumberger Ltd ;

Daniel, mort en 1915 ;

Pauline, maire de Saint-Ouen-le-Pin ;

Marcel, ingénieur centralien, cofondateur de Schlumberger Ltd ;

Maurice, banquier, fondateur de la Banque Schlumberger qui deviendra Neuflize Schlumberger, Neuflize Schlumberger Mallet, Neuflize OBC et qui sera totalement absorbée à la fin de l'année 2023 par ABN Amro.

Schlumberger, l'aîné, évoque ainsi dans *Éveils* : « Je n'ai pas le souvenir que le problème du choix se soit posé dans nos esprits. Il était résolu d'avance. Nous savions que nos petits camarades d'école, de qui les parents avaient pu s'abriter derrière une vague nationalité suisse, hériteraient de places toutes faites dans les usines, mais que nous-mêmes, à l'âge de quinze ans, date d'inscription sur les listes militaires, nous quitterions l'Alsace. Les Allemands accordaient aux mauvaises têtes de notre espèce un permis d'émigration, grâce auquel le partant n'était pas considéré comme un déserteur mais comme rejeté du pays avec interdiction d'y jamais rentrer. »

À quinze ans, « rejeté du pays avec interdiction d'y jamais rentrer »...

MARCEL SCHLUMBERGER

Quinze ans. C'est presque l'âge que j'avais à la mort de mon grand-père, Marcel Schlumberger. De cet homme, deux images coexistent en moi : celle qu'a l'adulte que je suis devenu et qui cherche à comprendre, et celle qu'avait l'enfant qui a eu la chance de le connaître un peu.

Jusqu'à la fin de la guerre et mes six ans, il n'y avait pour moi qu'un seul homme dans la famille, et cet homme était Marcel Schlumberger : mon père était alors prisonnier des Allemands, mon autre grand-père mort depuis longtemps, mes oncles aux États-Unis ou ailleurs.

Marcel Schlumberger parlait peu, *très* peu. Il préférait agir, montrer, démontrer par l'action. Il nous emmenait dans les bois et là, joignant le geste à la parole, il se lançait dans des explications : tel arbre devait être coupé, pour telle raison, de telle façon. Là où d'autres auraient vu du bricolage, lui voyait de la science appliquée. Ma mère, qui éprouvait pour lui affection, tendresse et admiration, me racontait qu'à six ans, en Alsace, ne sachant pas sa leçon et par peur d'être grondé, il avait mis de la glycérine dans les encriers de ses camarades de classe : l'encre s'était figée, les élèves n'avaient pu écrire, et le professeur s'était vu contraint de reporter la composition – ce qui avait laissé à mon grand-père le temps de réviser ses leçons. Elle me racontait aussi qu'à quinze ans, il avait inventé le changement de vitesse automatique, mais que personne n'avait jugé utile de protéger cette découverte par un brevet.

En 1914, à la déclaration de guerre, son corps d'origine refuse de l'engager parce qu'il est atteint d'un souffle au cœur. Le seul moyen qu'il a de participer au combat est de le faire en tant qu'estafette. C'est un cas unique pour un officier, et il faut venir avec sa propre moto... Il en achète une.

Pendant la Seconde Guerre mondiale, quand les sirènes hurlaient en pleine nuit pour nous avertir d'un raid aérien, c'est lui qui guidait notre descente vers la cave. Il y avait percé une seconde issue, au cas où un éboulement aurait obstrué la première... Comme l'essence était alors réservée aux Allemands et à quelques services officiels, il avait transformé sa Simca 5 en voiture électrique. Je me souviens aussi d'un retour de Cormeilles juste après la guerre : il se tient à califourchon sur sa Motobécane 125 cc, laquelle tire une remorque. Dans la remorque, assise confortablement sur un fauteuil Pullman, ma grand-mère et, sur ses genoux, moi.

Un peu plus tard, il m'a placé entre ses jambes pour me confier le volant de la 11 CV Citroën. C'est le plus beau souvenir qu'il m'ait laissé, car c'est une extraordinaire preuve de confiance en la jeunesse. Et c'est sans doute le plus beau compliment qu'on puisse adresser à la famille Schlumberger que de dire qu'elle croit en l'avenir, aux jeunes, à ses enfants, petits-enfants, arrière-petits-enfants.

C'est ce que fait Paul Schlumberger le 12 novembre 1919 : un an et un jour après le défilé de la victoire à laquelle ils ont contribué comme officiers, Conrad et Marcel, ses fils, reçoivent la moitié de leur héritage en avance d'hoirie. Paul est confiant dans leurs talents, et la somme en question est destinée à faire « des recherches en vue de déterminer la nature du sous-sol par les courants électriques ».

Le 2 décembre 1919, Jean Schlumberger, le frère aîné de Conrad et Marcel, futur fondateur de la *NRF* aux côtés notamment d'André Gide, notait dans son journal : « Étonné et ému de la perspicacité avec laquelle mon père a pu venir au secours de ses fils, tirant Conrad et Marcel, l'un de ses chimères, l'autre de son isolement, en leur fournissant les moyens. »

Paul Schlumberger mourra le 15 octobre 1926. Un an plus tard, mon grand-père et son frère fondèrent la Société de prospection électrique, appelée pendant longtemps la « Pros », l'ancêtre de Schlumberger Ltd, compagnie bientôt centenaire qui deviendra la première société mondiale dans son domaine : les nouveaux systèmes énergétiques, la décarbonation industrielle, le numérique à grande échelle et l'innovation pétrolière et gazière. J'aurai la chance, en tant qu'administrateur, de suivre de près son activité pendant plus d'un quart de siècle.

De mon grand-père, je dirais que son éducation fut marquée par des valeurs qu'il est convenu de qualifier de « protestantes », au premier rang desquelles le travail. Pour les Schlumberger, le travail doit être bien fait, dès la première fois. Cet homme peu enclin à accorder des entretiens déclarera peu avant sa mort au journaliste Merry Bromberger : « Le secret de la réussite : mettre son travail au-dessus de tout, de son confort, de ses envies, de ses besoins de repos. Celui qui sacrifie à son métier, à son entreprise toutes les satisfactions qui demandent du temps et de l'argent pour lui consacrer toutes ses ressources et toutes ses forces est certain d'aboutir. Il met la chance et le temps avec lui[1]. »

Conrad Schlumberger meurt d'un AVC à Stockholm, en 1936, de retour de Moscou, après avoir tenté de faire sortir des prisons staliniennes des ingénieurs de la société. Marcel meurt en 1953.

MATHILDE SEYDOUX ET JEANNE SCHLUMBERGER

La janséniste et l'épicurienne

Mes deux grand-mères, Mathilde Fornier de Clausonne et Jeanne Laurans, devenues par leurs mariages respectifs Seydoux et Schlumberger, illustrent bien ce mélange de respect de la tradition et de goût du risque.

Elles partagent des points communs, beaucoup de points communs : l'éthique, la rigueur, l'intégrité, la morale – si ce mot a encore un sens –, le respect de soi et des autres – ils sont indissociables –, le sens de l'honneur, de la parole donnée, le goût du travail bien fait... la liste est longue.

C'étaient deux protestantes. Mais si l'une m'emmène au temple de Nîmes pour le service du dimanche de Pâques, je

1. Merry Bromberger, *Comment ils ont fait fortune*, Plon, 1954.

ne crois pas avoir vu l'autre s'y rendre en dehors des obligations sociales que sont les baptêmes, mariages et enterrements. Une culture protestante assumée, sans aucun esprit missionnaire, accompagnée d'un total laïcisme, d'un respect absolu des croyances des autres – quelles qu'elles soient, chrétiennes, monothéistes, polythéistes ou athées. Ce libéralisme intellectuel et spirituel nous a conduits, les quatre enfants de René et Geneviève Seydoux, à épouser des catholiques, sous le regard sévère de certains de nos oncles, tantes et cousins.

Cette nuance dans la pratique religieuse est renforcée par de profondes différences qui s'expriment par le goût du risque et l'entrepreneuriat d'un côté, la « diplomite » et le sens du service public de l'autre.

La fonction publique est le nirvana de la famille Seydoux. Mariée à un brillant diplomate gravement malade pendant vingt ans, veuve à ma naissance depuis dix ans, et à ce titre, en pure Méridionale, toujours de noir vêtue, grande, mince et austère, mère de deux ambassadeurs, belle-mère d'un major de Polytechnique, ma grand-mère avait quelques difficultés à comprendre ce que faisait son fils aîné, mon père, après qu'il eut rejoint les « affaires » de son beau-père.

Quand, juste après la guerre, elle quitte encore sa propriété méridionale pour venir à Paris, c'est pour nous emmener au théâtre Mogador voir *Violettes impériales*. Je ne suis pas sûr qu'elle ait une seule fois mis les pieds dans un cinéma…

Mon autre grand-mère est extraordinaire.

Une anecdote pour résumer le personnage atypique, attachant, original qu'était cette grand-mère maternelle, qui aimait et savait surprendre. Elle m'a été rapportée par ma mère, car j'étais trop jeune alors pour en être le témoin.

C'était en 1940, et sa propriété était en partie occupée par les Allemands. Il y subsistait un tas de charbon. Jeanne Schlumberger alla voir le commandant allemand pour lui en demander. Ses petits-enfants à Paris n'avaient rien pour se chauffer. Le commandant, étonné et ébranlé par les arguments de cette grand-mère, accepta de lui en donner la moitié. Après avoir cherché et trouvé un muletier et une charrette, ma grand-mère regarda alentour. Ne voyant aucun Allemand en vue, elle dit au muletier de tout emporter. Le soir, le commandant vint la trouver, ivre de rage, et la menaça des pires représailles pour ce geste d'insubordination. Elle répondit alors, avec un aplomb imperturbable : « Mais commandant, comme vos soldats en avaient déjà brûlé la moitié, je n'ai fait que prendre l'autre. »

Juste après la guerre, alors que les tickets de rationnement pour l'alimentation étaient toujours d'actualité, elle envoya ses petits-enfants ramasser des châtaignes dans sa propriété. Les enfants furent à la peine, et parvinrent péniblement à remplir un demi-panier. Quelle ne fut pas leur surprise quand ils virent leur grand-mère, partie après eux, revenir avec deux paniers pleins à craquer de châtaignes ! Jeanne Schlumberger avait remarqué le petit manège de certains voisins. Ceux-ci passaient par-dessus le mur de la propriété pour ramasser les châtaignes. Elle les surveillait, et quand les voisins avaient fini leur cueillette, elle allait récupérer leurs paniers en menaçant d'appeler les gendarmes s'ils n'obtempéraient pas.

C'était une femme comme il en existe peu : ouverte au monde et à sa famille, en particulier à ses petits-enfants, elle nous couvrait de cadeaux, à condition de savoir ce qu'on désirait. Jeanne Schlumberger avait en horreur les hésitations et les tergiversations. Petite-fille d'instituteurs, fille de polytechnicien, femme d'ingénieur, elle avait un caractère bien trempé : l'un de ses titres de fierté était l'obtention de son permis de conduire en 1907. Elle n'avait alors que dix-huit ans et faisait partie des toutes premières femmes à avoir passé l'examen. Jeanne Schlumberger aimait conduire, et conduire vite à l'occasion. La conduite n'était pas le seul domaine où elle pouvait se targuer d'avoir été à l'avant-garde : elle se vantait parfois d'avoir été l'une des premières lectrices de Proust, même si sa prédilection en matière d'arts la portait davantage vers l'architecture et la peinture. Femme d'action à la volonté inflexible et généreuse mécène, elle permit la restauration de plusieurs églises normandes, et son amour de la peinture la conduisit à devenir un soutien très actif et constant du musée Eugène-Boudin, à Honfleur.

Elle estimait que son mari, Marcel Schlumberger, était le plus grand des inventeurs, et comme elle jugeait qu'il fallait lui assurer à l'avenir la reconnaissance qu'il méritait, elle décida de créer après sa mort le musée Schlumberger. Elle restaura un vieux château féodal de fond en comble, à Crèvecœur, dans le Calvados. Le savoureux contraste régnant entre le décor médiéval et les découvertes qui y étaient exposées (les plus récentes trouvailles concernant l'exploration des sous-sols) lui plaisait infiniment. Elle aimait marier l'ancien et le moderne. Le soutien qu'elle apporta au travail de son mari, puis à sa mémoire, la poussait parfois à sortir les griffes : elle ne supportait pas qu'on le critique, pas plus que n'importe quel membre de la famille. Si l'on appartenait à la famille, cela faisait forcément de nous quelqu'un de « bien ». Elle pouvait avoir un franc-parler redoutable, dont la verve effrayait ses ennemis et réjouissait ses amis.

Je garde d'elle l'image d'une femme entière, volontiers partiale, d'un dynamisme, d'une jeunesse d'esprit et d'un enthousiasme qui avaient de quoi surprendre même les plus jeunes, qu'elle laissait souvent loin derrière elle. Elle affronta avec un courage sans faille les épreuves physiques et morales que la vie lui réserva, et elle fut pour ses petits-enfants et arrière-petits-enfants un véritable modèle.

C'est à ma grand-mère que je dois ma première voiture et ma première séance de cinéma…

LA DÉCOUVERTE DU CINÉMA

Je suis né en 1939 et, pendant la guerre, je n'ai pas eu l'occasion d'aller au cinéma. Celle qui deviendrait « ma première séance » fut fortuite. J'avais alors sept ans. Les trois aînés, ma sœur Véronique, mon frère Jérôme et moi, avions été amenés gare Saint-Lazare par notre grand-mère. Nous devions y accueillir nos parents, de retour d'un voyage aux États-Unis. Mais le bateau, ralenti par le mauvais temps, avait plusieurs heures de retard, et le train qui faisait la liaison entre Cherbourg et Paris en était décalé d'autant.

Il était sept heures du soir, et nous n'avions rien à faire pour « passer le temps ». Quand ma grand-mère décida que nous irions au cinéma, je fus très ému : j'allais non seulement avoir la permission inattendue de me coucher tard, une nouvelle qui ravissait le jeune enfant que j'étais, mais en plus j'allais pénétrer dans l'une de ces salles obscures où se produit la magie. Nous nous rendîmes dans une salle voisine. On y projetait *La Belle et la Bête.* Je fus pétrifié. Je croyais tout ce que je voyais et, terrifié, terminai la séance recroquevillé derrière le dossier du fauteuil de devant pour ne pas voir la Bête dévorer la Belle. Le cinéma avait atteint son but : transmettre des émotions – et quelles émotions !

Si ma présence à cette séance était fortuite, le choix du film ne l'était pas : ma grand-mère allait régulièrement au cinéma le mercredi. À La Pagode, qui se situait près de chez elle, et où elle emmenait volontiers les plus âgés de ses petits-enfants.

Mon initiation s'est ensuite poursuivie de façon plus apaisée, mais tout aussi captivante.

En pension, nous avions droit chaque mois à un film, projeté en 16 mm. Mes préférés étaient les films épiques. Je rêvais de devenir l'un de ces héros pour lesquels les plus belles femmes du monde se prenaient de passion, à l'image d'*Ivanhoé*[1] ou, mieux encore, de *Fanfan la Tulipe*[2].

En 1957, au Colisée, sur les Champs-Élysées, je suis fortement séduit par Tatiana Samoïlova dans *Quand passent les cigognes.* Cannes n'a pas encore auréolé ce grand film de sa Palme d'or. Mais si ce film soviétique me fit une grande impression, je ne manquai aucun des grands westerns de la fin des années 50 et du début des années 60. Je m'assimilais immanquablement au héros qui tire plus vite que son ombre.

Je fréquentais parfois la Cinémathèque française, j'allais y voir les derniers Ozu : les bobines pouvaient passer dans

1. Interprété par Robert Taylor.
2. Interprété par Gérard Philipe.

le désordre, sans doute parce qu'elles avaient des origines différentes. Il n'était alors pas surprenant que le film soit à certains moments sous-titré en russe. Cette fréquentation et ces habitudes ne faisaient pas de moi un cinéphile comme on l'entend aujourd'hui. J'étais plutôt un cinéphile au sens premier du terme : un ami du cinéma, un amateur qui aime le cinéma… La vie était alors très différente de ce qu'elle est devenue : la télévision en était encore à ses débuts et, pour les jeunes gens que nous étions, les sorties entre amis, les activités qui s'offraient à nous étaient indissociables d'une sortie au cinéma. D'abord sur les Champs-Élysées, mais aussi dans ce que l'on commençait à appeler les cinémas « art & essai », le Studio Bertrand, Le Ranelagh, Le Champollion, dont la qualité de la rétroprojection, faite sur un miroir, donnait une image plus médiocre que le projecteur 16 mm de ma pension…

Un nom revenait souvent sur les façades, comme dans les génériques des films : Gaumont. Mais je ne prêtais guère attention au nom du producteur délégué : Alain Poiré. Si j'avais su… Je me suis enthousiasmé pour *La Poison,* à mes yeux un pur chef-d'œuvre d'humour et qui, n'en déplaise à cette spectatrice new-yorkaise qui, à l'issue de sa première projection au MoMA, avait qualifié ce film de « *cynical* », n'avait rien de cynique. J'ignorais également ce que s'étaient dit Sacha Guitry et Michel Simon avant le tournage :

> « Maître [c'est ainsi que les comédiens à l'époque appellent Sacha Guitry], je ne sais si je suis bon à la première prise, mais à la seconde je suis mauvais et à la troisième exécrable…

— Michel Simon, dans la mesure du possible, nous ne ferons qu'une seule prise... »

Et c'est ainsi, « dans la mesure du possible », que le film fut tourné en à peine plus d'une semaine.

Le Général de la Rovere, La Traversée de Paris ou *Un condamné à mort s'est échappé* se déroulent pendant la guerre. Ces films me rappelaient, ou plutôt rappelaient à l'enfant que j'étais pas si longtemps auparavant, les rues vides que le couvre-feu privait d'éclairage, les héros de la Résistance dont les hauts faits n'étaient commentés qu'à voix basse, le regard inquiet de sa mère quand l'Oflag XC de Lübeck, où son père, capitaine de réserve, était prisonnier de guerre, risquait d'être bombardé par la Luftwaffe... Si j'avais été plus attentif, j'aurais pu, peut-être, remarquer que les films des réalisateurs qui faisaient le plus parler d'eux à l'époque, *Et Dieu créa la femme, À bout de souffle* ou *Les Quatre Cents Coups,* n'étaient pas précédés du générique de la « firme à la marguerite », logo que Léon Gaumont avait donné à la société qu'il avait fondée, en hommage à sa mère, Marguerite...

RENÉ SEYDOUX

René Seydoux, mon père, est le fils aîné de la branche portant administrativement le nom de Seydoux Fornier de Clausonne. Ce nom revêtait une grande importance pour son père, Jacques Seydoux : il était la preuve de son amour pour sa femme, Mathilde Fornier de Clausonne. René Seydoux fit, en compagnie de ses frères, les démarches nécessaires pour que le nom ne tombe pas en déshérence ;

il ne le portait pas pour autant, sa fibre républicaine était trop forte pour qu'il affiche cette marque de noblesse...

Jacques Seydoux était un brillant diplomate, dont l'accession à la fonction d'ambassadeur fut empêchée par la maladie. En 1919, il créa la sous-direction des relations commerciales, qui deviendra par la suite la direction économique des affaires étrangères. Il souffrait d'un rhumatisme articulaire paralysant et très douloureux, mais n'accueillit pas favorablement le souhait de son fils de devenir médecin : celui-ci le regretterait toujours, mais trouverait d'autres domaines où cultiver sa passion des autres, qu'il exercerait tout au long de sa vie.

La famille est protestante, libérale : une famille bourgeoise aux revenus moyens pour qui la haute fonction publique constitue la « voie royale ». Où exercer, sinon dans et pour l'État, les valeurs qui l'animent : l'éthique, la rigueur, l'intégrité, la morale, le respect de soi et des autres, le sens de l'honneur, de la parole donnée, et le goût du travail bien fait ?

À Clausonne, la maison de famille méridionale, ces valeurs étaient la règle. Nous n'allions jamais au bord de la mer, qui se situait pourtant à moins de 50 kilomètres.

Quand, en novembre 1942, alors que les Allemands envahissaient la « zone libre », un commandant fort policé était venu annoncer la réquisition du château pour le lendemain et l'installation dans nos murs de son état-major, les trois dames en noir qu'étaient mon arrière-grand-mère (la baronne) et ses deux filles refusèrent de serrer la main qu'il leur tendait.

Les gènes de la famille ne destinaient pas ses membres à l'entreprise privée. Le profit ne faisait pas partie de la culture maison. Mon père finit néanmoins par céder aux instances de son beau-père, Marcel Schlumberger : celui-ci avait fondé dix ans plus tôt sa société avec son frère, et le pressait pour qu'il les rejoigne et apporte son concours au succès de l'entreprise. Ce qu'il fit.

Parti pour l'étranger à l'issue de son cursus universitaire, il revint à Paris préoccupé par la santé de son père, gravement atteint par la maladie qui devait l'emporter. C'est à cette époque qu'il devint, à vingt-sept ans, secrétaire général de l'École libre des sciences politiques. La présence d'un secrétaire général à peine plus âgé que ses étudiants recèle son potentiel d'anecdotes.

J'en citerai deux, l'une que je tiens de lui, l'autre de l'intéressé. À une ravissante jeune fille qui s'était vantée de ne rien craindre de l'oral devant ce jury « de vieux croûtons », il fit placer le mont Blanc dans les Vosges ; à un jeune homme qui ne savait pas grand-chose, il recommanda d'aller élever des bœufs en Argentine, conseil suivi par l'intéressé qui lui permit, quelques décennies plus tard, de posséder un troupeau de plus de cent mille têtes.

Mais son plus grand titre de fierté à la direction de cette école avait de quoi surprendre. Il était fier d'avoir reçu la médaille d'or de l'éducation physique pour avoir rendu cette discipline obligatoire pour tous les étudiants, y compris les jeunes filles. C'était alors un cas unique en France…

À la déclaration de guerre, il était capitaine de réserve, mobilisé avec la première armée française. Les événements le retrouvèrent sur des îles de Hollande désertées par les autochtones : ceux-ci avaient fui en partant avec tous les bateaux, privant ainsi ceux qu'ils laissaient derrière eux d'une chance d'éviter les divisions blindées allemandes. Cela n'empêcha pas la plupart des officiers d'active de disparaître dans la nature. René Seydoux estima qu'il était de son devoir de rester auprès de ses hommes. Et il fut fait prisonnier.

Après dix-huit mois passés dans un camp « normal », il fut transféré dans un camp de représailles, l'Oflag XC, à Lübeck. Les autorités militaires allemandes l'avaient jugé trop peu « coopératif ». Afin d'éviter qu'une tentative d'évasion ne porte préjudice à d'autres, un « Bureau des évasions » fut créé pour coordonner les efforts des prisonniers. Mon père en fut nommé président, et aucun prisonnier, dans ce camp qui comptait plus de 3 000 officiers, qu'il soit serbe ou polonais, belge ou français, n'aurait songé à remettre en cause la décision du « juge de paix ». Il participa par ailleurs activement à l'animation du camp ; développa les sports collectifs de ballon – un moyen subreptice de maintenir chacun en forme, pour le cas où l'évasion serait imminente ; trouva, avec un vigneron champenois de ses amis, une technique pour faire du vin à partir des raisins de Corinthe que la Croix-Rouge grecque envoyait en grand nombre ; et assura à ses codétenus, jeunes ou futurs papas, des cours de gynécologie : à la grande stupéfaction des services chargés du contrôle du courrier dans le camp, sa femme lui envoyait les livres qui faisaient référence en la matière à l'époque. À la fin de la guerre, lui qui avait été fait prisonnier en mai 1940, quand il vit la plupart des officiers d'active rentrer très vite dans leurs foyers, il assura avec un ami le rapatriement de l'ensemble de son camp, et regagna Paris le dernier. C'était le 29 mai 1945.

Même si je n'étais plus en bas âge, ma mère m'imposait encore la sieste. Je me rappelle confusément une grande agitation subite ; des cris, « Papa ! Papa ! », c'étaient mon frère et ma sœur. Je ne sais plus si j'ai couru vers lui, ou si quelqu'un m'a sorti de mon lit. Je sais, en revanche, qu'on m'a pris dans les bras. Nous sommes dans l'entrée, il y a ma mère, ma sœur et mon frère aîné. Et aussi un homme grand, droit, qui porte un uniforme, et que je ne connais pas. Cet homme, c'était mon père. J'avais six mois quand il était parti, et presque six ans quand il est revenu. Cet homme, je ne l'avais vu qu'en photo : devant une « baraque » du camp de prisonniers, il portait un long manteau et un calot. Et maintenant, il était en veste, son képi posé sur la commode. Il venait d'arriver directement de Lübeck avec l'un de ses amis, Pierre Vidal. La voiture en question est garée dans la cour, et elle est de marque allemande, mais c'est une « amie », elle a été réquisitionnée. Le mot me fait réagir : jusqu'à présent, dans mon esprit, seules les voitures françaises pouvaient être réquisitionnées, certainement pas les allemandes. Alors que le vent de l'Histoire a tourné, du haut de mes six ans, je ne comprends pas encore que le sens des mots, lui aussi, peut changer. Je veux savoir qui était au volant. Quand j'apprends que c'est surtout l'autre capitaine, et pas mon père, je suis très déçu.

Puis « il » casse le sucre d'orge de Rouen. Je n'ai jamais vu ce sucre d'orge caché dans un placard, je n'ai d'ailleurs jamais vu de sucre d'orge de ma vie, mais j'en ai souvent entendu parler. Il est large comme une pièce de cinq francs, long comme une règle de classe, et pour le casser, il faut utiliser un marteau. Ma mère l'avait acheté avec mon père lors de sa dernière permission ; c'était le 10 mai 1940, juste avant l'attaque allemande, et depuis, elle l'avait conservé. Elle me racontait, et nous racontait, que nous le mangerions tous ensemble quand mon père reviendrait. Ce n'est que bien plus tard que j'ai compris le véritable sens de ses paroles. Enfant, il ne me venait pas à l'idée qu'il ne puisse pas rentrer…

À la fin de la guerre, son attitude valut à mon père d'être élu président de l'Union des amicales de camps de prisonniers, association qui représentait alors l'ensemble des anciens prisonniers de guerre français.

Entré en 1937 chez Schlumberger, dont il fut l'un des dirigeants jusqu'à sa retraite, en 1968, il disait : « Une société, c'est trois choses : une idée, des moyens et des hommes. L'idée, Conrad et Marcel Schlumberger l'avaient eue ; les moyens, je ne les avais pas ; ma passion, ce sera les hommes. » Lui qui, avant-guerre, avait passé deux ans aux États-Unis (et qui plus est, au Texas) voyagea régulièrement après son retour de captivité. Chaque déplacement recélait pour lui d'incroyables découvertes où sa soif très vive pour les cultures et les êtres différents trouvait à s'étancher. Il en acquit une connaissance du reste du monde peu commune pour un Français de l'époque et qui justifia sa nomination comme vice-président du Conseil supérieur des Français de l'étranger pendant de nombreuses années, le président en étant, de droit, le ministre des Affaires étrangères.

Dans les organismes officiels ou dans d'autres moins en vue comme le centre nautique des Glénans, le Centre de formation des journalistes, l'Université méditerranéenne d'été, il joua le rôle de catalyseur d'énergies, s'intéressa à la formation des jeunes, au rapprochement des cultures, à l'ouverture sur le monde. Il n'avait d'autre souci que de permettre à chacun de mieux comprendre son prochain.

C'est aux côtés de sa femme au cours d'un dîner, à Nîmes, près de Clausonne qu'il aimait tant, que René Seydoux fut à soixante-neuf ans terrassé par une crise cardiaque. Il mourut comme il avait vécu, entouré par ses amis.

À de rares exceptions près, les enfants aiment leur mère. Je ne dérogeais pas à la règle.

Blonde aux yeux bleus, Geneviève Seydoux mesurait 1,64 mètre et demi. Cette précision pourrait paraître ridicule ou insensée, mais ma mère aimait à souligner ce chiffre. Elle devait sans doute avoir le sentiment que ce demi-centimètre faisait toute la différence entre les petits et les autres. Elle avait beau être l'aînée de sa fratrie, elle était plus petite que son frère et que sa sœur, tout comme elle était plus petite que son père et sa mère. Peut-être avait-elle conçu un complexe à ce sujet.

Ma mère était une pure Alsacienne, une protestante au caractère bien trempé et aux convictions inflexibles. Sa croyance en l'effort était aussi marquée que son horreur du mensonge, et elle avait fait sien le principe du « Mens sana in corpore sano ».

Geneviève Seydoux avait une passion pour son mari, dont elle parlait avec émotion encore peu de temps avant de nous quitter. Elle avait également une grande admiration pour son père. Bien que ses parents aient vécu dans le même immeuble qu'elle, à l'étage du dessous, ma mère eut à s'occuper de trois enfants en bas âge durant la captivité de mon père. De retour en 1945, mon père disait : « Les trois aînés, quand je suis rentré, Geneviève les avait élevés. »

De cette période, du haut de mes trois pommes, je garde une poignée de souvenirs précis. En quelques occasions – très rares, car dans la famille, on n'exprime pas ses sentiments ; et ma mère moins que tout autre – j'ai vu le chagrin apparaître sur le visage de ma mère. Les nouvelles du front devaient être mauvaises, les chances de libération par les alliés occidentaux minimes, les risques de représailles élevés. L'espoir que l'homme qu'elle aimait revienne diminuait-il qu'elle peinait à cacher son tourment, même au plus jeune de ses enfants. Je l'ai vue, attentive, précautionneuse, avec cette précision qu'elle mettait dans tout ce qu'elle entreprenait, glisser pour son prisonnier de mari des messages écrits sur du papier à cigarette dans des noix, avant de les recoller avec minutie.

La veille de la libération de Paris, nous sommes rentrés de la propriété que mes grands-parents possédaient à la campagne. Ma sœur et mon frère transpiraient sur leurs petites bicyclettes pour garder le rythme. En plus des multiples provisions qu'elle avait chargées dans les sacoches, elle m'avait installé sur le porte-bagages et pédalait comme si de rien n'était. La légende familiale veut qu'une fois arrivé à Paris, je n'ai pas trouvé le voyage trop fatigant…

Le jour de la Libération, comme beaucoup de Parisiens, elle nous emmena aux Tuileries. C'était la liesse. Comme tant d'autres, nous terminâmes cette journée épique à plat ventre entre les chenilles d'une automitrailleuse. Des tirs partaient de la rue de Rivoli et, près de quatre-vingts ans plus tard, personne n'en connaît ni la cause ni les auteurs. Jamais ma mère n'aurait voulu que nous manquions un tel événement. Plus tard, elle me dit : « Nicolas, il faut savoir saisir les occasions quand elles se présentent. »

Elle était discrète sans être effacée devant son mari, bien qu'il eût, en bon Méridional, le verbe facile. Elle fut plus loquace après sa mort, estimant qu'il lui fallait occuper une place qu'il avait laissée vacante.

Diplômée de l'École du Louvre, elle portait un grand intérêt à l'art et aux artistes, à la peinture en particulier.

Elle sauva La Ruche[1] de la destruction, organisa sa restauration et la pérennité de son financement. Après la mort de sa mère, elle assura avec efficacité et générosité la présidence du musée Eugène-Boudin à Honfleur : elle y organisa la plus belle rétrospective de ce peintre dont elle n'acceptait pas qu'il soit qualifié de « petit maître ». Elle y sauva également la maison natale d'Erik Satie. La ville de Honfleur, à laquelle elle consacra tant de temps et d'énergie, reconnaissante, a baptisé l'une de ses rues de son nom. Même si elle n'est pas grande, c'était une de ses rues favorites, qui part du Vieux Bassin et longe la mairie.

Peu de temps avant sa mort, je m'entends lui dire : « Maman, tu devrais prendre un peu plus soin de toi. » Elle me répond : « Tu sais, à mon âge, si on s'écoute trop, on ne fait plus rien… » Elle est morte à quatre-vingt-deux ans. Cinq jours avant sa mort, elle chassait encore, une de ses passions.

1. La Ruche, située à Paris dans le XVe arrondissement, est une cité d'artistes construite en 1903 à partir d'éléments de l'Exposition universelle de 1900. En 1967, vétuste et dégradée, elle est vendue à une société de HLM. Au début des années 1970, René et Geneviève Seydoux participent activement à son sauvetage et créent la fondation La Ruche Seydoux.

2

Agir ou servir

J'ai hérité de mes anciens des valeurs qui, si elles sont parfois contradictoires, n'en sont pas moins constitutives de ce que je crois : qu'il n'y a pas de plus beau projet que d'entreprendre, que d'aller vers son risque quitte à rompre avec ce que voudrait la tradition. La société accepte plus volontiers de sages héritiers que des investisseurs indépendants. Nombre d'héritiers sont prisonniers de schémas rigides, vivent dans un conformisme et un conservatisme qu'auraient jugés sévèrement leurs illustres ancêtres. Mes débuts dans la vie furent partagés entre ces aspirations divergentes.

Nous sommes en 1959, à Toulouse. J'ai vingt ans. Je viens de débarquer dans cette grande ville universitaire. Je n'y connais personne excepté mon frère aîné, jeune marié. Je me trouve dans cette ville pour y préparer un certificat de mathématiques, physique-chimie (MPC) ; je viens de redoubler maths élém', et mon père, qui a commenté l'événement d'un « seuls les échecs sont formateurs... », tient néanmoins à ce que je poursuive des études scientifiques.

Comme j'ai peu d'attaches à Toulouse, j'y vis sans aucune contrainte, je sors de plus en plus et travaille de moins en moins... Je me rends souvent au cinéma Gaumont, j'y découvre une copie impeccable de *La Grande Illusion*, rapportée de Moscou par l'ennemi irréductible d'Henri Langlois : Raymond Borde, le directeur de la Cinémathèque de Toulouse. Malgré les décennies, *La Grande Illusion* restera mon film préféré : bien que le ressort essentiel de mon panthéon personnel – l'amour – ne soit esquissé qu'à la toute fin du film, cet hommage à l'honneur et à l'amitié résonne toujours aussi fortement en moi. J'imagine qu'avoir eu un père officier prisonnier des Allemands pendant cinq ans n'est pas tout à fait étranger à cette osmose culturelle…

L'année universitaire 1959 commence pour moi le 12 novembre, pour se terminer le 19 décembre. Je pars faire du ski. Quatre jours plus tard, je me casse la jambe. À cause d'un exceptionnel concours de circonstances, je vais devoir subir une demi-douzaine d'interventions chirurgicales, et perdre ainsi deux années d'études : mes os et mes muscles sont en effet dans un tel état qu'il va me falloir réapprendre à marcher ; les staphylocoques s'invitent dans la partie et requièrent de fréquents traitements aux antibiotiques, qui me fatiguent et me privent de la concentration nécessaire à des lectures approfondies. Malgré les visites des amis et des membres de la famille, je vis dans une solitude qui semble dilater le temps. Cela me laisse le loisir de réfléchir : il serait temps que je fasse quelque chose de ma vie. La plupart de mes sujets d'études m'ennuient : en mathématiques, je ne comprends rien aux ensembles ; en chimie, ma mémoire trop peu développée m'empêche de retenir les formules ; seule la physique trouve grâce à mes yeux, et encore… Clairement, ce certificat scientifique n'est pas fait pour moi, ou moi pour lui, et Toulouse, après ces deux années de « flottement », me semble très loin.

C'est décidé : je vais m'inscrire à Sciences Po. Je ne peux pas dire que cette décision ait enchanté mon père : comme il avait été le secrétaire général de l'école pendant sept ans avant de rejoindre Schlumberger, il craignait que je ne sois pas à la hauteur, et que le nom de Seydoux ne soit plus synonyme d'excellence... J'allais m'efforcer de le détromper.

Il faut voir dans ma décision l'influence de cette « diplomite » si caractéristique du côté Seydoux de ma famille qui se marie bien avec mon intérêt pour l'histoire et la politique, fréquents sujets de conversation autour de la table familiale. J'avais pleuré lors de la chute de Diên Biên Phu, j'étais très inquiet des « événements » qui avaient cours en Algérie, et si je n'avais pas vu d'un bon œil le coup de force grâce auquel le général de Gaulle était revenu au pouvoir, je reconnaissais que sa politique était d'un autre niveau que celle de ses prédécesseurs. Trouvant enfin des sujets qui m'intéressaient, je me mis sérieusement au travail : je fis Sciences Po avec la volonté affirmée d'intégrer ensuite l'ENA.

MARIE SEYDOUX

Je me marie pour cinquante-deux ans. Personne ne m'a autant marqué.

À plusieurs titres, je pourrais dire que Marie avait beaucoup de points communs avec ma grand-mère Schlumberger : elle était belle, séductrice, intelligente, cultivée, indépendante, et ne craignait rien ni personne. Elle était surtout dotée d'un franc-parler propre à désarçonner Louis XIV de sa statue équestre, et d'une totale liberté d'esprit. Autant de qualités rares de nos jours, mais dont je ne suis pas sûr qu'elles étaient plus répandues à l'époque où nous nous sommes connus.

En plus de son exceptionnelle beauté et de son charme inouï, Marie avait une grande aisance avec son corps, et en avait logiquement conçu un amour profond de la danse. Elle était portée vers les arts, à commencer par la peinture, et peu versée dans l'algèbre et la géométrie. Elle avait le talent de savoir dessiner, allié au sens du beau et de l'harmonie, ce qui l'a menée à diriger, pendant trente ans, un magasin consacré dans un premier temps à l'habillement des enfants chics. Je ne crois pas qu'on ait vu plus belles robes de baptême que celles qui étaient vendues dans sa boutique. Elle développa ensuite son activité dans le linge de maison.

Certains diraient : « Superficiel. » Mais pas du tout : Marie s'y engagea corps et âme, nouant des relations avec tous ceux qui partageaient avec elle le sens du raffinement. Mais l'essentiel n'était pas là. Marie pouvait se montrer complexe par mer calme. En revanche, elle n'était jamais prise en défaut dans la tempête. Elle savait faire front, écoutait aussi longtemps que nécessaire, soutenait sans faiblir ceux qui en avaient besoin dans les grands moments d'abattement, de découragement, de doute. Comme le dira si bien son frère Gilles : « Marie ne se laissait pas aller aux confidences mais les recevait fréquemment, elle les attirait… » Lorsque j'ai connu des difficultés avec deux de mes amis, qui étaient aussi les siens, elle fut la seule personne à tout faire, à faire tout, pour que les relations redeviennent plus fluides et, dans un cas, amicales.

Accompagné de Marie, je fis mon service dans la coopération en Côte d'Ivoire. J'y avais un titre ronflant, « professeur de terminologie administrative », qui fleurait bon la ruche bourdonnante de Normale sup, mais s'apparentait davantage à un monitorat de colonie de vacances. En pleine brousse, à douze heures de route d'Abidjan, j'ai manqué y mourir d'un empoisonnement. Le toubib, plus proche des jeunes Africaines que des termes de son serment d'Hippocrate, avait envisagé de m'opérer de l'appendicite, et Marie en s'y opposant m'a sauvé. Là-bas, la vie active m'a saisi et l'envie de bachoter m'est passée.

LA DÉFAITE

Ma scolarité et mon rang de sortie à Sciences Po laissaient présumer un succès à l'ENA. En 1963, parmi les huit premiers, ceux qui portaient des numéros pairs ont intégré directement la prestigieuse école. Pour les autres, on verrait plus tard... J'étais troisième... L'admissibilité à l'ENA s'éloignait donc de moi de manière définitive. La haute fonction publique m'était interdite et je devais m'y résoudre : je ne servirais pas.

Le parcours que j'avais envisagé – je souhaitais être inspecteur des finances, fonctionnaire à vie – se voyait réduit à néant. Il me fallait entrer dans le secteur privé. Je ne m'étais pas préparé à cette hypothèse. Porté, ou forcé, par les circonstances, j'accomplis alors le retournement sans doute le plus réussi de mon existence.

Je voulais d'abord me démarquer de mes anciens condisciples, ceux qui, ayant été comme moi collés à l'ENA, se précipitaient vers les banques et les assurances. Je cherchais une entreprise où les gens de mon espèce seraient rares : une société industrielle jeune et dynamique dans un secteur en pleine croissance. J'espérais ainsi avoir moins de concurrents, plus de chances de faire mon trou, et grimper plus vite dans la hiérarchie.

C'était une époque où trouver un emploi n'était pas un sujet. Pour un jeune diplômé qui parlait passablement une langue étrangère et qui avait une petite expérience internationale, les propositions étaient nombreuses. J'en sélectionnai trois : Breguet, Matra et la CII (Compagnie internationale pour l'informatique). À ma grande surprise, mon passage à Sciences Po et ma préparation du concours de l'ENA n'intéressaient aucune de ces sociétés. En revanche, elles m'offraient toutes un poste au service juridique – à moi, qui avais toujours considéré mes études de droit comme un « bouche-trou ». Je choisis la CII.

LA CII : KOUFRA

La CII[1] est née du Plan Calcul, voulu par le général de Gaulle après que les Américains eurent refusé de vendre les supercalculateurs nécessaires à la France pour se doter de la bombe atomique. Elle avait pour actionnaires la CGE (Compagnie générale d'électricité), Thomson et Schneider, trois des plus grandes sociétés industrielles françaises de l'époque.

J'y ai été engagé comme juriste le 1er janvier 1967. Dans un ensemble qui comptait plus de 3 000 personnes, j'étais le seul diplômé de Sciences Po, le seul licencié en droit.

1. La CII (se prononce « C2I ») est née le 1er janvier 1967 de la fusion des sociétés françaises fabriquant des ordinateurs, à l'exception de Bull, qui refuse de s'y associer. De 1967 à 1970, date de mon départ, le chiffre d'affaires passe de 264 millions de francs à 509 millions de francs, et les effectifs de 3 200 personnes à 5 000.

À l'exception du directeur du personnel, tous les cadres étaient des ingénieurs. Moi qui cherchais la singularité, je n'ai pas été déçu.

Le lendemain de mon arrivée, on m'a demandé de préparer des contrats de location-gérance entre la CII et les sociétés qu'elle était appelée à absorber[1]. Le terme de « location-gérance » m'était inconnu. Dans la documentation juridique, les seuls exemples cités concernaient des petits commerces – très éloignés de la taille et des enjeux propres à la CII.

Je m'y suis mis.

Un monde nouveau s'ouvrait à moi. Je n'avais quasiment pas de patron administratif, et dépendais de la direction générale. Je ne savais presque rien, ce qui ne les empêchait pas de me faire confiance. Je n'apprenais plus pour réciter, mais pour créer. Ce fut une période intense, marquée par le souci constant de ne pas décevoir. Je fis de nombreux séjours en Californie où, à des milliers de kilomètres de la paperasserie française, je mesurai ce que signifient les mots « efficacité » et « fiabilité ». Au bout de quelques mois, le travail accompli ayant dû convaincre, je fus nommé secrétaire du conseil d'administration. Indépendant des groupes actionnaires, j'étais alors le seul juriste. Je reçus ce conseil de la part d'un administrateur : « Votre rôle est de faire dire à chacun ce qu'il aurait voulu dire, et de passer sous silence ce qu'il souhaiterait ne pas avoir dit. » Plus facile à dire qu'à faire, mais précieux conseil.

J'étais passionné par mon travail, mais je ne souhaitais pas devenir un juriste de plus en plus pointu. Dépourvu

1. La CAE (Compagnie européenne d'automatisme électronique), filiale de la CGE et de Thomson, et la SEA (Société d'électronique et d'automatisme), filiale de Schneider et Analac, filiale commune.

de toute connaissance technique, peu doué pour le « baratin commercial », il était indispensable, pour devenir un « bon manager », que je regarde un peu vers la finance. Et qui disait finance disait Londres, ou New York – et avec les années, plutôt New York que Londres. Je demandai conseil à mon frère Jérôme. Il en glissa un mot à Jean Riboud, lequel connaissait bien certains des associés de Morgan Stanley, et ceux-ci acceptèrent de m'« accueillir » pour un an.

Quand j'annonçai mon départ à la CII, personne ne chercha à me retenir, à mon grand dépit. Les semaines passèrent, et le jour du départ se faisait de plus en plus proche... On me proposa alors de devenir... secrétaire général. Mais ma décision était prise. Il n'était plus question de faire marche arrière, même s'il ne m'était pas indifférent de savoir qu'on tenait à moi... Une façon de gommer professionnellement mon échec à l'ENA.

MORGAN STANLEY : BIR HAKEIM

Septembre 1970. Nous sommes à bord du *France*, Marie et moi, et nous nous apprêtons à passer une année tout au plus à New York. C'est en effet ce qu'indique le contrat que j'ai signé avec Morgan Stanley, et la promesse que j'ai faite à mon épouse. Au cours des vingt-quatre premières heures de la traversée, le bateau affronte une queue d'ouragan dans l'Atlantique nord, qui ne manque pas de nous secouer. Je ne sais s'il faut y voir un présage des suites de ce voyage quelque peu ballotté, mais l'accostage professionnel à New York est tout aussi brutal.

En France, j'étais le chef du service juridique d'une

société comptant 5 000 salariés, et à New York, je devenais un *junior associate* au sein d'une communauté dont j'étais censé parler parfaitement la langue et comprendre les codes. Pour un ancien cadre supérieur de la CII, l'aspect le plus comique était les cours obligatoires d'informatique, qui nous étaient dispensés à huit heures du matin. Le soir, je suivais des cours de comptabilité à la New York Business School. Si on ajoutait à cela les métros bondés qu'il fallait prendre pour effectuer le trajet Downtown-Midtown aller-retour, et dont quiconque ne pouvait sortir qu'en nage, le jeune cadre dynamique que je croyais être à Paris était ramené au niveau des jeunes diplômés, de dix ans mes cadets et à peine sortis de leur université. Ceux-ci, les canines acérées, trépignaient à l'idée de montrer qu'ils étaient les meilleurs.

À la CII, je ne savais rien, apprenais tout et exerçais des responsabilités. Là, je n'en savais pas plus, mais j'étais un pion parmi les autres, au cœur d'une exceptionnelle machine élitiste. Je trouvais tout ce que j'avais voulu éviter quatre ans plus tôt, à commencer par la concurrence perpétuelle pour le sommet de la hiérarchie…

Le 140 Broadway, siège de cette société considérée comme la meilleure de la place, faisait face à un chantier titanesque : celui des tours jumelles du World Trade Center. En dehors des nombreuses heures que je passais dans mon bureau, je découvrais aux États-Unis un paysage audiovisuel qui n'avait rien à voir avec son homologue européen.

Dans tous les pays européens, les télévisions étaient des services publics[1] aux ambitions culturelles et éducatives

1. Royaume-Uni : BBC ; Italie : Rai ; France : ORTF…

affirmées (même si la distraction n'en était pas bannie, cher Guy Lux) ; aux États-Unis, à l'exception de PBS[1], les nombreuses chaînes privées vivaient uniquement de la publicité, donc de l'audience. J'entendais souvent cette phrase : « L'avenir est à la télévision », et derrière cette analyse, qui ne me convainquait pas, se cachait un jugement sur l'état du cinéma américain. Celui-ci, en effet, ne se portait pas bien.

À Paris, le cinéma faisait partie de la vie. « Dans les dîners en ville » – expression que j'abhorre –, chacun parlait du dernier Bergman pour ne pas évoquer le dernier Belmondo, plaisir coupable et gardé sous silence… À New York, les films n'étaient pas un sujet de conversation. On les réservait aux *teenagers*, aux adolescents qui vont l'été dans les salles obscures parce que l'air conditionné y est de meilleure qualité qu'à domicile. À la télévision américaine, indépendamment des sacro-saints matchs de foot, les plus grands succès d'audience étaient les films : le téléviseur ne tue pas le film, il lui offre une vie nouvelle. Aux millions de spectateurs qui se sont déplacés pour le voir dans des cinémas s'ajoutent ceux qui le revoient comme ceux qui le découvrent devant leur petit écran. Mais cette formidable possibilité avait ses effets pervers : elle contribuait à vider les salles de cinéma, comme si les livres de poche avaient privé les livres brochés de lecteurs. À New York, la plupart des cinémas programmaient deux films à la suite, ce qui ne facilitait pas leur identification. Le personnel d'accueil avait disparu, et si par malheur un spectateur ne pouvait pas assister à la première séance, il devait slalomer entre les boîtes de pop-corn abandonnées et les canettes de Coca-Cola vides. Une fois

1. Public Broadcasting System.

ces périlleuses acrobaties menées jusqu'à leur terme, quelle n'était pas la déception de devoir s'asseoir dans des sièges inconfortables, de constater l'absence de moquette au sol et de subir, pour des raisons de sécurité, une projection qui s'effectuait dans une salle semi-éclairée.

Au cours de ma vie, j'ai pu voir toutes sortes de salles de cinéma. J'ai le souvenir, par exemple, des salles d'Abidjan, tout en béton, avec des demi-toits créés pour faire circuler l'air frais : cela donnait un petit quelque chose en plus aux séances, surtout pendant la saison des pluies où un rideau de trombes d'eau séparait le public de l'écran. Sans aller jusqu'à ce degré d'austérité pittoresque, la plupart des salles new-yorkaises n'atteignaient pas un niveau de qualité suffisant pour attirer à elles les spectateurs aisés et cultivés.

C'est au cours de cette année à New York que j'ai compris une chose fondamentale : pour que l'éventuel spectateur sorte de chez lui, il n'y a qu'une solution, lui offrir des conditions de projection qu'il n'a pas, et ne pourra jamais avoir, à domicile. Le cinéma est une expérience qui doit être exceptionnelle. C'est toujours vrai aujourd'hui.

À mon retour en France, en septembre 1971, j'intégrai la filiale française, Morgan & Cie, avec un contrat en bonne et due forme.

Nous étions, de très loin, les premiers émetteurs en eurodollars et proposions aux marchés financiers des émissions d'emprunts, des augmentations de capital ou des introductions en Bourse tant pour les grandes sociétés américaines que pour leurs homologues européennes. Nous ferions ainsi le plus important placement de l'époque, un milliard de dollars, pour le financement du premier grand parc pétrolier de la mer du Nord. Nous allions également introduire sur le marché tous les grands groupes japonais, ce qui me vaudra de me rendre plusieurs fois dans leur pays ; j'y menai des négociations qui m'attireront le respect de mes supérieurs. Ceux-ci me proposèrent de m'installer à Tokyo. Je déclinai. J'avais d'autres idées en tête.

Je voulais vivre l'aventure. J'avais besoin d'être acteur et non plus simple spectateur.

3

Gaumont

Je sais lire un bilan, rédiger un contrat. Surtout, je veux être passionné par ce que je fais, me trouver un domaine ou une cause où je pourrais m'impliquer totalement. J'ai à ma disposition un patrimoine, et je suis prêt à l'investir, à agir comme d'autres membres, nombreux, de ma famille, qui ont créé leur entreprise ou leur fondation. Je m'ouvre de ce souhait, de cette envie, à mon ami Paul Lepercq.

PAUL LEPERCQ

Le financier éclectique

Fils du résistant Aimé Lepercq, ministre des Finances de Charles de Gaulle, compagnon de la Libération mort dans un accident de la route en novembre 1944, Paul Lepercq a été reçu à Polytechnique avant le décès de son père. Il est parti ensuite s'installer aux États-Unis, pays dont il rêvera d'être citoyen, ce qu'il deviendra.

Intelligent, travailleur, doté d'une mémoire à toute épreuve qui en surprenait plus d'un, Paul Lepercq a mené une carrière exemplaire à New York, où il est devenu le président et le principal actionnaire d'une société d'investissement, nommée alors Lepercq de Neuflize. Il n'était pas qu'un brillant financier. C'était un homme qui se plaisait à cultiver la singularité, *sa* singularité. Il possédait le romanesque de ces personnages cosmopolites dont on dirait toujours qu'ils sortent d'un avion : costume gris, chemise blanche, cravate noire de sept heures à minuit – et ce quel que soit le pays, quelle que soit la saison –, il se déplaçait un jour sur deux et n'enregistrait jamais le moindre bagage à l'aéroport. En « homme pressé », il était possédé par l'angoisse de perdre du temps, de perdre son temps. Il était aussi un ascète : très soucieux de sa forme physique et de sa personne, il pratiquait la danse comme l'aviron, et l'inviter à déjeuner relevait de la gageure ou du casse-tête, car ses repas consistaient la plupart du temps en un yaourt, agrémenté d'une pomme pour le dessert. Devenu citoyen américain, il disposait d'un vocabulaire incroyable qui aurait suscité l'envie de bien des anglophones, mais – singularité oblige – se plaisait à prononcer les mots avec un accent français que même les douaniers de Menton avaient perdu... Je me rappelle une phrase : « Nicolas, tous les étrangers rêvent de perdre leur accent d'origine pour être comme tout le monde. Il ne faut pas être comme tout le monde. » Force est de constater que Paul Lepercq était fidèle à cette ligne de conduite.

Même si je l'avais croisé auparavant, j'ai fait véritablement sa connaissance en 1958, lors de mon premier séjour prolongé aux États-Unis. Par la suite, je le verrai à chacun de mes déplacements outre-Atlantique, notamment en 1970 et 1971. Nous commencerons alors à nouer des liens qui excéderont le seul domaine professionnel.

Je revois le moment où j'ai évoqué avec lui mon intention

de ne pas terminer ma carrière dans la banque et mon désir de créer une entreprise. Il m'a alors répondu : « Nicolas, c'est très difficile de donner la vie ; je vous conseille d'en acheter une. » Paul Lepercq était très proche de nombreux membres de la famille et de la société Schlumberger. Il en était administrateur depuis 1958, et président de son comité financier. Par ailleurs, c'était un ami et un conseiller influent de Jean Riboud, le président de Schlumberger Ltd.

JEAN RIBOUD
Le manager cultivé

Jean Riboud a été l'un des brillants et charismatiques managers des années 70-80, et il est devenu un proche de François Mitterrand. Ami d'Henri Langlois et de Roberto Rossellini, cet homme fin et cultivé a notamment participé « au sauvetage de la Cinémathèque française des griffes d'André Malraux ». C'est une histoire qu'il m'a racontée avec un certain humour, et que je résume ici :

> En pleine nuit, Henri m'appelle :
> « Ils sont là, ils viennent chercher les bobines des films.
> — Qui, ils ?
> — Les CRS...
> — Vous les voyez ?
> — Non...
> — Ils ont autre chose à faire. Recouchez-vous. »

En 1970, Schlumberger rachète la Compagnie des compteurs. Dans les actifs de celle-ci se trouvent d'importantes participations qui en font le premier actionnaire de RTL et de Gaumont. Cela tient au fait qu'avant la guerre, à la demande des pouvoirs publics, qui souhaitaient sauver Gaumont de la faillite, la Compagnie des compteurs était devenue (à travers Cinépar, filiale contrôlée à 100 %) le premier actionnaire de Gaumont avec 24 % du capital. Le second actionnaire était RTL avec 11,5 % du capital. Jean Le Duc était alors le président de la Compagnie des compteurs. Avec le temps, il avait pris une participation personnelle de 15 % et avait invité des amis à hauteur de 5 %. Jean Le Duc avait donc, directement et indirectement, le pouvoir sur 44 % des voix, auxquelles s'ajoutait la participation de RTL, ce qui lui a permis de disposer pendant des décennies de tous les pouvoirs chez Gaumont.

N'être « que » président d'honneur depuis 1971 ne changeait rien à l'affaire. Il disposait de tous les pouvoirs.

Jean Riboud allait le découvrir à ses dépens.

Jean Riboud n'était pas homme à laisser dormir les participations, seraient-elles en dehors du cœur d'activité de Schlumberger. En 1973, il racheta la participation détenue par La Paternelle[1] et quelques autres actionnaires, portant ainsi celle de Cinépar de 24 % à 39 % du capital de Gaumont.

En 1974, tout réussissait à Jean Riboud : il surfait sur la vague du premier choc pétrolier, le prix du baril brut avait été multiplié par plus de 3,5 depuis le mois d'octobre 1973, et Schlumberger était une des valeurs chouchoutes de Wall Street. Il proposa alors de remplacer le président de Gaumont, Roger Sallard, par Jacques Rigaud. Affable, cultivé, Jacques Rigaud était à l'époque un haut

1. La Paternelle, comme son nom peut l'indiquer, est une société d'assurances fondée en 1843, qui commence à avoir des difficultés et est amenée à se séparer d'un certain nombre d'actifs.

fonctionnaire connu pour avoir été le directeur de cabinet de deux ministres de la Culture, Jacques Duhamel, puis, brièvement, Maurice Druon. Cet éminent membre du Conseil d'État n'était pas l'archétype du corsaire sans scrupules et deviendra le président de RTL de 1980 à 2000.

Face à ce projet de remplacement voulu par Jean Riboud, Jean Le Duc s'activa, mobilisa les administrateurs qu'il avait soigneusement choisis depuis des décennies et parvint à les convaincre de s'opposer à la nomination de Jacques Rigaud comme président de Gaumont. Chez Jean Riboud, qui n'aimait rien moins que l'échec, cela revenait à créer un état d'esprit de revanche. Faute d'avoir réussi directement, il était prêt, à travers d'autres, à tenter de détruire un establishment qu'il considérait d'opérette, et à se séparer de cette maîtresse rebelle.

JEAN-PIERRE RASSAM
Une comète

Tout en travaillant sérieusement pour mon employeur, je voyais de plus en plus souvent Jean-Pierre Rassam. Après avoir volontairement sabordé son grand oral au concours d'entrée de l'ENA, il était devenu producteur de cinéma.

Mon épouse, Marie, le connaissait depuis l'adolescence et l'appréciait. À Sciences Po, Jean-Pierre et moi n'avions fait que nous croiser, car j'étais légèrement plus âgé que lui. Pendant quelque temps, j'ai beaucoup vu, côtoyé, aimé Jean-Pierre Rassam. À la fin, ça a été plus difficile.

Pendant deux ans, Jean-Pierre a illuminé le cinéma français. Il avait commencé par produire deux films de Gérard

Brach, le scénariste de Roman Polanski : *La Maison* (1970) et *Le Bateau sur l'herbe* (1971). Puis ce fut, en 1972, la présentation au Festival de Cannes de *Nous ne vieillirons pas ensemble*, de Maurice Pialat. L'acteur principal du film, Jean Yanne, obtint le prix d'interprétation masculine. La même année, Jean-Pierre produisit *Tout le monde il est beau, tout le monde il est gentil*, réalisé par le même Jean Yanne qui tient également le rôle principal. Le film fut un très grand succès, attirant 4 millions de spectateurs dans les salles. Sept mois plus tard, *Moi y en a vouloir des sous !*, également de Jean Yanne, retint l'attention de 2,5 millions de personnes. En 1973, il présenta à Cannes *La Grande Bouffe*, de Marco Ferreri, qui provoqua un joli scandale. Sorti dans la foulée, le film sera vu par 2,8 millions de spectateurs.

Je voyais alors Jean-Pierre très régulièrement, le plus souvent en tête à tête, ce qui n'était pas toujours facile. Le succès avait attiré autour de lui une cour de fidèles dont il était constamment entouré, et qui ne cessait de croître. Elle réunissait quelques rares personnes de qualité, mais surtout des courtisans qui lui étaient tous dévoués, et auxquels Jean-Pierre n'hésitait pas à offrir des filles de Madame Claude en échange de menus services, de sa protection personnelle à la fourniture de certaines substances prohibées. Ce petit cercle passait ses soirées à refaire le monde et à se perdre en projets toujours plus grandioses. Mais plus ils parlaient, moins les projets avançaient. C'était une ambiance que je goûtais peu.

C'est à cette époque que Jean-Pierre a développé une idée fixe : racheter Gaumont. Il s'en ouvrait à tous et à toutes, à la moindre occasion et en tous lieux. Mais de l'idée à l'action, il y avait un pas que Jean-Pierre n'avait pas franchi. Il ne le franchira jamais : il n'a jamais acheté la moindre action Gaumont. Il m'avait parlé de ce projet. Et il allait se convaincre, par la suite, qu'il avait acheté seul Gaumont, et que je l'avais trahi...

Le vendeur potentiel de Gaumont était Jean Riboud. Je le connaissais, et il me connaissait. Jean-Pierre ne pouvait ignorer que je n'avais pas besoin d'intermédiaire pour approcher les responsables de Schlumberger Ltd. En 1973, Jean Riboud n'était, par ailleurs, absolument pas intéressé par l'idée de vendre Gaumont : il était devenu le premier actionnaire de la société avec le rachat par Schlumberger de la Compagnie des compteurs et, à la recherche d'une solution raisonnable, il renforçait sa position capitalistique dans Gaumont.

Jean-Pierre ne voulait pas entendre parler du montant de l'investissement hypothétique. Pour lui, l'argent n'était jamais un problème. Il avait cette croyance qu'il pourrait toujours en trouver quand la nécessité l'exigerait, aussi n'était-il pas intéressé par des discussions ou de longs débats sur le coût de l'opération. Nous nous étions cependant mis d'accord : si le principal actionnaire devenait vendeur, nous rachèterions Gaumont à trois, chaque associé finançant un tiers de l'achat.

C'est dans ce but que Jean-Pierre, Jean Yanne et moi avons créé une société commune : Syerra. J'ai la chance et le plaisir de faire du bateau et, dans l'alphabet radiophonique international, la lettre S correspond à « Sierra ». Ce nom avait de nombreuses qualités : outre le fait d'être compréhensible et de pouvoir se prononcer dans toutes les langues, il comprenait trois lettres de nos noms de famille respectifs.

Fin février 1974, j'ai commis une grave erreur stratégique.

Par crainte d'une exposition médiatique trop importante, et par manque d'expérience dans le secteur, j'ai laissé Jean-Pierre signer au nom de « Syerra en formation » ou de « Nicolas Seydoux » un mémorandum avec la Compagnie des compteurs, dont j'étais le seul à avoir négocié les termes. Et puis, je l'ai laissé contacter les journalistes en son nom.

Pour moi, cela revenait à faire comprendre à Jean-Pierre l'écart énorme qui existe entre une idée et sa réalisation, entre un désir d'achat et sa concrétisation. Hélas, Jean-Pierre ne voyait pas du tout la chose sous cet angle : pour lui, il avait acheté Gaumont sans débourser un sou… et seul[1].

Jean-Pierre s'est ensuite perdu de plus en plus dans ses théories, et s'est mis à travailler de moins en moins. Il est passé du Capitole à la roche Tarpéienne.

J'ai toujours considéré qu'il ne faut pas critiquer un film avant sa sortie en salle, quel que soit le sentiment qu'on éprouve à son égard ; aussi, à l'issue de la première projection privée de la dernière production de Jean-Pierre – *Touche pas à la femme blanche !*, de Marco Ferreri –, suis-je resté silencieux. D'autres n'avaient pas ma réserve : les commentaires négatifs des invités étaient audibles un peu partout, à commencer par ceux de Jean Riboud.

Le film est sorti le 23 janvier 1974, et ce fut un désastre. Jean-Pierre avait franchi la frontière qui sépare le succès de l'échec.

Le film a attiré un dixième des spectateurs de *La Grande Bouffe*, dont le large succès aurait dû conduire Jean-Pierre

1. J'achète par ailleurs régulièrement quelques actions Gaumont. Celles-ci représentent, avant le rachat de Cinépar, quelque 2 % du capital…

à verser un intéressement significatif à Marco Ferreri. Mais l'argent ne restait jamais très longtemps dans les mains de Jean-Pierre : il devait circuler, servir à vivre, à investir immédiatement dans de nouveaux projets, et non à verser des droits d'auteur sur des œuvres déjà réalisées. Marco Ferreri en avait conçu un fort ressentiment à l'encontre de Jean-Pierre et, selon Alain Sarde, coproducteur du film, il aurait déclaré : « Je vais ruiner Rassam. » Faut-il y voir une déclaration bravache qui appartient à la légende ? Ou Ferreri avait-il vraiment le fort désir d'arriver à ses fins ? Toujours est-il que, constatant les chiffres calamiteux que réalisait *Touche pas à la femme blanche !*, il aurait ajouté : « Pour moi, c'est un succès... »

Sans me prononcer sur le fond, je retiens, à titre personnel, que *Touche pas à la femme blanche !*, malgré les moyens conséquents qui avaient été mis à la disposition du réalisateur, fut un film raté dont Ferreri porte seul la responsabilité.

C'est aussi le premier d'une série de revers et d'échecs que Jean-Pierre allait essuyer par la suite. *Les Chinois à Paris*, sorti le 27 février 1974, avait un budget très supérieur aux films précédents de Jean Yanne. Et même s'il a attiré 1 650 000 spectateurs, il n'est pas rentré dans ses frais. Le film avait été largement financé par des avances de Marcel Dassault, et je devais trouver régulièrement des excuses qui étaient loin de convaincre pour expliquer à l'avionneur les retards de paiement de Jean-Pierre. Celui-ci ne répondait à aucune de ses demandes.

Ni *Général Idi Amin Dada*, sorti le 23 juin 1974, qui a attiré 250 000 spectateurs, ni *Lancelot du Lac*, sorti en septembre 1974, qui en a attiré 240 000, ni même *Chobizenesse*, sorti le 24 octobre 1975, avec un total de 569 000 entrées, n'ont pu améliorer une situation de plus en plus critique pour Jean-Pierre.

Ces échecs n'avaient rien à voir avec les « transactions » autour de Gaumont : à l'exception du dernier, ces films avaient été produits bien antérieurement. Mais ils vidaient des caisses déjà assez poreuses, éloignaient d'éventuels partenaires financiers et distendaient les liens entre Jean-Pierre Rassam et Jean Yanne, alors même qu'il fallait payer le rachat des actions Gaumont à la Compagnie des compteurs.

Le rachat de Cinépar, la société qui détenait la participation de 39 % dans Gaumont, à la Compagnie des compteurs est effectué le 19 mars 1974. J'étais seul. Aucun des autres actionnaires de Syerra n'avait manifesté la moindre intention d'apporter un centime... Ce n'est donc pas Syerra qui a racheté Cinépar, mais moi-même, tout seul.

LE DÉBARQUEMENT

Nous sommes au printemps 1974. Jean-Pierre Rassam tient à qui veut l'entendre des propos qui se situent en droite ligne de ceux reproduits dans une interview donnée à *Adam* en novembre 1973 :

> « Le cinéma est une industrie du risque. Le tout est de prendre ces risques intelligemment, c'est-à-dire en les répartissant. Mais allez faire comprendre cela au tas d'imbéciles qui régentent le cinéma français ! Ce sont des pleutres, des trouillards, des petits épargnants minables qui préfèrent faire trois fois le même film jusqu'à ce que le public soit bien écœuré, plutôt que d'investir dans l'imagination (...).

« Quand on a choisi pour soi-même le ronron et les pantoufles, on finit par faire un cinéma ronronnant et pantouflard. (...)

« Les financiers de cinéma sont pour la plupart des crétins. Leur démarche est une démarche de crétins. (...)

« Le septième art dépend entièrement, je dis bien entièrement, de gens qui sont souvent les pires abrutis de la profession. (...)

« Des cocus pleurnichards, voilà ce qu'ils sont. »

De telles allégations ont tout pour dissuader qui que ce soit de s'intéresser au cinéma en général et, même si la société n'est pas citée clairement, à Gaumont en particulier. La cerise sur le gâteau, c'est Jean Riboud qui me l'offrira au moment de conclure la vente de Cinépar, en me rappelant que, malgré ses efforts, non seulement Schlumberger n'a pas réussi à devenir majoritaire mais qu'il n'a pas pu convaincre le conseil d'administration de Gaumont que Jacques Rigaud serait un bon président. Pour couronner le tout, il n'est pas persuadé que je parvienne à obtenir la majorité.

Que sais-je, alors, de Gaumont ? Pas grand-chose. Les cinémas que je fréquente, à commencer par ceux des Champs-Élysées, sont considérés parmi les meilleurs de Paris, notamment le Gaumont-Champs-Élysées, avec ses sièges en cuir montés sur suspension. Les comptes de 1973 ne sont pas publiés, et je ne dispose que de ceux de 1972, qui font état d'une substantielle amélioration du résultat[1].

Ce qui fait la différence d'un exercice à l'autre, ce sont les films. Les comptes de 1971 sont plombés par *Boulevard*

1. Les comptes de 1972 font état d'une diminution du chiffre d'affaires de 8 % et d'une amélioration du résultat qui, entre 1971 et 1972, passe d'une perte de près de 5 millions de francs à un bénéfice de plus de 5 millions de francs.

du Rhum, malgré le succès des *Mariés de l'an II* et de *La Folie des grandeurs*, sorti en fin d'année. La comédie de Gérard Oury poursuit joliment sa carrière en 1972, alors qu'*Il était une fois un flic* et *Les Malheurs d'Alfred* sont de belles réussites. L'année suivante, *Le Grand Blond avec une chaussure noire* triomphe en France comme à l'étranger. La liste des succès est complétée avec *Le Silencieux*, *Quelques Messieurs trop tranquilles*, *La Valise*, *Salut l'artiste* et surtout *Mais où est passée la 7e compagnie ?*

Fin février 1974, au moment même où la promesse d'achat de Cinépar était signée, le directeur général de Gaumont, Jean Rebotier, était arrêté pour fraude fiscale. La presse en fit ses choux gras, et l'affaire fit la Une de *France-Soir*... Même si le communiqué de la société faisait clairement état du contraire, certains, à commencer par Jean-Pierre, n'hésitèrent pas à penser que des actifs de Gaumont, et en particulier le Gaumont-Palace, pouvaient être concernés par cette fraude[1].

Après le rachat de Cinépar, le 19 mars, je me suis démené pour rencontrer tous les administrateurs[2] et tenter de résoudre le blocage du conseil d'administration. Je commençai tout naturellement par le président : Roger Sallard.

1. Dès mon arrivée aux responsabilités, même si je ne mets pas en doute la probité de Roger Sallard, j'ai fait faire un audit des transactions immobilières récemment effectuées par Gaumont. Contrairement à certaines allégations, elles sont toutes parfaitement régulières.

2. Les membres du conseil sont, par ordre alphabétique : Jean-Pierre de Launoit ; Jean Le Duc, président d'honneur ; Yves Le Duc, fils du précédent ; Paul Lepercq ; Henry Potez, vice-président ; Jacques Poujol ; Pierre Rosenstock ; Roger Sallard, président ; Jean Schloesing et Roger Schultz. Voir Annexe II, Le conseil de Gaumont, p. 388.

Je pénétrais chez Gaumont pour la première fois, au siège social de Neuilly.

De l'extérieur, l'immeuble était d'une banalité affligeante, dans le style de ces constructions insipides du début des années 70. L'intérieur était conforme à l'aspect du bâtiment : tout y était impersonnel et froid. Sept étages pour atteindre le bureau du président. Durant la montée, en ascenseur, je me demandais si, dans une société de cinéma, il n'aurait pas été plus judicieux de regrouper toutes les équipes sur le même plateau – à l'image de ce que j'avais connu chez Morgan Stanley à New York, Tokyo ou Paris. Au septième étage, la décoration était faite de lamelles métalliques verticales, jaune et gris, très tendance – affreuses, selon moi.

Roger Sallard m'a reçu dans la salle du conseil : celle-ci est dépourvue de toute fenêtre[1] et, pour bénéficier d'un peu de lumière du jour, communique avec le bureau du président par une porte coulissante. Je découvrirai vite que l'insonorisation est si réussie que la tenue d'une réunion simultanée dans les deux pièces est inenvisageable !

Roger Sallard, avec sa fine petite moustache, m'a reçu avec une extrême courtoisie. Je lui ai exposé que je ne souhaitais que l'intérêt de Gaumont. J'ai tenté de le rassurer : je n'étais pas un corsaire en mal de butin, j'étais responsable, et n'avais pas investi dans Gaumont pour tout perdre. Quant aux rapports avec Jean-Pierre Rassam, c'était mon problème, et je ne pouvais accepter que dure la calomnie.

1. En 1979, après avoir obtenu les autorisations nécessaires, notamment celle des voisins, quatre grandes fenêtres seront percées.

Pour pacifier la situation et trouver le plus vite possible une issue favorable, j'ai distingué les questions d'organisation interne et celles du capital. La chute de Jean Rebotier, qui avait sidéré tout le monde, était une opportunité qui pouvait être saisie en me nommant directeur général. Quant aux modifications que la nouvelle répartition du capital induisait, j'étais disposé à patienter et pensais qu'on pouvait se donner un peu de temps pour permettre aux administrateurs de trouver une solution consensuelle.

Roger Sallard pratiquait depuis trente ans une « collaboration confiante » avec Jean Le Duc. Il était sous la coupe de son mentor. Il fit mine de rester neutre à mon égard mais, dès l'annonce par la presse d'une possible évolution de la répartition du capital, avertit la COB (Commission des opérations de Bourse) d'un changement d'actionnaire, alors qu'il était le mieux placé pour savoir que cette éventuelle vente ne donnait pas le pouvoir. Il refusera, trois mois plus tard, le 26 juin 1974, que je sois nommé vice-président.

Il aurait pu prendre mon parti, il ne l'a pas fait. Je ne lui en veux pas… Mais cela m'a permis de comprendre une chose : tant que je n'aurais pas acquis la majorité du capital, je ne pourrais jouer aucun rôle chez Gaumont.

Je poursuivis ma campagne. Après avoir vu le général, il me fallait voir le commandeur.

JEAN LE DUC

J'ai rencontré plusieurs fois Jean Le Duc. En 1974, il avait soixante-dix-huit ans, disposait de toutes ses facultés, mais ne pouvait se résoudre à l'idée que la société qu'il contrôlait depuis 1937, et dirigeait depuis 1941, puisse lui échapper. Il n'avait qu'un désir : que rien ne change. Un mot revenait souvent dans la bouche de Jean Le Duc, celui d'« équilibre ». Un bel équilibre entre les actionnaires dont Jean Le Duc était fier, et que Jean Riboud était venu bouleverser en rachetant les participations détenues par La Paternelle et quelques autres actionnaires[1].

C'est en utilisant cette idée d'équilibre que Jean Le Duc a essayé de me convaincre : si nous revenions à l'« équilibre » capitalistique antérieur, il était, me dit-il, prêt à défendre ma candidature. Ce n'était pas une surprise, mais les propos qu'il me tenait étaient peu ou prou, en plus fermes, ceux de Roger Sallard. Ils me confortaient dans l'idée que je ne pourrais diriger la société qu'à condition de devenir majoritaire. Lui aussi l'a compris, et n'aura de cesse, dès lors, de bloquer la situation.

Une personne pouvait tout faire basculer : Jean-Pierre de Launoit, le vice-président du Groupe Bruxelles Lambert. Jean-Pierre Rassam le rencontra sans moi, crut l'avoir convaincu de passer un accord. Ce ne fut pas le cas. Je le vis par la suite, après l'achat de Cinépar : cet homme de culture et de consensus ne souhaitait pas avoir de conflits, ni avec moi ni avec Jean Le Duc. Il ne prendrait pas parti.

J'ai rendu visite plusieurs fois à Henry Potez, charmant monsieur de quatre-vingt-trois ans, aimable, courtois et poli, qui souhaitait arrondir les angles. C'était un ami de Marcel Dassault, avec qui il avait développé, au cours de

1. Les statuts de Gaumont prévoient que les actions nominatives détenues depuis plus de trois ans disposent d'un droit de vote double. Les actions rachetées à La Paternelle par la Compagnie des compteurs perdent donc ce droit, mais pour trois ans seulement.

la Première Guerre mondiale, la fameuse hélice Éclair[1] de l'avion de Guynemer. Il estimait mon beau-père. Actionnaire de Gaumont, il appréciait que le risque film soit contrebalancé par la solidité de l'actif immobilier.

Face à mon exaspération devant la situation de blocage du conseil de Gaumont, il me proposa de devenir, comme lui, vice-président. Quand Henry Potez suggéra l'idée aux autres administrateurs, Jean Le Duc et Roger Sallard firent échouer cette proposition pacificatrice.

Le 28 mars 1974, je suis nommé administrateur de Gaumont.

Tous les administrateurs étaient présents. À l'exception du fils de Jean Le Duc, Yves, dont je ne pouvais imaginer qu'il puisse penser différemment de son père, je les avais tous rencontrés au préalable. Ils m'étaient plutôt favorables, mais choisis par Jean Le Duc, sauf Paul Lepercq. Ils n'envisageaient pas de se désolidariser de leur mentor.

Les visages étaient tendus, l'ambiance lourde dans cette salle lugubre. J'écoutais avec stupéfaction la lecture du procès-verbal de la séance précédente, celle du 28 février 1974, pour laquelle le conseil d'administration de Gaumont avait été convoqué en urgence. La réunion était « motivée par la soudaine inculpation, suivie d'arrestation, de M. Jean Rebotier, le directeur général, sur plainte pour fraude fiscale visant des sociétés étrangères à notre groupe[2] ».

À peine a-t-il démis de ses fonctions Jean Rebotier que le conseil est informé « qu'à la suite de l'annonce par la presse

1. L'armée de l'air retient cette hélice avec deux autres parmi 253 prototypes fabriqués en France. À partir de 1917, elle équipe la majorité des avions alliés.
2. Extrait du procès-verbal du conseil d'administration de Gaumont du 28 février 1974.

de l'éventuelle vente d'un paquet d'actions Gaumont, le nom des acquéreurs éventuels fait l'objet de l'inquiétude de notre partenaire dans le GIE[1], ainsi que M. le président Cabaud a expressément autorisé M. le président Sallard à en faire part au conseil. »

« Par ailleurs, le secrétaire du comité d'entreprise demande si le changement d'actionnaires dont parle la presse risque d'influencer la politique générale de la société. Le président répond qu'il s'agit d'un problème sérieux. Le secrétaire du comité d'entreprise indique que l'opinion générale du comité d'entreprise est que l'on voit avec crainte l'arrivée des personnes en question. »

L'opposition du conseil d'administration et du président de Pathé à ma venue était comparable à celle des salariés. Drôle d'accueil ! Touchante unanimité !

Les conseils d'administration se sont ensuite suivis à une cadence accélérée : le 10 mai, il ne se passa rien ; la situation de blocage m'agaçait, ce qui n'était pas très grave, mais pesait lourdement sur Gaumont, ce qui, en revanche, m'inquiétait au plus haut point. Je changeai alors d'attitude et décidai de mettre chacun face à ses responsabilités.

Six jours plus tard, je fis la déclaration suivante : « Je suis très déçu et très préoccupé de la situation qui ne peut que porter préjudice à Gaumont. Je tiens à protester de la façon la plus vigoureuse contre certaines insinuations qui ont été développées pour aboutir à une véritable campagne de calomnies visant à perpétuer artificiellement des polémiques sans objet. Je souligne qu'ayant pris mes

1. Le GIE de programmation Gaumont-Pathé, dont il sera fait état ultérieurement. M. Cabaud est président de Pathé.

responsabilités dans un esprit d'ouverture et de conciliation, je souhaite rester dans les mêmes dispositions. »

Pour la première fois de son histoire, le procès-verbal n'était pas retranscrit à la main, mais tapé à la machine. C'était un signe : Gaumont entrait dans le progrès.

Le 28 juin, ma nomination comme vice-président, suggérée par Henry Potez, doyen et vice-président du conseil, fut jugée inopportune.

PARAMOUNT

La percée d'Avranches

Après plusieurs mois passés à me battre sur tous les fronts, suivis d'un été 1974 où j'ai fait du surplace, l'avancée décisive aura lieu à la rentrée.

C'est à Jean-Pierre Rassam que j'ai dû la situation la plus fellinienne de ma vie après le rachat de Cinépar. J'étais alors convaincu qu'il me fallait rencontrer les responsables de Paramount. La société détenait en effet une participation dans Gaumont dont personne ne connaissait l'importance : elle ne se faisait pas représenter aux assemblées générales. Quand bien même leur participation était faible, le nom si prestigieux et si imposant de Paramount en faisait un interlocuteur qu'il était malvenu de négliger.

Paramount appartenait à Gulf and Western, dont le président était Charles Blühdorn. Je devais donc rencontrer Charles Blühdorn.

L'homme s'intéressait au cinéma français, et connaissait même personnellement certains talents de la Nouvelle

Vague, à l'instar de Louis Malle, dont Paramount avait coproduit *Le Souffle au cœur* en 1971.

J'en parlai à Jean-Pierre. Peu de temps après, il m'assura avoir fait jouer ses contacts et nous avoir obtenu un rendez-vous avec l'Américain. La rencontre devait avoir lieu à Monaco, où celui-ci était en vacances avec sa famille.

Nous voilà partis, Jean-Pierre et moi, pour Monte-Carlo. Nous descendons dans le Midi en DS, conduits par sa compagne du moment, une ravissante jeune femme qui fait commerce de la location des charmes des autres et qui ne quitte jamais son sac à main. Elle y dissimule un pistolet... Arrivé à Monte-Carlo, je déchante : aucun rendez-vous n'a été fixé, et je m'en veux d'avoir cru Jean-Pierre.

À force de diplomatie et de persuasion, je suis parvenu à rencontrer Charles Blühdorn. Celui-ci m'expliqua qu'il ne souhaitait en aucun cas être associé à un « terroriste qui menace Israël ». Jean-Pierre, qui tenait alors des propos de plus en plus antisionistes et propalestiniens[1], était considéré par certains comme un proche de Kadhafi. Il le voyait parfois au Plaza Athénée. Je tentai d'arrondir les angles : une danse avec la fille de Charles Blühdorn par-ci, une causette avec Yvette, sa femme, par-là... et rentrai à Paris avec le sentiment désagréable d'avoir fait la connaissance de Charles Blühdorn dans les pires conditions possibles. Il n'avait aucune intention de vendre ses actions, et encore moins à un proche de Jean-Pierre Rassam.

1. Du 6 au 24 octobre 1973 a eu lieu la guerre du Kippour, au début de laquelle les forces égyptiennes et syriennes, qui attaquent le jour de la plus grande fête juive, Yom Kippour, dominent les forces israéliennes. Depuis, Jean-Pierre vante « l'honneur retrouvé des peuples arabes » et prétend que leurs armées auraient gagné la guerre si les États-Unis n'avaient pas apporté une aide matérielle importante à Israël. Les rencontres de Jean-Pierre avec Kadhafi sont la raison officielle pour laquelle ultérieurement il a été, ainsi que Carole Bouquet, mis sur écoute.

Quelque temps plus tard, je fus contacté par Éric Licoys, qui travaillait pour la Générale Occidentale. Il voulait savoir si j'étais intéressé par la vente de ma participation dans Gaumont. Je répondis que même si je trouvais le temps long, je n'étais pas encore dégoûté…

Puis, peu de temps après, retour du même interlocuteur. Voulais-je faire une alliance avec Paramount et prendre la direction de Gaumont ? Il y avait une condition : Paramount devait disposer d'un droit de veto sur le choix des films. L'idée qu'un film soit refusé pour des raisons financières ne me posait aucun problème, quitte à chercher d'autres sources de financement. Mais qu'il soit soumis à une censure éditoriale était inenvisageable pour moi. Nouvelle réponse négative de ma part.

Les vacances d'été passèrent. Nouvel appel d'Éric Licoys. Même première question que précédemment : « Voulez-vous vendre vos parts ? » Réponse fidèle à mon habitude : « Je ne les ai pas achetées pour les vendre aussitôt. » Deuxième question routinière : « Voulez-vous passer un accord avec Paramount ? » Absolu refus de censure éditoriale. Une troisième question surgit alors : « Êtes-vous prêt à racheter les actions que détient Paramount dans Gaumont ? » Après m'être enquis de leur nombre, 7 % du capital, de leur prix, le cours de Bourse, je donnai mon accord. Durée du coup de téléphone : un quart d'heure. La finalisation eut lieu le lendemain à la Générale Occidentale. J'appelai Jean-Pierre pour le tenir informé. Il n'avait pas pris part à la discussion.

Lors de mes tête-à-tête avec Jean-Pierre, je mesurais de mieux en mieux sa virulence et la violence des propos qu'il tenait quand je n'étais pas dans les parages. Je redoutais leur impact : Jean-Pierre vomissait sur le cinéma français et en particulier sur Gaumont, rien ne trouvait grâce à ses yeux, et les personnes présentes lors des séances nocturnes où il vitupérait ne manquaient pas d'aller en répéter la teneur aux principaux intéressés.

Diriger Gaumont n'allait pas être simple, et personne ne me voyait arriver d'un bon œil. J'avais gagné la guerre, il me fallait maintenant gagner la paix, prendre les bonnes décisions, convaincre et, surtout, n'humilier personne. Associer Jean-Pierre à cette entreprise de pacification était impossible : il était un électron libre d'exception, un farouche indépendant qui se permettait tout, à tout moment. Il ne pouvait être intégré dans une structure, quelle qu'elle fût.

Nos rapports évoluèrent après le rachat de Cinépar. Jean-Pierre parlait beaucoup de racheter Gaumont, mais n'avait rien fait d'autre que de me convaincre de me lancer. Il croyait peut-être que j'allais être un ludion, un fils de famille heureux d'être mêlé à la grande aventure cinématographique. J'étais plutôt un passionné engagé, un tenace, un bûcheur. Je me consacrais à Gaumont nuit et jour, et le manque de soutien financier apporté à Syerra, l'échec des entretiens de Jean-Pierre avec Jean-Pierre de Launoit, le mirage du rendez-vous avec Charles Blühdorn, enfin le pourrissement de ses relations avec Marcel Dassault, que je cherchais alors à séduire, achevaient de me prouver que du rêve à l'action il y avait, dans la conquête du pouvoir d'une société cotée en Bourse, un pas que Jean-Pierre ne parvenait pas à franchir.

Nous avions parlé ensemble de l'ascension, mais je l'ai effectuée seul. Nous nous sommes séparés au pied du sommet. Jean-Pierre avait changé et n'a pas pu, pas voulu, monter. Le succès l'a abandonné, et lentement, insidieusement, l'amertume l'a submergé. Si j'ai aimé le premier Jean-Pierre, je me suis détourné du second. Il ne l'a pas accepté. Peut-être avais-je moi aussi évolué : de spectateur vierge d'informations internes au cinéma, je devenais un acteur qui cherchait tous les jours à plus et mieux comprendre, et découvrait que Gaumont n'était pas faite seulement de « petits épargnants minables ». Mon œil passait progressivement d'un plan fixe cadré sur un objet unique à un long travelling embrassant successivement des êtres et des paysages différents… et mes oreilles découvraient la stéréo, celle des frères Sarde et de Pierre Viot, le nouveau directeur général du CNC.

ALAIN SARDE

À l'époque, Marie et moi fréquentions beaucoup Alain et Philippe Sarde. Ce dernier composait la musique des films dont il avait la responsabilité dans son appartement, qu'il avait transformé en salle de projection dont il était l'unique opérateur. Étendus sur son lit, nous verrions ainsi nombre de films inédits, ou ceux qui appartenaient à notre panthéon personnel.

De toutes les personnes que j'ai connues, Alain Sarde est sans doute celle qui a le plus grand sens de l'humour – qui consiste pour moi à se moquer de soi-même plutôt que des autres. L'autodérision est le point le plus haut de l'humour et, en la matière, Alain Sarde ne souffre aucune concurrence. J'en veux pour preuve trois anecdotes : Alain importe des machines à cirer les chaussures. Comme elles lui donnent toute satisfaction, il en félicite le fabricant. Le surlendemain, le pantalon blanc d'un touriste américain est avalé par la machine, broyé et aspergé de cirage noir. La demande de fortes indemnités émise par Alain ne pourra se matérialiser, le fabricant invoquant la lettre de félicitations reçue la veille… Quelque temps plus tard, il importe des machines à photocopier que les étudiants balancent dans les escaliers de la Sorbonne. Nous sommes en mai 1968… Ayant ultérieurement pris beaucoup de poids, je le retrouve tout mince ; admiratif, je lui demande sa recette : « J'ai mis ma photo dans le frigidaire ; chaque fois que je l'ouvre, elle me fait peur et je le referme… »

À la lecture de ces histoires, on pourrait croire que le prince de l'autodérision a échoué dans les affaires. Ce serait là une grave erreur : Alain Sarde est devenu un grand producteur français. Après avoir été, à moins de vingt ans, le factotum de Jean-Pierre Rassam, et très proche de Marco Ferreri, il sera associé à la production de *La Grande Bouffe* et de *Touche pas à la femme blanche !* Première étape d'une carrière impressionnante, qui lui fera produire, par la suite, plus de 200 films avec un éclectisme assuré : la liste des réalisateurs, de Bertrand Tavernier à Jean-Luc Godard, d'Anne Fontaine à Jacques Doillon ou Roman Polanski, pour n'en citer que quelques-uns, vaut pour preuve. De 1983 à 2004, il sera associé à Canal + dont il sera de fait, sans en avoir le titre, le producteur exécutif.

PIERRE VIOT

Depuis décembre 1973, Pierre Viot, de quinze ans mon aîné, était directeur général du CNC. Le CNC, établissement public qui gère et contrôle l'utilisation du fonds de soutien au financement du cinéma[1], dispose d'un pouvoir considérable

1. Le budget du CNC est supérieur à 700 millions d'euros en 2022.

sur le fonctionnement et la vie du cinéma en France. Nous nous connaissions depuis un peu plus de dix ans : alors haut fonctionnaire détaché au Plan, il animait à Sciences Po l'une des meilleures conférences de méthode, et en dernière année un séminaire consacré à l'urbanisme, que j'avais suivi. Il avait été mon directeur de mémoire de fin d'études sur « L'aménagement de la zone polynucléaire Nancy-Metz-Thionville » – sujet affriolant s'il en est. Sa nomination au CNC représentait pour moi un incroyable atout : nous nous connaissions bien, nous nous respections, et nous allions apprendre ensemble[1]. Dorénavant, je savais que, dans ce milieu hostile, je pouvais compter sur un homme, le plus influent du cinéma en France – en dehors des grands talents…

Le rachat des actions détenues par Paramount soulevait un nouveau problème. J'avais, en son temps, convaincu la COB que les 40 % du capital détenus par Cinépar ne donnaient pas le contrôle de la société. Avec les 7 % de Paramount, les rôles étaient inversés. Pour autant, je ne souhaitais pas détenir 100 % de Gaumont pour des raisons financières comme de standing. Sur le plan financier, je préférais garder des disponibilités pour le cas où des augmentations de capital[2] s'avéreraient nécessaires. En termes de standing, Gaumont était une société cotée.

1. Pierre Viot m'a fait l'honneur de me demander d'être président d'une commission dont le thème de réflexion était « Le cinéma et les nouvelles techniques audiovisuelles », qui a fait l'objet d'un rapport publié dans le supplément spécial du *Film français* daté du 31 octobre 1980. Pierre Viot restera directeur du CNC jusqu'en 1984, pour être alors élu président du Festival de Cannes, où il restera seize ans.

2. Pour accompagner le développement des cinémas du circuit, je procéderai début 1976 à une augmentation de capital d'un montant de 15 millions de francs. D'autres suivront.

C'était un statut que je voulais alors préserver : il impose des contraintes de transparence et de contrôle que je trouve vertueuses.

Après avoir, durant quelques mois, tenté de me rapprocher de certains actionnaires pour trouver un partenariat ou pour racheter leurs actions, j'allais durant quelques semaines les convaincre de les garder.

Je revis alors tous les administrateurs représentant, peu ou prou, la totalité des actionnaires. Mais la seule personne qui me faisait confiance n'était pas administrateur.

MARCEL DASSAULT
La 2e DB

Parmi les quelques personnalités que j'ai rencontrées au cours de mon existence, peu m'ont autant impressionné que Marcel Dassault, que j'ai eu la chance de fréquenter un peu. C'était un homme aux qualités multiples, au premier rang desquelles l'indépendance, couplée à la liberté de ton et d'action. Comme tout fondateur, il était capable d'innovation, de risque, d'originalité, mais ce que je retiens surtout de lui, c'est qu'il avait une curiosité qui était loin de se limiter à l'aéronautique. Il s'intéressait à des sujets variés, à commencer par le cinéma.

Marcel Dassault m'a accordé sa confiance, il ne fallait pas la trahir. Certains s'y sont risqués, qu'il n'a jamais pardonnés. J'ai en mémoire quelques anecdotes qui illustrent cette personnalité bien singulière.

Notre première rencontre date du printemps 1974. Il avait, d'un côté, grâce à mon beau-père, une opinion favorable de moi ; de l'autre, c'était plus discutable, à cause de mon association avec Jean-Pierre Rassam. Marcel Dassault avait financé *Les Chinois à Paris*, et Jean-Pierre ne lui rendait aucun compte. Par ailleurs, en bon amoureux du cinéma, il s'était rapproché d'Alain Poiré. Pour parer à toute éventualité en cas de prise de pouvoir par Jean-Pierre Rassam chez Gaumont, Alain Poiré était prêt à travailler pour lui.

Je l'ai revu ensuite au mois de septembre 1974, après avoir racheté la participation de Paramount. Marcel Dassault, qui avait entre-temps acquis 3 % du capital de Gaumont, ce que j'ignorais, prêta l'oreille à mes discours pacificateurs et conclut l'entretien par un « si ça vous arrange, je prendrai 10 % du capital ».

Cela m'arrangeait pour trois raisons : la présence de ce grand industriel était une caution morale à même de rassurer les grands actionnaires historiques, d'éviter leur départ précipité tout comme celui de petits porteurs inconnus ; c'était aussi un signe de confiance à mon égard, dans un environnement dont on peut dire, pour utiliser un doux euphémisme, qu'il n'était pas très amical ; et, enfin, sa présence tranquillisait Alain Poiré, qui était sur le départ.

Je me souviens de ma surprise quand, quelque temps plus tard, je préparais sereinement dans mon bureau les documents nécessaires à la première assemblée générale de Gaumont sous ma présidence. Ces assemblées avaient lieu dans les sous-sols, qui n'avaient rien d'accueillant. À un moment, mon assistante a surgi pour m'annoncer que Marcel Dassault venait d'arriver, un quart d'heure avant l'heure prévue. J'étais stupéfait : qu'il vienne en personne, je pouvais l'entendre, sans doute voulait-il se faire une opinion sur ma façon de présider cette assemblée ; mais qu'il arrive avec un quart d'heure d'avance ? Cette occasion m'a permis de découvrir que Marcel Dassault n'était jamais à l'heure, il était *toujours* en avance. Et toujours disponible pour moi comme pour tous ceux qu'il appréciait : obtenir un rendez-vous ne fut jamais aussi rapide et aussi simple, auprès de quelqu'un qui avait de telles responsabilités. Ces rendez-vous avaient leur cérémonial : réponse prompte, rencontre dans les jours suivant la demande, souvent le lendemain, parfois l'après-midi ; tête-à-tête, durée d'une petite demi-heure en général. Comme les sujets de la visite étaient traités en deux minutes, pendant le reste de l'entretien, il évoquait les problèmes du moment qui lui tenaient à cœur et qui étaient susceptibles d'intéresser son interlocuteur. En général, l'humour n'était pas absent de ces entretiens.

Sa discrète prise de participation chez Gaumont ne signait pas ses débuts dans le cinéma. Il s'en était entrouvert les portes en 1972, quand il avait racheté Le Paris[1]. Il avait fait entièrement rénover cette salle de cinéma pour la doter d'une projection de grande qualité et de fauteuils très confortables. Ceux-ci, en prenant plus de place que des fauteuils standards, ramenèrent la capacité de la salle à moins de 500 places. À l'époque, sur les Champs-Élysées, cela faisait du Paris une *petite* salle. Marcel Dassault jugeait sa salle mal programmée par Gaumont, et n'avait aucun scrupule, de temps à autre, à la fermer. Si aucun des films proposés n'était digne de la salle, pourquoi en maintenir les portes ouvertes ? Il me dira plus d'une fois : « Si je comprends

1. Le Paris était une salle de cinéma située 23 avenue des Champs-Élysées, en bas à gauche en montant vers l'Arc de Triomphe. Contiguë à l'hôtel particulier de Marcel Dassault, elle sera, faute de programmation jugée satisfaisante par son propriétaire, transformée en salle de projection privée.

bien le cinéma... Quand on a un film, on n'a pas de salles, et quand on a une salle, on n'a pas de films. » Un discours néopoujadiste que l'on entendait alors dans la bouche de nombreux professionnels et que Marcel Dassault, sans avoir pourtant le moindre point commun avec eux, faisait sien.

En octobre 1975, *Le Téléphone rose*, d'Édouard Molinaro, coproduction de Marcel Dassault et Gaumont, est sorti. Quelques jours auparavant, nous vîmes ensemble le film en avant-première. À la fin de la projection, Marcel Dassault est allé trouver Alain Poiré pour lui confier un regret : il y avait une scène qu'il aimait tout particulièrement, et celle-ci avait été coupée au montage. Alain Poiré, qui n'avait pas souvenance de la scène, s'adressa directement au réalisateur. Amnésie d'Édouard Molinaro, qui ne voyait pas non plus à quelle scène Marcel Dassault faisait référence. Et Édouard Molinaro de se renseigner auprès du monteur, Robert Isnardon – là aussi, en vain : Robert Isnardon n'en avait pas la moindre idée. Heureusement, l'aide-monteuse était là, et se souvenait : il s'agissait de quelques secondes passées à la trappe dans l'indifférence générale. Marcel Dassault, alors âgé de quatre-vingt-trois ans, disposait d'une mémoire et d'un sens de l'observation beaucoup plus développés que les leurs.

Pour L'*Hôtel de la Plage*, sorti le 11 janvier 1978, Daniel Ceccaldi tenait à ce que telle jeune comédienne soit engagée pour le rôle principal. Opposition farouche de Marcel Dassault : il était trop perspicace pour envisager que l'enthousiasme de Daniel Ceccaldi soit dû au seul talent de l'actrice.

En 1983, Gaumont ne parvenait pas à trouver de coproducteurs pour monter *Carmen*. Le film représentait un investissement conséquent, dont je préférais partager les risques. J'ai alors demandé un rendez-vous à Marcel Dassault, qui m'a immédiatement donné son accord pour prendre une part de 20 %, en mélangeant un peu les anciens et les nouveaux francs. Et il a conclu l'entretien par cette phrase : « Nous perdrons de l'argent, mais c'est bon pour la culture. »

Je lui avais répondu qu'il en gagnerait, il en a gagné.

À LA BARRE

Le 27 septembre 1974, je suis nommé vice-président-directeur général. C'était un vendredi. Le lundi, j'étais au bureau.

Le nouveau siège social, ce « remplaçant du Gaumont-Palace » situé à Neuilly, reflétait une pensée si prudente qu'elle en devenait timorée. L'immeuble était volontairement trop petit pour accueillir tous les services[1] : la direction croyait en effet que les effectifs allaient continuer à décroître, car « le secteur était en crise ».

Mon bureau, situé plein sud, se trouvait au même étage que celui du président. Donnant sur l'avenue Charles-de-Gaulle, et offrant une vue agréable sur le mont Valérien, il était propre, froid et triste[2].

1. En dehors d'Alain Poiré et de son équipe, installés à quelques centaines de mètres, le service informatique est resté dans le XIXe arrondissement.

2. Des travaux de réaménagement seront réalisés après l'ouverture des salles de projection. Ils permettront d'intégrer les quelques boiseries du bureau de Léon Gaumont qui ont été sauvées lors de la destruction du Gaumont-Palace et qui seront redécouvertes à l'occasion du rangement du premier sous-sol.

Comme je ne connaissais alors aucun salarié, j'ai commencé par visiter les bureaux et saluer chacun. Une sourde inquiétude était perceptible : dans l'ascenseur, à mes salutations on répondait généralement « bon courage », à croire que nous étions au fond d'une mine de charbon dans l'angoisse d'un coup de grisou.

Le sous-sol comptait sept niveaux : le premier était un grand débarras que personne n'avait jamais pris la peine de ranger, où s'entassait un bazar impossible ; le deuxième et le troisième étaient à l'origine destinés à accueillir les salles de projection – notre cœur de métier – et la cantine, mais faute d'avoir pu obtenir les autorisations administratives indispensables, ils n'étaient pas aménagés ; les autres niveaux souterrains étaient réservés aux parkings. Au cinquième sous-sol, l'eau suintait des murs et continuait son œuvre. Ainsi, les deux derniers niveaux du sous-sol étaient inutilisables.

Ce bâtiment pouvait ainsi refroidir les ambitions les plus ardentes. J'avais le sentiment d'avoir atterri par erreur dans un centre de sécurité sociale impersonnel, à l'opposé du symbole que représentait le Gaumont-Palace.

LE GAUMONT-PALACE

Au moment de mon arrivée, Gaumont ressemblait à une endormie. Pas à une belle princesse assoupie dont rêvent les princes charmants, mais plutôt à une dame vieillie, digne, triste et mélancolique.

La mélancolie semblait s'être emparée de tous ceux qui travaillaient à Neuilly. Dans les couloirs, dans les conversations, dans les mots des salariés, on percevait souvent les contours d'un passé révolu, et amèrement regretté. Le

« beau temps » du cinéma avait été remplacé par la tristesse d'un automne pluvieux. Le découragement, le renoncement, le marasme général étaient palpables, et il fallait avant tout rendre le sourire à chacun, redonner à tous le plaisir de travailler dans le cinéma et d'agir ensemble. Il fallait faire revenir le printemps.

La vente du Gaumont-Palace deux ans plus tôt était sans doute l'une des raisons de la morosité ambiante.

Au-delà de la cession d'un actif majeur de la société, cette vente avait surtout représenté l'abandon d'un symbole, la perte d'une aura, l'affaiblissement d'un mythe, et, avec la mise aux ordures d'une partie de son patrimoine que nous mettrions des années et des millions de francs et d'euros à reconstituer, la perte d'un pan capital de l'histoire de Gaumont. Les arguments économiques en faveur de cette vente étaient imparables : la fréquentation annuelle en 1971 était de 310 000, là où, vingt-cinq ans plus tôt, celle-ci dépassait les 2,5 millions de spectateurs. Mais n'aurait-on pas pu trouver un moyen de sauvegarder ce lieu mythique ?

La silhouette du Gaumont-Palace se dressait, loin, très loin, dans le souvenir de la société, comme un phare qui se perd déjà dans la brume. Il attestait de la grandeur de Gaumont, que beaucoup croyaient finie, et dans laquelle il fallait se retremper pour regarder l'avenir avec confiance. Il fallait rendre Gaumont à nouveau désirable, en faire la plus dynamique des sociétés de cinéma et conforter sa respectabilité, concept assez rare dans le monde du cinéma pour être souligné. En un mot : la faire aimer, la faire désirer.

L'image, c'est d'abord un nom.

Un nom : Gaumont.

Gaumont.

Sans adjectif ni fioriture, employé au féminin pour désigner la société, au masculin pour les cinémas.

Rien ne me semble plus vilain que « SNEG », acronyme de Société nouvelle des Établissements Gaumont, nom officiel de la société en 1974. Les adjectifs accolés au nom des sociétés signifient généralement l'exact contraire de ce qu'ils sont censés signifier. Ainsi, toute « société nouvelle » est une société qui a fait faillite. De même, toute société portant le nom d'un pays n'est que la filiale d'une société étrangère, à l'instar d'IBM France.

Curieusement, la société ne s'est jamais appelée Gaumont. Née L. Gaumont et Cie en 1895, elle est devenue, dix ans plus tard, la Société des Établissements Gaumont (1906), d'où le choix, en 1938, de Société nouvelle des Établissements Gaumont, cette fameuse et disgracieuse SNEG.

Un nom n'a de sens que s'il est systématiquement porté. Une de mes premières décisions sera de faire en sorte que tout cinéma nouveau ou rénové s'appelle dorénavant Gaumont[1], quitte à ce qu'il soit suivi, dans les agglomérations où Gaumont dispose de plusieurs cinémas, de son ancien nom, devenu prénom, comme à Paris le Gaumont-Alésia, ou à Toulouse le Gaumont-Wilson.

Je réfléchis à un plan stratégique concernant les salles : un cinéma, ce n'est pas un film dont on ne peut prévoir

1. À l'époque, sauf exception, les cinémas ne portent pas la marque Gaumont. Ce sont L'Alésia, L'Ambassade, Le Bosquet, Le Bellecour, voire Le Pagnol…

le succès, c'est un immeuble, conçu pour durer, et dont la rentabilité doit pouvoir être analysée au plus près. Après beaucoup d'insistance, je me fais communiquer les résultats de chacun d'entre eux. Beaucoup sont déficitaires…

Ces salles doivent accueillir dans les meilleures conditions non seulement les spectateurs, mais aussi les équipes des films. On ne peut laisser à Marcel Guillaume, célèbre exploitant d'Aix-en-Provence, le monopole de l'accueil chaleureux des talents dans sa salle.

Outre l'expérience de Monaco, un autre événement me servira de repère : en avril 1975, personne de chez Gaumont ne se déplace à Évry pour recevoir comme il se doit Costa-Gavras. Le réalisateur doit y présenter *Section spéciale*. Dire que Costa-Gavras sera surpris de me voir est un euphémisme. Ce jour-là est née une relation faite d'une grande proximité intellectuelle, de respect mutuel et, oserais-je dire, en ce qui me concerne, d'amitié.

Cette expérience me permet d'élaborer un modus operandi : à partir de maintenant, toute inauguration d'un Gaumont sera célébrée par la projection d'un film inédit en présence de l'équipe qui l'a réalisé – présence à même d'intéresser la presse locale, et de donner un retentissement particulièrement important à ces manifestations.

Chez Gaumont, je ne connais personne. Si certains ont bien saisi que le vent avait tourné et me font des courbettes, d'autres sont plutôt dans l'expectative. Ouvrir des perspectives, définir une stratégie sont autant de buts auxquels je m'attelle. Le plus difficile, et le plus important, est sans doute de transformer l'état d'esprit : faire en sorte que les salariés ne viennent pas au bureau simplement pour « faire leur travail », mais qu'ils aient le sentiment profond d'appartenir à une équipe soudée, heureuse, ambitieuse et fière de proposer des émotions au plus grand nombre.

Je dois commencer par rassurer. Rassurer les salariés dans leur ensemble, et Alain Poiré dans sa singularité. Devant les représentants du personnel, « je tiens à démentir certaines rumeurs fantaisistes et affirme ma volonté de voir la société Gaumont aussi florissante que possible, ce qui est dans l'intérêt du personnel, des actionnaires et du cinéma ».

SALUT L'ARTISTE
ALAIN POIRÉ (I)

L'homme que je rencontre au quatrième trimestre 1974, Alain Poiré, a déjà une histoire dont il parle mieux que je ne saurais le faire dans un livre dont je recommande la lecture à quiconque voudrait mieux comprendre le cinéma[1]. Son témoignage est complété par l'exceptionnelle chronique tenue plus de soixante ans durant par Yvette Poiré, la femme d'Alain : les Albumes[2].

Alain Poiré a produit des films pour Gaumont, avec

1. Alain Poiré, *200 Films au soleil*, Ramsay, 1988.

2. Les Albumes, ainsi nommés par leur autrice, sont une création d'Yvette Poiré qui les a conçus, fabriqués et fait relier de 1937, date de son mariage avec Alain, à 2000, année de la mort de celui-ci. Ces albums de souvenirs, au nombre d'un, deux ou trois selon les années, mêlent photos de famille, mots amicaux, dédicaces, lettres et invitations officielles, coupures de journaux, dépliants touristiques ou tickets de métro... Yvette Poiré m'a fait l'amitié de me donner à consulter ceux qui correspondent à ma vie professionnelle avec Alain, qui y tient une place très importante. Ceux-ci m'ont permis de retrouver certains articles de journaux et de préciser des dates et des lieux.

Gaumont, pendant soixante ans. C'est sensiblement la moitié de la vie actuelle du cinématographe.

Quand je prends mes fonctions, Alain Poiré a cinquante-sept ans. Il est entré chez Gaumont l'année de ma naissance, en 1939. Il avait alors vingt-deux ans. Très rapidement, il est devenu le « Monsieur Film » de la société, une oasis chez Gaumont, comme j'aime à l'appeler.

Si Alain Poiré ne me connaît pas, il connaît en revanche Jean-Pierre Rassam – un peu de visu, j'imagine ; mais très bien, *trop* bien, sans doute, de réputation. Il n'a aucune intention de se battre pour garder sa place ou de se laisser casser les pieds par de jeunes loups turbulents. Il a alors derrière lui une succession de productions qui méritent le respect : *Caroline chérie* (1951), *Un taxi pour Tobrouk* (1961), *Cent Mille Dollars au soleil* (1964), *Fantômas* (1964), *Le Cerveau* (1969), *La Folie des grandeurs* (1971). Il est prêt à quitter Gaumont et, pour parer à toute éventualité, a signé des contrats avec Marcel Dassault, qui rêve de l'accueillir, pour produire « ses » films. En prime, certains auteurs font stipuler dans leurs contrats que seul Alain Poiré pourra les produire[1].

Quelques jours auparavant, le 4 septembre 1974, j'ai confirmé à Marcel Dassault que si je venais à être nommé président de Gaumont ou à y exercer une influence déterminante, j'appuierais le principe d'une coopération entre Production 2000 (société de production de Marcel Dassault) et M. Poiré, lui permettant de devenir producteur-conseil de sa société[2].

1. Dans l'Albume de 1974 est reproduit l'amendement apporté au contrat de Jean-Loup Dabadie qui stipule que « le producteur délégué sera Alain Poiré. Il ne pourrait être remplacé par une autre personne désignée par la société productrice que si J.-L. Dabadie agréait ce remplacement ».

2. Albumes 1974.

Je me fixe pour objectif de « réattacher » Alain Poiré à Gaumont. J'ai vite compris qu'il était hors de question d'amender les contrats précédemment signés, qui lui permettaient de produire un film sur deux pour Marcel Dassault. Mais pour éviter les embrouilles, et qu'un des partenaires puisse reprocher à l'autre de produire les « bons films » d'un côté et les « mauvais » de l'autre, j'ai convaincu Marcel Dassault de coproduire à parité avec Gaumont la totalité des films produits par Alain Poiré, et non plus un sur deux. Financièrement, c'était équivalent, mais symboliquement, c'était très différent.

Ce n'était pas suffisant pour autant. Daniel Toscan du Plantier devait arriver prochainement chez Gaumont. La nouvelle n'était pas officielle, mais j'en avais informé Alain : la perspective de voir émerger un autre centre de production chez Gaumont ne l'enchantait guère. Il la voyait même d'un mauvais œil, craignant une « surenchère » sur les talents. J'ai tenté de le rassurer en lui précisant que Daniel ne moissonnerait pas sur les mêmes terres que lui. Mes explications ne le convainquirent qu'à moitié, mais en une décennie de coexistence entre Alain et Daniel, il n'y aura qu'un seul incident.

Alain Poiré était un homme qui tenait farouchement à son indépendance. Quand le Gaumont-Palace abritait encore les bureaux de la société, dans le XIXe arrondissement, ceux d'Alain se situaient avenue Georges-V, en plein cœur du quartier du cinéma. Après le déménagement de Gaumont avenue Charles-de-Gaulle, à Neuilly, les siens étaient à quelques centaines de mètres, rue Madeleine-Michelis. Cette volonté de se tenir physiquement et symboliquement à l'écart atteste du caractère d'Alain Poiré, qui ne voulait être sous la coupe de personne. Et c'était le cas : il ne dépendait que de moi, et encore, le mot « dépendre » ne convient pas vraiment à la situation, tant les relations professionnelles, dans le milieu du cinéma, ont toujours une part de personnel, voire d'intime. Je dirais plutôt qu'Alain et moi avons vécu ensemble professionnellement un quart de siècle. J'utilise à dessein le mot « vivre » : « travailler » est un verbe qui n'a pas grand sens quand il désigne la confiance qu'on accorde à quelqu'un pour faire des films, et les discussions que ces projets engendrent. Je lisais les scenarii des films qu'Alain nous proposait, nous évoquions ensemble la distribution des rôles, ce qui ne manquait pas de susciter quelques débats approfondis et de déboucher, parfois, sur quelques aménagements…

Sous ma présidence, Alain Poiré a produit à peu près la moitié de sa filmographie, qui compte quelque deux cents films. Même si son cinéma n'est pas le seul que j'aime, je ne cache pas mon goût pour ces films que l'on qualifie de « grand public » comme si ce terme était une injure, et qui m'émeuvent, me font rire ou sourire.

Certains me restent plus en mémoire que d'autres, à commencer par les films qui ont jalonné mon arrivée chez Gaumont. Les vendanges d'Alain à cette période furent exceptionnelles[1], notamment avec *La Gifle* (sorti le 23 octobre 1974), suivi par des films signés par des auteurs et réalisateurs qui faisaient partie des fidèles d'Alain :

1. Dans cette brochette, Gérard Pirès, qui a réalisé *L'Agression*, sorti le 16 avril 1975, est le seul « non-habitué » de la rue Madeleine-Michelis. Alain et lui ne feront ensemble que ce film, Gérard Pirès ayant le goût des voitures et la désagréable habitude de les mettre dans le fossé, ce qui conduit les différentes sociétés de location de voitures à refuser de lui en fournir… Des années plus tard, sur le tournage de *Taxi* (1998), Luc Besson assurera les premières semaines de tournage à la suite d'un nouvel accident de Gérard Pirès. Cela n'appartient pas à notre histoire, mais Gérard Pirès a failli plusieurs fois voir la sienne s'arrêter.

Le Retour du Grand Blond (sorti le 18 décembre 1974), *Pas de problème !* (sorti le 18 juin 1975), *Le Téléphone rose* (sorti le 15 octobre 1974) et enfin *On a retrouvé la 7e compagnie* (sorti le 10 décembre 1975), série impressionnante de succès qui possède un immense défaut, celui de laisser supposer qu'il est simple de produire des comédies populaires très bien reçues par un large public. Rien n'est moins vrai. Il faut une savante combinaison d'expérience et de talent pour y parvenir, ce qu'avaient Alain et ses réalisateurs emblématiques : Claude Pinoteau, Yves Robert, Georges Lautner… Alain les avait découverts ou avait su se les attacher en allant voir leur pièce de théâtre, en les recevant chez lui à la campagne, pour une partie de tennis ou un verre de bordeaux (l'un n'excluant pas l'autre) et, surtout, il leur était fidèle.

CLAUDE PINOTEAU
Le modeste

En 1973, Alain Poiré donna à Claude Pinoteau sa première occasion de réaliser un long-métrage, *Le Silencieux*, avec Lino Ventura – le seul comédien qui m'ait jamais invité à déjeuner : celui-ci avait refusé que je prenne l'addition, et quand Lino dit non, le gringalet que je suis s'écrase… Il voulait savoir *qui j'étais*.

L'année suivante, Claude Pinoteau réalisa, avec le même Lino Ventura, *La Gifle*. Sorti à la fin de 1974, ce film fit connaître au grand public une nouvelle comédienne, jusqu'alors connue, dans le rôle d'Agnès ou d'Ondine, des seuls amoureux du « Français » : Isabelle Adjani. Au-delà d'un grand succès, *La Gifle* reçut le prix Louis-Delluc, qui était alors l'équivalent d'une Palme cannoise, qu'Alain Poiré avait précédemment obtenu pour *Les Casse-Pieds*, de Jean Dréville, en 1948.

Le scénario de *La Gifle* est signé Jean-Loup Dabadie. L'homme de lettres aux multiples talents (parolier au succès incomparable, auteur de sketches, romancier, scénariste...), qui finira par être élu à l'Académie française, le 10 avril 2008, était un des compagnons préférés d'Alain Poiré. La raison à cela ? C'est l'intéressé qui la donne : « Nous prenons ensemble des fous rires à n'en plus finir. » Il était entré dans l'écurie d'Alain Poiré avec *Clérambard*, réalisé par Yves Robert en 1969.

Claude Pinoteau était un modeste. C'est lui aussi qui a révélé le talent de Sophie Marceau, avec *La Boum*. D'autres l'auraient fait ? Sans doute ! C'est lui. Au-delà du hasard qui fait parfois bien les choses, cela atteste que Claude Pinoteau avait l'œil, et portait sur ses acteurs un regard amical, bienveillant et précis. C'est cet œil et ce regard qui ont permis à Isabelle Adjani et Sophie Marceau de s'ouvrir la voie de la notoriété.

YVES ROBERT

Le réalisateur à la veste de jardinier

En 1974, Yves Robert réalisa *Le Retour du Grand Blond*. Comme son nom l'indique, c'est la suite logique du *Grand Blond avec une chaussure noire*, sorti deux ans plus tôt, et qui avait reçu un accueil triomphal, en France comme à l'étranger. Pourtant, à lire ce que raconte Francis Veber, le scénariste de ces films, ses rapports avec le réalisateur furent particulièrement complexes. Je ne résiste pas au plaisir de le citer, ce qui le conduira sans doute à dire : « Le livre de Nicolas est bon chaque fois qu'il me fait des emprunts. »

> La relation entre scénariste et réalisateur est trop ambiguë pour être vraiment chaleureuse. Vous avez face à face un frustré et un vampire. Le frustré c'est bien sûr le scénariste. Il sait que sans lui il n'y aurait pas de film, mais une fois qu'il a rendu sa copie, il n'existe quasiment plus. Le vampire, c'est le réalisateur. Pour faire le film il doit boire tout le sang de tous ses collaborateurs et le scénariste a le sentiment d'être le premier saigné.

Francis Veber ajoute que, « pour Billy Wilder, le scénariste est un homme qui caresse une femme et c'est le réalisateur qui couche avec elle », pour conclure à propos d'Yves Robert : « Quels qu'aient été ses qualités et ses défauts, l'homme à la veste de jardinier nous a laissé de bien jolies fleurs dans sa filmographie. »

Ces « bien jolies fleurs » m'ont permis d'avoir la chance de fréquenter Yves Robert et Danièle Delorme. Un souvenir me revient : alors que, sans méconnaître ni minorer son charme, je m'étonnais de ce que Roger Vadim ait séduit une pléiade de comédiennes superbes, Yves Robert eut ce mot admirable : « Il est gentil. » « Gentil » est un mot désuet et dont l'usage aujourd'hui le détourne clairement de son sens initial. Mais on ne séduit pas Brigitte Bardot, Annette Stroyberg, Catherine Deneuve, Jane Fonda, Catherine Schneider ou Marie-Christine Barrault sans que le mot « gentil » ait un autre sens : celui qui signifie qu'on est capable de les écouter, de les mettre en valeur, de s'effacer. Un séducteur n'est pas forcément un macho. Il peut aussi être un pygmalion.

ÉDOUARD MOLINARO
Le ponctuel

Avec Alain Poiré, Édouard Molinaro tourna son premier film en 1958 : *Le Dos au mur.* Onze ans plus tard, ils tournèrent *Oscar.* La vedette, Louis de Funès, menaça de quitter le tournage pour des raisons pour le moins… inhabituelles. « Vous m'avez flanqué un réalisateur qui regarde sa montre toutes les trois minutes tellement il s'embête ! Je ne peux pas tourner dans ces conditions-là[1] ! » Pour apaiser les relations entre le réalisateur et son acteur, Alain Poiré recommanda alors – et sans doute était-ce la première fois dans les annales du cinéma mondial qu'un producteur adressait un conseil de ce type – à Édouard Molinaro de « perdre du temps ».

Pour *Le Téléphone rose*, dont il a écrit le scénario, Francis Veber raconte avec humour, comme à son habitude, la genèse de l'histoire[2] :

> Je retrouvai Édouard Molinaro pour *Le Téléphone rose*, une histoire passionnelle entre un industriel et une call-girl. Ventura me paraissait le casting idéal. Je lui racontai le sujet, j'aurais dû prévoir la réponse : « Lino ne tombe pas amoureux d'une pute. » Pierre Mondy a accepté de tomber amoureux d'une pute, Mireille Darc a joué la pute, et le film a été un putain de succès.

1. Alain Poiré, *200 Films au soleil, op. cit.*, p. 310.
2. Francis Veber, *Que ça reste entre nous*, Robert Laffont, 2010, p. 155.

GEORGES LAUTNER

Mieux vaut une reconnaissance tardive…

J'ai rencontré Georges Lautner grâce à *Pas de problème !*, qu'il a réalisé en 1975. Georges Lautner n'était alors pas reconnu comme le réalisateur d'un des films les plus célèbres et les plus cultes du cinéma français : *Les Tontons flingueurs*, sorti douze ans plus tôt.

Quand, au printemps 2012, est sortie une version restaurée de ce film en DVD, Georges Lautner a eu un joli mot où se mêlaient mélancolie, nostalgie, et aussi une pointe de bonheur : « J'ai l'avant-première que je n'ai pas eue lors de la sortie du film. » Dans cette phrase se niche toute l'amertume que peuvent éprouver ces réalisateurs que le public adule mais que la critique méprise. Les films de Georges Lautner ont attiré dans les salles obscures sensiblement l'équivalent de la population française, une soixantaine de millions de spectateurs. Quant aux critiques que *Les Tontons flingueurs* a reçues au moment de sa sortie, elles ne laissent rien présager de son légendaire destin ultérieur : « Le film tourne en rond. Lino Ventura n'y peut rien et sa respectabilité lui interdit "l'auto-pastiche". Une certaine sclérose atteint des personnages comme Francis Blanche qui avaient cependant suscité tant d'espoirs à leurs débuts », écrit Henry Chapier dans *Combat*[1]. Dans un autre article, le même critique : « Vous pavoisez haut mais pour le faire vos dialogues doivent viser plus bas[2]. » *Le Monde* renchérit : « Film mineur, oui encore, quand on voit *Les Tontons flingueurs* on se rend compte de la dégradation du comique cinématographique… » Vingt-cinq

1. *Combat*, 28 novembre 1963.
2. *Combat*, 14-15 mars 1964.

ans plus tard, dans le même journal, je lis : « Georges Lautner dont le registre est fort éclectique depuis les excellents *Monocle* et deux chefs-d'œuvre de la dérision avec *Les Tontons flingueurs* et *Les Barbouzes*[1]... »

Comme d'autres films, *Les Tontons flingueurs* a en son temps fait l'objet d'une version colorisée, avec l'accord du réalisateur. Les puristes crièrent au scandale. Les responsables indirects de ces nouvelles versions étaient les chaînes de télévision : selon elles, les téléspectateurs ne voulaient plus voir de films en noir et blanc, tout cela appartenait au passé. Entre 1994 et 2001, le film fut diffusé quatre fois en version colorisée sur la deuxième chaîne. En 2003, Gaumont décida de ne plus la diffuser, en accord avec Georges Lautner et le service achat de la chaîne. Le programmateur, qui n'avait pas été informé de cette décision, découvrit à la dernière minute qu'il ne disposait que de la version restaurée noir et blanc, et redouta une audience catastrophique... Le film retint plus de 7,5 millions de téléspectateurs devant leur petit écran, soit la troisième meilleure audience de la chaîne pour un film cette année-là... Une chose du passé, vraiment ?

Je suis heureux qu'après un demi-siècle Georges Lautner ait reçu l'hommage qu'il méritait. L'opposition systématique entre le succès et les bonnes critiques m'agace. Mon avis, en la matière, est sans importance, mais les effets de cette opposition sont beaucoup plus inquiétants : elle dissuade les jeunes réalisateurs de s'intéresser à la comédie, un genre qui requiert pourtant une grande technicité, une précision d'orfèvre et un talent de dialoguiste très affûté. Surtout, cette opposition binaire en crée une autre, qui

1. Michel Braudeau, *Le Monde*, 8 février 1988.

sépare « cinéma de la réflexion » et « cinéma du divertissement ». Le système sophistiqué du fonds de soutien est alimenté par les films qui trouvent leur public. Il est bon et sain d'encourager les nouveaux talents et les premiers films. Ce n'est pas une raison pour assassiner ceux qui ont l'outrecuidance d'attirer les foules.

La brochette de talents réunie autour d'Alain Poiré est édifiante à cet égard. Grands succès populaires et, sauf exception, mépris poli (ou moins poli) de la critique. La critique est libre, mais l'importance donnée à la démolition d'un film pourrait sans doute être modulée... sans attendre des décennies pour comprendre que le rire est ce qu'il y a de meilleur en l'homme.

Le 30 novembre 2013, il pleuvait sur la ville, il pleuvait dans nos cœurs ; à Nice, la cathédrale Sainte-Réparate était archicomble et ne pouvait accueillir tous ceux qui se pressaient et restaient là, tristes, silencieux, transis et stoïques sur le parvis. Beaucoup d'anonymes, quelques fidèles, à commencer par Jean-Paul Belmondo, comme à son habitude d'une discrétion extrême.

La vie privée de Georges Lautner, comme celle de beaucoup de héros de ses films, était compliquée. Le prêtre commença son oraison avec un humour que n'auraient pas dédaigné Georges Lautner et son acolyte, Michel Audiard :

> « Une mère et ses deux fils vont à l'enterrement de leur mari et père pour entendre le curé commencer le service par "nous sommes ici pour rendre hommage à ce mari exemplaire, à ce père irréprochable"... La mère se lève et dit à ses fils : "Je crois que nous nous sommes trompés d'église..." »

Nous sommes tous restés...

MICHEL AUDIARD

Gens du faubourg et duchesses du grand monde

Il serait inconvenant de célébrer Georges Lautner et de ne pas citer Michel Audiard, qui apporta tant à Gaumont. Cette proximité explique peut-être en partie l'éloignement d'Alain Poiré de la Nouvelle Vague. Celle-ci étrillait en effet sévèrement Michel Audiard, lequel n'était pas en mal de réponse. On pouvait ainsi lire dans *Arts* :

> « Est infâme tout ce qui est inachevé », dit Genet, et Gide : « Que chacun suive sa pente pourvu que ce soit en remontant. » Ainsi Michel Audiard, qui n'est au fond que le Jeanson du pauvre, ne parvient jamais à s'échapper de la bassesse[1].

Michel Audiard répondit deux ans plus tard[2], sous le titre « 30 films invisibles » :

> La télévision connaissant une période stagnante, je soupçonne ses dirigeants d'avoir inventé la Nouvelle Vague afin de dégoûter définitivement du cinéma quelques milliers de spectateurs et, ainsi, de les récupérer. Non seulement l'opération a réussi, mais elle se révèle triomphale.
>
> Après l'offensive des *400 Coups*, la vente des récepteurs a repris. Après l'opération de *Hiroshima*, elle a carrément doublé.
>
> Ayant ainsi rempli sa mission, la Nouvelle Vague se retire. C'est-à-dire qu'après avoir essayé de prendre d'assaut les

1. *Arts*, 6-2 novembre 1957.
2. *Arts*, 11-17 novembre 1959.

façades des Champs-Élysées, elle reflue vers son point de départ : la salle de rédaction des *Cahiers du cinéma*.

Submergés par leur propre clapotis, les nouveaux petits maîtres-nageurs ont déjà de l'eau jusqu'au menton. Il ne restera bientôt plus sur la plage déserte que les corps des producteurs noyés, épars, parmi quelques débris-souvenirs : le hochet du fils Pierreux, le slip de Juliette Mayniel et quelques aphorismes de Marguerite Duras.

Ces messieurs méprisent le cinéma, mais ne trouvent rien de plus urgent que d'en faire. Ils méprisent les vedettes, mais n'ont rien de plus pressé (pour peu qu'ils en aient les moyens) que de se précipiter sur elles.

Quarante-cinq ans plus tard, les esprits ont bien évolué et on peut lire dans la très select *Revue des Deux Mondes*[1] des commentaires bien différents de ceux de François Truffaut :

Ce mélange de rhétorique savante et de verve populaire, cette vie alliée avec les livres, ces retrouvailles des gens du faubourg et des duchesses du grand monde de Valiès et Proust, c'est le génie de la France.

En tenant fermement reliés les deux bouts de la chaîne de l'héritage littéraire du vieux pays – l'arrière-garde avec Bossuet, l'avant-garde avec Céline –, Michel Audiard a illustré le génie à la fois aristocratique et populaire de Notre-Dame la langue française. En arrière-plan, l'amateur reconnaît dans ses dialogues la culture des enfants de la communale, l'affection pour les patois de métier et le parler des rues de Paris, l'amour des gens ordinaires, une bibliothèque explorée avec soin.

C'est ainsi qu'il a eu le don de réconcilier le populo et l'aristo. *La Traversée de Paris* c'est Molière à l'heure du

1. *Revue des Deux Mondes*, juillet-août 2022, p. 27.

marché noir ; *Le Président* : Machiavel en argot ; *Un singe en hiver* : Rimbaud au bistrot ; *Les Tontons flingueurs* : La Rochefoucauld à Montauban. Osons écrire ici le mot « génie » et *Ne nous fâchons pas*.

ROBERT LAMOUREUX
La guerre en dentelles

Je n'ai fait que croiser Robert Lamoureux. Irrésistible en Arsène Lupin sous la direction de Jacques Becker, Robert Lamoureux faisait tourner la tête des jeunes femmes. Mais son talent ne se limitait pas au cinéma : il était également auteur et comédien de théâtre. Dans une filmographie nombreuse et fort variée, les trois *7e compagnie* – les scenarii des deux derniers ont été écrits par Jean-Marie Poiré – sont des pépites qui comptabiliseront pas moins d'une vingtaine de passages sur les grandes chaînes de télévision. Chaque fois, Gaumont vendait trois films et grâce, entre autres, aux *7e compagnie*, Gaumont pouvait continuer à produire. La critique pouvait gloser et se gausser de ces films franchouillards, et elle ne s'en priva pas. Toujours est-il que s'ils retenaient à ce point l'attention des spectateurs, c'est que ces films faisaient vibrer en nous un humour franc et sincère – et nous sommes comme ça, ne nous en déplaise ; même si, hélas, l'armée allemande était moins naïve que celle présentée dans ces films.

Au sein de Gaumont, Alain n'était pas seulement producteur. Il supervisait aussi la distribution et surveillait, ville par ville, salle par salle et semaine par semaine la programmation. Les ventes aux télévisions et les ventes internationales dépendaient également de lui. C'est ainsi qu'au début de mon mandat nous avons fait deux voyages dans des pays aux cultures très différentes de la nôtre et qui seront des étapes décisives de notre rapprochement.

Alain n'avait rien d'un voyageur aventureux attiré par les contrées lointaines, et encore moins quand ces contrées lointaines étaient les démocraties populaires de l'époque. C'est pourtant en sa compagnie que je me suis rendu, au cours de l'année 1977, en URSS, puis en Chine.

L'URSS
Dictature, quand tu nous tiens…

L'URSS n'est plus, mais l'URSS a bel et bien existé. À l'époque où l'Empire soviétique était encore stable, et où il produisait, par ailleurs, un cinéma de qualité, nous avons cherché à en être le meilleur partenaire commercial. Le résultat fut médiocre.

Pourtant, l'URSS avait tout pour être un marché de rêve à conquérir pour une société française : en confrontation ouverte avec les États-Unis, elle bannissait les produits américains – à commencer par les films. Pour autant, rien n'était si simple : la censure s'étendait à l'ensemble des biens culturels, car à travers eux, quels qu'ils soient, soufflait ce vent de liberté que redoutent tant les dictatures. Quelques films Gaumont furent des triomphes commerciaux en URSS, notamment les *Fantômas* ou *La Chèvre*, mais les sommes encaissées ne furent pas significatives[1].

Lassé de faire régulièrement le même périple Mosco-Leningrad-Kiev, j'ai demandé, à la grande surprise de mes interlocuteurs russes, la possibilité d'aller en Sibérie... en plein hiver. C'est ainsi qu'en mars 1977, nous nous sommes mis en route vers Novossibirsk. Quand je dis « nous », je veux parler de tous les membres de cette belle équipe : Alain Poiré, bien sûr, et Hugues de Place[2], mais aussi Brigitte Fossey pour *Le Pays bleu* de Jean-Charles Tacchella, Marie-Hélène Breillat et Bernard Menez pour *Dracula père et fils* d'Édouard Molinaro, ainsi que Maurice Dugowson, réalisateur de *F comme Fairbanks*.

Quand nous sommes arrivés, il ne faisait pas aussi froid que je l'avais espéré. La semaine précédente, les thermomètres indiquaient –40 °C, et il ne faisait plus que –25 °C. Nous avons reçu un cours sommaire, mais efficace, sur le port de la chapka : à Moscou, les oreillettes se descendent quand la température atteint –10 °C ; à Novossibirsk, quand elle atteint –20 °C. Pour être tout à fait honnête,

1. « *Fantômas* m'amène à parler de nos exportations vers l'URSS, car c'est un film exemplaire avec 60 millions d'entrées là-bas. *Pas de problème !* a drainé 16 millions de spectateurs et *La Chèvre* 32. On finit par connaître ces chiffres au hasard d'indiscrétions car, hélas, nous sommes toujours en face d'un acheteur unique qui nous verse à peu près la même ridicule somme depuis vingt ans. Pour les *Fantômas* en 1964 et 65 : 120 000 francs ; pour *La Chèvre* en 1981 : 400 000 francs », Alain Poiré, *200 Films au soleil*, *op. cit.*, p. 255.

2. Hugues de Place est à l'époque responsable du service étranger. Juste après ma nomination, Roger Sallard m'a informé qu'à sa connaissance, les cadres de Gaumont étaient intègres, à l'exception du responsable de la publicité qui devait toucher quelques ristournes... Pour Hugues de Place, il m'avait précisé que celui-ci était un honorable correspondant du SDECE, le renseignement extérieur français, comme tous ceux qui, à l'époque, étaient fiables et se rendaient régulièrement en URSS.

nous n'avons pas trop senti le froid – il faut dire que nous sortions d'un restaurant où, après avoir porté des toasts à tous les réalisateurs, auteurs, comédiens russes et français, nous avions fini complètement imbibés de vodka. Mais je revois ce policier qui faisait la circulation, les bras en croix, posté sur une petite rotonde surélevée au milieu d'avenues désertes battues par un froid... sibérien.

Nos hôtes, peu habitués à des visites d'étrangers, ne savaient pas vraiment comment occuper nos matinées. Ils nous ont emmenés par des routes enneigées à l'université voisine d'Akademgorodok : au milieu des pins régnait une atmosphère étrange, presque fantastique. L'université, spécialisée dans les disciplines scientifiques et qui formait des chercheurs de haut niveau, abritait l'un des rares endroits où nous avons trouvé une liberté de ton et de parole. L'environnement hostile qui interdisait toute velléité d'éloignement, l'absence de communication avec le reste du monde, l'éloignement de Moscou avaient créé dans ce lieu inhospitalier un havre inattendu de liberté.

Le 5 avril 1977, Alain Poiré et moi avons été invités à déjeuner par l'ambassadeur d'URSS dans l'hôtel particulier de sa résidence parisienne. Celui-ci a égrené devant nous les multiples raisons pour lesquelles la plupart de nos films ne pouvaient espérer être importés. Il est inacceptable qu'un père frappe sa fille : aucun espoir de voir *La Gifle* achetée. Le renégat Yves Montand[1] n'a aucune chance de

1. Yves Montand a été pendant de nombreuses années un compagnon de route du Parti communiste. En 1956, après l'écrasement de la révolte de Budapest par les chars soviétiques, accompagné de Simone Signoret, il fait un tour de chant en URSS. La rupture définitive n'intervient qu'en 1968, après l'invasion de la Tchécoslovaquie.

retrouver le public soviétique : *Le Grand Escogriffe* abonde ainsi la liste rouge. En revanche sera diffusé *Le Téléphone rose*, dans lequel Mireille Darc incarne une irrésistible call-girl payée par des concurrents californiens, parce que c'est un film « moral » qui démontre l'étendue de la cupidité sans limite des Américains...

Malgré ce cadre de coopération contraint, je pensais qu'il était possible de renforcer nos liens culturels. Les Soviétiques se plaignaient régulièrement de la mauvaise exposition de leurs films en France. Je partageais ce point de vue. Je leur ai proposé de faire de Gaumont leur agent et de leur dédier une salle de cinéma qui diffuserait exclusivement des films soviétiques[1].

Quelque temps plus tard, je découvrirai rue de Rennes, en lieu et place de L'Arlequin ainsi baptisé par Jacques Tati, un nouveau cinéma renommé Cosmos, récemment affermé par leurs soins. Des films de qualité y étaient programmés, à l'instar de la reprise des *Chevaux de feu* de Sergueï Paradjanov, mais, une fois entré dans le hall sous-éclairé, on ne pouvait qu'avoir la sensation désagréable de pénétrer en URSS, avec une caissière qui respirait son agent double... Je fis part de ma surprise à mes interlocuteurs : « Vous copiez mes idées sans m'en informer mais, en les réalisant de travers, vous ne donnez pas aux films soviétiques la chance qu'ils méritent... »

Quand « mes amis russes » se plaignirent de voir Andreï Tarkovski sélectionné à Cannes en lieu et place de leur champion Sergueï Bondartchouk, je leur répondis que je ne pouvais rien faire pour eux. Ils n'en crurent pas un mot. Dictature, quand tu nous tiens...

1. Je pense alors à la salle du Bosquet, située sur l'avenue éponyme.

À l'époque, la fréquentation des salles en URSS était, après celle de l'Inde, sans doute la plus élevée au monde. Même si les statistiques n'étaient pas d'une totale fiabilité, le chiffre de 4 milliards de spectateurs faisait alors consensus. Dans un pays où tout était sous le contrôle le plus strict de l'État, le cinéma offrait un espace de liberté – réduit, certes, mais il avait le mérite d'exister.

Les nombreux contacts officiels que nous avons eus avec les Soviétiques n'ont pas permis à Gaumont d'être sensiblement meilleure et que ses consœurs sur ce marché. Mais, des années plus tard, après l'implosion de l'URSS, c'est à Gaumont qu'il a été proposé, en 2007, de racheter les droits vidéo d'un certain nombre de films majeurs, notamment ceux d'Eisenstein – à commencer par *Le Cuirassé Potemkine* et *Alexandre Nevski*.

L'URSS n'était pas la seule dictature à comprendre l'importance de l'image et à utiliser son pouvoir. Avant elle, déjà, Cinecittà, qui fut le plus grand studio de cinéma européen, avait été créé par Mussolini, tout comme la Mostra de Venise. En son temps, Hitler avait compris les avantages qu'il y avait à avoir sous sa coupe Leni Riefenstahl. Et les Soviétiques, eux, avaient leurs cinéastes emblématiques, tels Eisenstein ou Bondartchouk.

Il faut l'imagination, le talent, l'intelligence d'un Tarkovski pour réaliser, sous le contrôle vigilant de l'État qui le finance, un film comme *Le Miroir* ; et il faut son audace pour répondre, lors de la conférence de presse qu'il donne à Paris, entouré de ses « anges gardiens », à la question « Pourquoi y a-t-il une croix à un moment donné ? » : « Il n'y a pas de croix dans mon film… » Andreï Tarkovski connaissait très bien ses « anges gardiens », et n'avait pas pour ambition de prendre le premier avion pour Moscou…

LA CHINE

Une dictature peut en cacher une autre…

Ce déplacement de deux semaines que nous avons fait Alain et moi nous a, je pense, plus rapprochés que tout autre événement[1]. Faisaient également partie du voyage : Paul Lepercq, administrateur ; Michel Gué[2], directeur adjoint du service étranger ; Gérard Oury, ami intime d'Alain ; et Pierre Billard[3], qu'Alain aimait bien et qui était un des rares critiques, avec Robert Chazal[4], à dire publiquement qu'il appréciait les films qu'Alain produisait. Nous n'avions aucun projet particulier, et étions dans un pays qui avait

1. Alain décrit ainsi la situation : « Nicolas Seydoux m'a surpris aussi. Je le connaissais peu, je ne savais pas ce qu'il pensait caché derrière sa barbe ! Gérard et moi, lorsque nous sommes ensemble, nous sommes volontiers stupides, nous aimons les plaisanteries idiotes et les paroles inconséquentes. Pierre Billard sait à quoi s'en tenir et emboîte facilement le pas. Nous avons vu avec bonheur un Nicolas totalement dans le coup, sérieux, très calme mais pas du tout en arrière de la main. Il en a résulté pour Pierre, Gérard et moi un coup de foudre d'amitié. Pour ma part il s'est transformé en une profonde et fidèle affection. Au fil des années j'ai pu apprécier non seulement son humour mais ses qualités de cœur et ses connaissances professionnelles », Alain Poiré, *200 Films au soleil*, *op. cit.*, p. 258.

2. Michel Gué parle bien le chinois et est à même de vérifier la qualité, excellente, de la traduction des interprètes officiels.

3. Pierre Billard est alors rédacteur en chef du *Point*, dont il est un des fondateurs, en charge des pages Culture.

4. Robert Chazal est alors chef du service Spectacles de *France-Soir*, dont le tirage en 1976 est de 600 000 exemplaires, loin des 2 264 000 atteints en 1970 à l'occasion de la mort du général de Gaulle. En 2023, le titre n'est plus qu'un lointain souvenir…

peu l'habitude de l'étranger, professionnel comme touriste. Nous étions des professionnels venus en touristes, car, si la Chine nous apparaissait clairement comme un pays d'avenir, nous n'envisagions à court terme ni d'y produire ni d'y vendre un grand nombre de films. Depuis 1949, un seul film Gaumont avait été vendu aux Chinois : *Le Silencieux*. C'était au moment de la brouille entre Pékin et Moscou, et le film avait été considéré comme suffisamment antisoviétique pour passer les barrières des contrôles.

Pékin, en 1977, c'était de grandes artères que sillonnaient uniquement des millions de bicyclettes. Sur ces bicyclettes, des hommes et des femmes semblables, vêtus d'un costume Mao. Les voitures étaient rares et officielles, d'anciennes ZIS et ZIM importées d'URSS. Aucun de nos interlocuteurs ne parlait anglais, et tous les propos étaient traduits par des interprètes. Nous avons été très bien traités, premiers Occidentaux professionnels du cinéma à se rendre sur place depuis la Révolution culturelle. Nous étions loin de tout.

Au-delà de Paul Lepercq, qui se pâmait d'admiration devant un effroyable dais en plastique bleu recouvrant le toit de notre salle de conférence et qui pratiquait, à l'aube, sous les murs de la Cité interdite, son jogging dans une tenue moulée du plus bel effet, plongeant les Chinois dans la circonspection, l'éloignement nous rapprochait. Nous n'avions rien d'autre à faire que de nous laisser aller, découvrir un nouveau monde, une civilisation très ancienne mais très nouvelle pour nous, des hommes et des femmes asservis, une pauvreté omniprésente mais digne, une absence d'échanges que renforçait la barrière de la langue.

Nous irions, comme il se doit, sur la Grande Muraille, et à Shanghai, dont le quartier français se reconnaissait encore à ses rues bordées de platanes – mais aussi, ce qui était plus rare à l'époque, dans des lieux plus reculés, notamment, à la demande expresse d'Alain Poiré, à Guilin, où le temps semblait s'être arrêté, avec ses pics volcaniques et ses rivières le long desquelles des bœufs tiraient des chalands, des paysages extraordinaires qui nous semblaient familiers tant nous les avions vus reproduits sur de nombreux tableaux.

Nous avons quitté ce pays à Canton, après avoir échangé avec un vieil érudit pétri de culture. Il avait dû traverser bien des épreuves pour survivre, et conservait toutefois les signes distinctifs du lettré : une longue natte, un ongle sans fin à son petit doigt.

Depuis ce voyage initiatique, je suis retourné plusieurs fois en Chine, y compris dans les bagages de Lionel Jospin, alors Premier ministre. À ce jour, Gaumont n'en a tiré aucun bénéfice. Quant à moi, j'ai jeté quelques bouteilles dans l'océan de mon inculture asiatique.

Depuis des années, la Chine, pays nationaliste s'il en est, s'est mise à développer une très ambitieuse politique audiovisuelle. Des raisons d'union nationale, indispensable, de rapprochement des différentes langues et coutumes, d'intégration des minorités, d'expression culturelle interne et externe n'y sont pas étrangères. Depuis 2000, la part du cinéma national s'élève à plus de 50 % (à l'exception de 2012), pour atteindre 64 % en 2019. L'importation des films étrangers, notamment américains, est très réglementée, et un film à l'affiche attirant de nombreux spectateurs peut être déprogrammé à tout moment. Au cours de la décennie 2010-2019, l'évolution du marché du cinéma chinois a de quoi impressionner : le nombre d'écrans a été multiplié par 11 (passant de 6 200 à 69 787), entraînant une augmentation très importante de la fréquentation (de 290 millions à 1 730 millions de spectateurs). Celle-ci a dépassé celle des États-Unis en 2016. En 2019, le box-office, si cher à nos amis américains, est encore inférieur en Chine (il s'élève à 9,4 milliards de dollars, contre 11,4 milliards aux États-Unis), mais il est le reflet d'une fréquentation qui a doublé en cinq ans, quand celle des États-Unis a stagné, voire régressé… Par ailleurs, la Chine contrôle le second réseau de salles nord-américain depuis l'achat d'AMC par le groupe chinois Wanda en 2012.

Le cinéma chinois a de beaux jours devant lui…

4

Le tour de France des cinémas

1975. Avant mon arrivée, Gaumont s'était séparée de son département télévisuel, secteur en plein développement. Après avoir tenté de les redresser, j'allais être amené à fermer le journal d'actualités[1], largement déficitaire, et à céder le laboratoire[2]. L'activité de Gaumont s'est ainsi vite recentrée sur deux métiers : les cinémas et le film. Le film, c'était Alain Poiré, il était hors de question de réduire ses attributions, mais la politique de Gaumont devait s'élargir. Ce serait la responsabilité de Daniel.

J'allais m'immerger dans les cinémas.

Je n'y connaissais rien, j'allais vite apprendre. J'avais passé de longues heures à analyser les chiffres et les résultats des salles du circuit Gaumont, mais les cinémas, ce sont avant tout des lieux avec leur identité propre, singulière, irréductible. À cette époque, je les connaissais peu. Je n'avais fréquenté les cinémas que pour mon plaisir : ceux qui m'attiraient pour diverses raisons, ou ceux

1. Voir Annexe VI, Les filiales, La Société d'informations cinématographiques (SIC), p. 397.
2. Voir Annexe VI, Les filiales, GTC, p. 396.

qui présentaient des films « différents » dans des salles art & essai. Mon ignorance en la matière était telle que je ne connaissais aucun cinéma proposant des films doublés en version française, soit la très grande majorité des cinémas, notamment, sauf exception, tous ceux situés en dehors de Paris qui ne présentaient, à l'époque, que des versions doublées. Comme tout spectateur, j'avais en tête le souvenir de mauvaises expériences, de détails qui, pour une raison ou une autre, avaient détonné et m'avaient laissé un arrière-goût de déception : un nombre de toilettes insuffisant, une propreté qui laissait à désirer, des ouvreuses ou caissières à l'amabilité intermittente, un son ou une projection dont la qualité n'était pas au rendez-vous, des fauteuils et moquettes fatigués, le manque de vision quand j'étais placé derrière une dame à haut chignon, ou encore le dérangement que créaient les spectateurs arrivant en cours de séance ou la quittant prématurément[1]...

J'allais donc visiter les cinémas. Quelques cinémas appartenant à des confrères, et, de fond en comble, tous les cinémas Gaumont, à la grande surprise des équipes qui ne s'attendaient pas à voir débouler à l'impromptu leur directeur général. L'ambiance était généralement le reflet de la fréquentation du cinéma : plus celle-ci était élevée, meilleure elle était. Quand la fréquentation était faible ou à la baisse, les équipes étaient plutôt démotivées. Le paiement au pourboire des ouvreuses[2] n'y était pas étranger – même si, dans les salles qui accueillaient le moins de spectateurs,

1. Le cinéma dit « permanent » est récent et n'est pratiqué que dans les cinémas d'exclusivité. Étudiant, et même plus tard, je suis fréquemment arrivé, et donc parti, au milieu de la séance...

2. À l'époque, les ouvreuses sont presque toujours des femmes, à l'exception du Gaumont-Ambassade, où ce sont exclusivement des hommes.

Gaumont, comme ses consœurs, garantissait aux ouvreuses un salaire correspondant au SMIC + 10 %.

À Paris, à l'exception des Champs-Élysées, où ils pouvaient parfois organiser des avant-premières et recevoir des personnalités[1], les directeurs étaient des chefs de poste. En revanche, dans les grandes métropoles régionales, les directeurs étaient des notables locaux, en lien avec le maire, le préfet, le commandant des pompiers comme celui de la gendarmerie, et surtout, ils connaissaient *leur* salle, ils connaissaient *leur* public. Nombreux étaient ceux qui rêvaient de travaux, certains avec un projet précis en tête, d'autres avec des ambitions beaucoup plus vagues... Ils souhaitaient transformer leur ensemble en « complexe ».

LE COMPLEXE

Du petit complexe art & essai aux « porte-avions du cinéma américain »

Le début des années 70 est la grande époque de construction de ce qu'on appelait les « complexes ». C'est un nom qui ne m'a jamais plu et, malgré tous mes efforts, je ne suis pas parvenu à faire entrer dans le langage courant un équivalent, plus clair et moins disgracieux : « multisalle ».

1. Les réalisateurs sont souvent mécontents du niveau sonore de la projection, alors que les spectateurs de plus de vingt-cinq ans le trouvent en général trop fort... J'entendrai souvent Alain Poiré, sans citer aucun nom, me dire : « Les réalisateurs, ils sont tous sourds... »

Comme beaucoup d'idées jugées bonnes, le complexe avait de nombreux pères putatifs[1].

Le premier complexe parisien, et donc français, comprenant deux salles (le Studio-Saint-Lazare et le Cinévog-Saint-Lazare), fut construit en 1965 par Boris Gourévitch. Celui-ci était un dynamique exploitant art & essai, qui avait découvert le concept du complexe à New York, où Dan Rugoff avait construit le premier en 1962.

Un complexe, à l'origine, était un ensemble de salles de petite capacité, en général destinées à des films art & essai, qui permettait de proposer une gamme de films d'audience ciblée à un public d'étudiants (en grande partie) dans les quartiers « bourgeois » de Paris et de New York.

J'ai beaucoup vu Boris Gourévitch et Dan Rugoff. Je les ai écoutés et j'ai beaucoup appris : ils avaient compris que des films de grande qualité se produisaient un peu partout dans le monde ; des films qui, même s'ils n'étaient pas des blockbusters, méritaient d'être vus en dehors de leur seul pays d'origine et attiraient un public régulier qui excédait celui des seuls cinéphiles.

À la suite des petits complexes art & essai, des complexes de grandes salles d'exclusivité se mirent à naître çà et là de manière empirique. C'est ainsi qu'en décembre 1968

1. La recherche exhaustive faite, sur la suggestion de Denis Chateau, par mon assistante, dans *Le Film français* de l'époque, permet de rendre à César, c'est-à-dire à Boris Gourévitch, ce qui lui appartient : la création des premiers complexes français.

Le premier complexe comprend deux salles, le Cinévog-Saint-Lazare et le Studio-Saint-Lazare, celui-ci étant construit dans le sous-sol de celui-là.

Un an plus tard, en décembre 1966, Les Trois-Luxembourg, disposant de trois salles construites les unes sur les autres, est le premier complexe de trois écrans.

En 1967, le Saint-Germain-Huchette et le Saint-Germain-Village sont à leur tour inaugurés par Boris Gourévitch. Tous ces ensembles offrent des salles de petite capacité et sont classés art & essai.

Pathé divisa Le Marignan en deux salles, Le Marignan et Le Concorde ; puis, un an plus tard, Le Wepler, également en deux salles : Le Wepler et Le Caravelle[1]. Dans le même temps, Jean-Charles Edeline inaugurait les Studios A et B à Parly 2.

En 1975, il existait deux types de complexes. D'une part, les moins nombreux, les complexes conçus et construits comme tels, à l'instar d'Évry ; d'autre part, les complexes qui étaient le fruit de la transformation de salles uniques, tel Le Convention. Le nombre de salles (et donc de films) était alors aléatoire : c'était l'aspect pratique et pragmatique qui primait dans le choix des transformations à effectuer. Les plus primaires consistaient à faire de l'orchestre et du balcon des salles indépendantes. Une autre solution en vogue revenait à faire trois espaces à partir de l'ancienne grande salle : la dalle de l'ancien balcon était prolongée jusqu'à l'écran, créant ce qui deviendrait la salle la plus grande du nouveau complexe ; l'orchestre était alors coupé en deux salles de taille différente, séparées par un mur qui supportait le prolongement du balcon. Il arrivait aussi que les locaux annexes – fumoir, bar, etc. – soient supprimés pour être transformés en une quatrième salle. Un cinéma à salle unique de grande taille devenait ainsi un complexe de trois ou quatre salles.

Les complexes furent par la suite accusés de tous les maux. Même si je trouve cela exagéré, l'honnêteté me pousse à reconnaître que certains complexes avaient leurs défauts, parfois nombreux, que je peux résumer ainsi : la magie du grand écran a disparu. Le spectateur ne sait pas

1. Le Marignan et Le Concorde ont des capacités respectives de 1 200 et 500 places ; Le Wepler et Le Caravelle ont des capacités respectives de 1 100 et 500 places.

dans quelle salle est projeté le film et découvre au dernier moment que l'écran est minuscule, appelé à juste titre « timbre-poste ». Le prix du billet est le même quelle que soit la qualité de la salle. L'épure de vision est détestable, et le petit assis derrière une femme à chignon ne peut voir qu'une partie de l'image. L'insonorisation, mal étudiée, laisse passer le son de la salle voisine, et les spectateurs de *Cris et Chuchotements* sont perturbés par les vociférations du dernier *Kung Fu*. Les espaces d'accueil ont été supprimés, et les spectateurs sont agglutinés dans des halls minuscules, quand ils ne doivent pas faire la queue dehors sous la pluie[1]. Il faut monter ou descendre des escaliers sans fin et sortir par des couloirs sinistres au milieu des poubelles dans une impasse mal éclairée fort éloignée de l'entrée…

Le complexe transforma les murs. Il allait également bouleverser les pratiques de la programmation.

Comme pour toute salle de spectacle, la fréquentation d'un cinéma à salle unique dépend de sa programmation, des films qui sont à l'affiche. Celle-ci est le débit du fleuve qui irrigue la salle, détermine son taux de fréquentation, crée son aura. Au centre de tout cela se trouve le programmateur. Son choix fait tout : triomphe ou désastre.

Historiquement, et pour plusieurs raisons, à commencer par le coût des copies, les films sortaient dans un nombre limité de « bonnes salles », dites « salles d'exclusivité[2] ». Elles

1. Cette remarque peut encore être entendue.

2. Les salles d'exclusivité parisiennes forment des combinaisons qui peuvent sonner aux oreilles des spectateurs comme quelques célèbres numéros de téléphone : Gaumont-Palace-Rex, la plus prestigieuse ; Balzac-Helder-Scala-Vivienne, la plus musicale ; Madeleine-Biarritz ; Normandie-Moulin-Rouge…

étaient les premières « bénéficiaires » ou « victimes » du choix des films. Les semaines passant, la copie du film se détériorait. De plus en plus usée, voire rayée, elle glissait ensuite de salle en salle : salles de « seconde exclusivité », « continuation », « quartiers ». Les prix des places diminuaient en conséquence[1]. Quelques rares grandes métropoles sortaient le film « en même temps que Paris ». Le reste de la France attendait souvent plusieurs mois.

La fréquentation cinématographique en France baissait drastiquement depuis 1957. Ainsi, celle du Gaumont-Palace, le plus grand cinéma du monde, fut divisée par 8 en vingt-cinq ans. Ce marasme général et continu donna lieu à un changement de paradigme : les exploitants estimaient qu'ils n'avaient plus besoin d'immenses salles, ces vastes bateaux qui restaient désespérément vides, et qu'ils pouvaient, dans le même volume, disposer d'une gamme de capacités plus réduites – et ainsi accueillir plusieurs films. La notion même d'« exclusivité » changea de sens : le multisalle gardait un film à l'affiche, mais le projetait d'abord dans la grande salle, puis dans des salles de moindre capacité. Parallèlement, le nombre de copies augmentait, et

1. Le prix de la place est alors réglementé en France, à l'exception de celui des salles art & essai. Le président de la FNCF négocie périodiquement un « petit ajustement ». Dans *Le Film français* daté du 30 mars 1979, on peut lire : « Le nouvel avenant autorise une augmentation des prix de 5,5 %. Le prix plancher passe de F. 9,50 à F. 10,50 et le prix plafond de F. 17 à F. 18,50. Le système des 20 % d'augmentation exceptionnelle pour douze films par an est maintenu. Pour les salles nouvellement créées ou ayant fait l'objet de travaux ou de modifications, les prix seront alignés sur ceux des salles de même standing. »

Pour utiliser un doux euphémisme, il n'est pas exclu de penser que la réglementation sur les prix a favorisé le développement des complexes.

Après la baisse de la TVA, passée de 17 % à 7 %, le 1er novembre 1979, le prix des places est devenu libre le 1er septembre 1980. La profession, en compensation, s'est engagée à pratiquer un tarif réduit le lundi.

chaque film était projeté dans un plus grand nombre de cinémas, au détriment des salles d'exclusivité d'autrefois.

En 1975, la situation du parc de salles français était hybride. Curieusement, les statistiques précises sur sa composition font défaut, mais les salles uniques étaient largement majoritaires. Le circuit Gaumont[1] comptait alors près de 60 % de salles uniques.

La programmation d'un ensemble disparate n'est pas simple, serait-on Gaumont. En France, dans ces années-là, outre des groupements de programmation régionaux, la programmation était incarnée d'abord par deux hommes : Pierre Edeline pour UGC et Denis Chateau pour le GIE Gaumont-Pathé[2].

Denis Chateau m'expliqua que « la programmation du circuit dépend des salles des Champs-Élysées[3], c'étaient les seules que regardaient les distributeurs, à Hollywood comme au Fouquet's… Une programmation réussie, c'est assurer aux salles la présence du plus grand nombre de films porteurs, et trouver quelques pépites inattendues[4]. Les Américains partagent leurs films entre les circuits, à l'exception de

1. Voir Annexe IV, Gaumont, Les cinémas (1er janvier 1975 – 1er janvier 2001), p. 392.

2. Le GIE Gaumont-Pathé est inscrit au registre du commerce de Paris le 20 mai 1970. Il fait suite à des conventions passées en 1966 qui concernent la programmation des salles et l'harmonisation de l'expansion des circuits.

3. Le circuit dispose alors de cinq salles sur les Champs-Élysées, trois chez Gaumont et deux chez Pathé, l'autorisant à programmer concomitamment cinq films en exclusivité.

4. Au nombre de ces pépites, les films de Stanley Kubrick *Orange mécanique* (1971) et *Barry Lyndon* (1975), programmés au Gaumont-Champs-Élysées et dans un nombre très restreint de salles parisiennes.

Disney qui, pour ses films d'animation, ne veut pas se passer du Rex, et va donc chez UGC. Je suis sûr d'avoir les films Gaumont dans "mes" salles, et comme j'ai besoin d'avoir un autre grand distributeur français, je fais la cour à AMLF[1]. »

Quand les films sortent pour une durée prolongée dans une combinaison restreinte, le choix est fondamental pour la fréquentation de la salle. Quand un multisalle peut présenter tous les films, le « talent » du programmateur est secondaire puisque « l'exploitant » adapte l'offre à la demande et fait glisser d'une grande à une petite capacité le film qui peine à attirer des spectateurs, alors que le film inattendu qui retient leur attention rejoint les grandes salles.

L'exemple le plus connu était la programmation du Rex, devenu après la disparition du Gaumont-Palace la plus grande salle parisienne. La grande salle accueillait les films d'animation Disney l'après-midi et des films de kung-fu le soir.

Je me suis totalement investi dans le circuit des cinémas. J'ai éprouvé beaucoup de joies et quelques déconvenues. Il n'est pas question ici de donner le détail du développement du circuit, mais de poser quelques jalons sur une route escarpée, sinueuse, riche, longue et variée.

ÉVRY

La fausse bonne idée

19 mars 1975. Les récentes réalisations de Gaumont ne m'avaient pas galvanisé : l'inauguration des nouvelles

1. AMLF est le principal distributeur français, à côté de Gaumont, dont il est aussi le principal concurrent, adossé au GIE Gaumont-Pathé.

salles de Toulon et Monaco était loin de m'avoir impressionné. La prochaine ouverture programmée concernait un ensemble de cinq salles à Évry[1].

À l'exception d'une association sur le Tricycle d'Asnières, Gaumont n'avait pas de salles implantées à la périphérie des grandes villes, que ce soit à Paris ou en province – contrairement à son grand concurrent de l'époque, UGC. Cela explique sans doute l'empressement (ou la précipitation) de Gaumont à se jeter sur la première offre venue et à installer cinq salles, un bowling et un night-club dans la ville nouvelle d'Évry, vaste chantier qui ne comptait à l'époque que quelque 15 000 habitants. Pour accéder aux cinémas, il fallait traverser un gigantesque bourbier, et les moquettes turquoise étaient quelque peu inadaptées à un tel environnement. La clientèle des cinémas et celles du bowling et du night-club n'étaient pas exactement les mêmes, et le moins que l'on puisse dire, c'est que Gaumont n'était pas préparée à les gérer.

L'intérêt de cet investissement ne m'a pas paru évident, et l'implantation d'Évry coûtera son poste au responsable du développement du circuit. Celui-ci avait été stupéfait quand je lui avais demandé quels étaient les critères économiques retenus pour ce projet.

1. Les capacités d'Évry sont les suivantes : 350, 280, 250, 150 et 100 places. Ce cinéma attire 400 000 spectateurs en 1976-1977. À partir de 1978, la fréquentation augmente pour atteindre 592 000 spectateurs en 1982. Elle commence alors à décliner d'environ 50 000 spectateurs par an pour être inférieure à 300 000 en 1988. De nombreuses tentatives d'agrandissement seront étudiées. Il sera finalement cédé à CGR en 1989.

Mes deux premières réalisations furent des ébauches tentant d'homologuer une stratégie à moyen terme : d'une part, un petit projet dans une bonne ville cinématographique, validant la viabilité pour un grand circuit de posséder un cinéma comparable à un complexe art & essai ; d'autre part, un projet plus ambitieux, intégrant les résultats du précédent, dans une ville industrielle et peu cinéphile, dans le but de créer un pôle incontournable à l'offre particulièrement riche.

REIMS

Le champagne de l'art & essai

1er octobre 1975. Gaumont était le premier exploitant de Reims avec trois emplacements : deux dans le centre historique, L'Empire[1] et L'Ac'cin, et un excentré, L'Alhambra[2]. Denis Chateau, sans doute inspiré par l'exemple de son mentor Boris Gourévitch, me suggéra de diviser L'Ac'cin, salle vétuste qui nécessitait une rénovation complète, malgré sa faible capacité de 200 places. Nous mîmes différents cabinets d'architectes en concurrence, une première sans doute chez Gaumont, et le cabinet choisi parvint à loger trois salles dans l'ancien Ac'cin, dont la plus grande faisait 100 places[3]. La transformation, dans le respect du budget

1. L'Empire avait été transformé en 1973 en trois salles de respectivement 700, 300 et 240 fauteuils.
2. L'Alhambra sera vendu en 1976.
3. Les capacités des trois salles du 6-4-2 sont respectivement de 117, 86 et 73 places.

et avec toutes les autorisations nécessaires, fut réalisée en un temps record. L'inauguration eut lieu le 1er octobre 1975.

Baptisé ironiquement « 6-4-2 » en complément du « grand » Gaumont, le cinéma attira pendant une décennie de nombreux clients[1], et ce succès supérieur aux prévisions fut l'élément clé du développement des multisalles chez Gaumont à partir de la fin de 1975. Il conduisit à augmenter le nombre de salles construites dans les nouveaux ensembles et à trouver ainsi une rentabilité que n'assuraient pas les projets de quatre ou cinq salles.

CLAUDE BRASSEUR À SAINT-ÉTIENNE
21 septembre 1976

Quelques salles du circuit Gaumont étaient vraiment fatiguées, mais une était particulièrement indigne, celle de Saint-Étienne. Les spectateurs des premiers rangs, assis comme les autres sur les chaises claquettes[2] similaires à celles du défunt Gaumont-Palace, risquaient d'être trempés en cas de forte pluie : depuis quelque temps la toiture n'était plus étanche. La désertion des premiers rangs n'avait donc rien de surprenant, et les rangs suivants prenaient la même pente dangereuse… Le reste étant à l'avenant, la fréquentation accusait logiquement une baisse catastrophique.

1. Les cinq années précédant sa transformation, L'Ac'cin attire annuellement 80 000 spectateurs. Pendant sa décennie d'activité, Le 6-4-2 en attire en moyenne 180 000. Il est vendu en 1986 lors de l'expansion du Gaumont, qui passe de trois à sept salles.

2. La chaise a une armature en bois, le siège et le dossier sont recouverts de velours rouge. Pour permettre au spectateur de passer entre les rangs, le siège se rabat contre le dossier grâce à un ressort assez puissant qui fait quelque bruit quand siège et dossier se touchent : c'est la claquette.

Forts du succès du 6-4-2 à Reims, nous y avons construit un ensemble de huit salles.

À ma connaissance, Saint-Étienne accueillait à l'époque le premier multisalle de huit écrans construit en France.

L'inauguration eut lieu le 21 septembre 1976, en présence du maire, Michel Durafour. Le film projeté, *Un éléphant ça trompe énormément*, fit la joie du public. Mais au cours de la conférence de presse, un des principaux acteurs, Claude Brasseur, révéla qu'il n'avait aucune prédilection particulière pour le football. Cette petite phrase bien anodine ne passa pas inaperçue : il faut imaginer Saint-Étienne à l'époque, une ville entière groupée autour de son équipe adulée, les célèbres Verts. Autant dire que prononcer une telle phrase revenait à s'engager sur un terrain miné… et ce fut le cas. Elle déclencha une bronca médiatique locale dont un des protagonistes n'hésita pas à dire de Claude Brasseur : « Qu'il ne remette plus jamais les pieds à Saint-Étienne. »

Denis Chateau me fit remarquer que l'ouverture de notre cinéma allait faire la fortune du café d'en face. Nous l'achetons, convaincus de conclure une affaire prometteuse. Mais Gaumont ne savait pas mieux gérer un café qu'un bowling ou un night-club, et nous l'avons revendu peu de temps après au salarié qui en avait la responsabilité. À son compte, il réussit, les comptes d'un café n'étant pas totalement compatibles avec ceux d'une société cotée en Bourse…

MARGUERITE DURAS À GRENOBLE

30 novembre 1976

L'une des critiques récurrentes au sujet des multisalles était que ces établissements privilégiaient les blockbusters et nuisaient à la diversité culturelle. On entendit même plus tard, dans la bouche d'un ministre de la Culture, qu'ils étaient « les porte-avions du cinéma américain ». Avec Denis Chateau et Daniel Toscan du Plantier, nous voulions prouver que ces critiques étaient totalement infondées et nous avions une idée originale, que nous comptions réaliser lors de l'inauguration de notre six-écrans à Grenoble[1], le 30 novembre 1976.

L'opération se présentait bien : l'ensemble était ouvert au public depuis un peu plus d'un mois, les « petites réserves d'usage » exprimées lors de la réception des travaux étaient corrigées, et les salariés, peu habitués au fonctionnement d'un multisalle, s'étaient formés au contact de spectateurs agréablement surpris.

L'idée que nous avions eue, Denis, Daniel et moi, pour couper court aux critiques et prouver que les multisalles servaient la diversité culturelle, était d'inaugurer ce nouvel ensemble avec six films inédits[2], offrant un panel cinématographique très large. Les invités, libres de choisir le film qu'ils souhaitaient voir, se précipitèrent pour la séance du *Chasseur de chez Maxim's*, au plus grand plaisir de Claude Vital, d'Alain Poiré et d'Olivier Dassault. On ne peut pas dire que la nouvelle réjouit particulièrement Marguerite Duras, constatant, le regard furieux, que

1. La gamme des nouvelles capacités est la suivante : 500, 280, 180, 150, 130 et 100 fauteuils. La fréquentation moyenne des années 1974-1976 s'élève à moins de 180 000 spectateurs. De 1977 à 1983, elle augmente régulièrement de 500 000 à 625 000.

2. Les six films retenus sont *Affreux, sales et méchants* d'Ettore Scola avec Nino Manfredi ; *Le Chasseur de chez Maxim's* de Claude Vital avec Michel Galabru ; *Le Désert des Tartares* de Valerio Zurlini avec Vittorio Gassman ; *Des journées entières dans les arbres* de Marguerite Duras avec Madeleine Renaud ; *Marathon Man* de John Schlesinger avec Dustin Hoffman et *La Petite Fille au bout du chemin* de Nicolas Gessner avec Mort Shuman.

« sa » salle restait désespérément vide. Cette expérience me servira de leçon.

ISABELLE ADJANI À MONTPELLIER
26 janvier 1977

L'inauguration faillit se faire sans Isabelle Adjani.

Pour la première fois depuis des décennies, Gaumont investissait sans associé local dans une ville où des concurrents étaient implantés. L'enjeu était donc important, d'autant plus que Montpellier possédait un fort potentiel de croissance[1]. Comme ma famille est originaire du Gard, j'avais quelques idées sur la région, et j'y avais visité les salles des exploitants locaux dans le but de leur proposer une association. Ceux-ci étaient loin de vouloir partager leurs « bons emplacements » et me montrèrent des granges où un cavalier hésiterait à laisser son cheval !

Même si l'investissement immobilier était beaucoup plus conséquent, je faisais mienne cette devise : « Dans le commerce, il y a trois critères importants : l'emplacement, l'emplacement, l'emplacement. » D'où l'accent porté sur une politique de centre-ville. Le hasard fait parfois bien les choses : dans l'immeuble où nous habitions à Paris, je croisai dans l'escalier Georges Meyer, le vice-président, à l'époque, des Galeries Lafayette. Celui-ci m'informa de leur désir de se séparer de leur magasin place de la Comédie à Montpellier. C'était le meilleur emplacement possible. C'étaient de bons vendeurs, qui voulaient obtenir le meilleur prix pour leur

1. De 1975 à 1982, la fréquentation de Montpellier passe de 1,28 à 1,9 million de spectateurs.

magasin. Mais ils furent compréhensifs et nous laissèrent le temps nécessaire pour faire travailler des architectes. Nous fîmes un appel d'offres sur un projet de sept salles, que remporta le cabinet Baltrusaitis, Vedrès, Daronian, Gayet – il serait, par la suite, le maître d'œuvre de la plupart des projets de Gaumont. Nous achetâmes les mètres carrés strictement nécessaires à notre implantation. Avec le recul, nous aurions dû acquérir l'ensemble du bâtiment, même si, à l'époque, l'investissement me semblait déjà considérable.

Le multisalle ouvrit en janvier 1977 et attira rapidement de très nombreux spectateurs[1]. Comme les élections municipales[2] étaient proches et que nous souhaitions roder un peu l'ensemble, l'inauguration officielle fut décalée[3]. Le maire, François Delmas, peu favorable à de nouvelles implantations, fut battu et remplacé le 20 mars par un nouvel élu, Georges Frêche. Si, à la fin de sa vie, celui-ci a tenu des propos inqualifiables sur les harkis et rendu hommage à des dictateurs, j'ai eu la chance de connaître un homme dynamique et cultivé, passionné par cette ville qu'il transforma tant, et qui aimait et comprenait le cinéma. Agrégé de droit romain de la faculté de Toulouse[4], professeur à la faculté de droit de Montpellier, Georges Frêche était un colosse, un tribun à la voix grave, qui sut intégrer la communauté pied-noir dans un Midi politiquement rose.

1. Après les 540 000 entrées des onze mois de la première année d'ouverture, le multisalle attire une moyenne annuelle de 750 000 spectateurs jusqu'en 1985.

2. Les municipales ont lieu les 13 et 20 mars 1977.

3. Même si la réglementation sur les dépenses de campagne est moins sévère à l'époque qu'en 2023, les candidats à une élection ne doivent pas participer à une inauguration dans un délai inférieur à six mois avant les élections.

4. Georges Frêche m'a offert sa thèse d'agrégation pour me remercier de l'engagement de Gaumont à Montpellier : *Toulouse et la région Midi-Pyrénées au siècle des Lumières vers 1670-1789,* Éditions Cujas, 1974, 982 pages.

L'inauguration du Gaumont-Comédie eut lieu le 28 mars 1977, en présence du nouveau maire élu depuis huit jours. Le film projeté était *Violette et François*, de Jacques Rouffio, dont les vedettes étaient Jacques Dutronc et Isabelle Adjani. Autant Jacques Dutronc, avec son air de ne pas y toucher, fut à la fois présent et coopératif, autant Isabelle Adjani eut de la peine à admettre qu'au-delà du film, au-delà de la star qu'elle commençait déjà à être pour le grand public, la grande vedette de la soirée, pour les Montpelliérains, était leur nouvel ensemble cinématographique. Elle se fit tant attendre que je fus sur le point de commencer la soirée sans elle...

Le Comédie fut le premier multisalle Gaumont conçu de toutes pièces sous ma responsabilité dans une agglomération au sein de laquelle Gaumont n'avait jamais eu d'implantation. Son succès confirma les conclusions que nous avions tirées du 6-4-2 de Reims : il fallait défricher de nouveaux territoires et conquérir de nouveaux spectateurs, particulièrement au sein des villes universitaires.

CHABAN À BORDEAUX

Bordeaux et son agglomération furent l'objet de plusieurs décisions aux alentours de 1976. La première consista à se séparer du Club, salle unique dont la fréquentation était en sévère perte de vitesse, et qui ne pouvait être transformée. La deuxième, à augmenter le nombre de salles du Gaumont dès 1977. Il passa ainsi de quatre à sept salles grâce à l'achat du Jeu de Paume mitoyen du cinéma, sans toucher aux salles existantes. Le multisalle dépassera le million de spectateurs en 1982.

Jacques Chaban-Delmas suivit de près les investissements bordelais de Gaumont. Il témoignait de son intérêt pour nos réalisations et ne manquait aucune des cérémonies associées aux agrandissements effectués.

Au cours de l'une d'entre elles, alors que la fréquentation nationale était à la baisse et que de nombreux confrères freinaient leurs investissements, je choisis une phrase célèbre du général de Gaulle pour illustrer notre confiance et notre audace : « Je décidais de m'élever au-dessus du commun, il y a moins de monde, on y respire mieux. » Et Jacques Chaban-Delmas de répondre immédiatement : « C'est ce que j'ai fait, et je me suis cassé la gueule. »

PIERRE MAUROY À LILLE

21 décembre 1977

J'ai rencontré Pierre Mauroy, maire de Lille. Je ne me souviens pas l'avoir croisé alors qu'il était Premier ministre. Je ne peux que confirmer ce que chacun disait de lui : c'était un homme affable, courtois, à l'écoute. Nous n'avons pas organisé une seule manifestation à Lille sans être chaleureusement reçus à l'hôtel de ville.

Pierre Mauroy connaissait par cœur la sociologie locale. Lors de notre premier ou deuxième entretien, il ne manqua pas de me demander si j'étais apparenté aux Seydoux du Cateau[1], qu'il semblait connaître mieux que moi…

1. Charles Seydoux, mon arrière-arrière-grand-père, était un industriel du textile devenu conseiller général et député du Nord sous le Second Empire.

En 1975, Gaumont disposait de deux emplacements à Lille : Le Ritz[1] et Le Familia[2]. Leur fréquentation connaissait une chute spectaculaire malgré une programmation de films pornographiques durant l'été. En 1977, nous transformâmes les beaux volumes du Familia en un ensemble de huit salles. Le succès fut au rendez-vous.

Quatre salles avaient de belles capacités. Les quatre autres, en revanche, étaient de taille plus réduite. Sensibles à certaines critiques, et malgré l'avis négatif de Raymond Trehout, le directeur local, nous décidâmes de baisser de plus de 20 % le prix des billets pour les quatre « petites » salles. Le résultat ne se fit pas attendre : la fréquentation de ces salles chuta dans une proportion supérieure à celle de la diminution des prix. Le tout sous le regard narquois du directeur[3].

MARCEL GUILLAUME
À AIX-EN-PROVENCE
9 septembre 1980
Le meilleur exploitant de France

Sans Montpellier, Gaumont ne se serait jamais associée à Marcel Guillaume. Aix avait plus d'un trait commun avec Montpellier – en particulier d'être une grande ville

1. Acheté au début des années 60, il se trouvait sur la Grand'Place. Il fut vendu après la transformation du Familia.

2. Acheté au milieu des années 50, il se trouvait rue de Béthune, principale artère commerçante du centre-ville et rue cinématographique par excellence, véritables « petits Champs-Élysées ». Le Familia avait une capacité de 1 100 places. Après transformation, l'ensemble comptait 1 750 fauteuils avec des salles de 430, 400, 285, 270, 100, 95, 90 et 80 places.

3. Quand le prix des petites salles sera réaligné sur celui des grandes, celles-là retrouveront progressivement leur fréquentation.

universitaire. Le succès de l'implantation montpelliéraine avait démontré que, malgré leur « peu d'expérience », les responsables de Gaumont pouvaient avoir de bonnes idées – à la grande surprise des exploitants locaux. Ma ligne était claire : je n'avais pas l'ambition de couvrir la France entière, mais seulement les grandes agglomérations dont la fréquentation pouvait atteindre le million de spectateurs. Les très grandes métropoles – Paris, Lyon, Marseille – étaient difficiles d'accès et très concurrentielles. L'idée était donc de se consacrer à l'échelon inférieur, plus attractif.

Dans cette perspective, l'association avec un exploitant indépendant présentait de grands avantages. Au-delà de partager l'investissement, cela permettait d'éviter ces guerres locales qui dévorent le temps, l'efficacité, et nuisent à l'image.

J'avais souvent vu Marcel Guillaume. C'était un exploitant, quel mot ! Les exploitants pâtissaient, en général, d'une très mauvaise réputation : les distributeurs s'estimaient « exploités », les réalisateurs trouvaient les conditions de projection « déplorables », les comédiens se considéraient « mal accueillis »... Le seul à ne pas être concerné par cette réputation était Marcel Guillaume, une exception. Tous lui reconnaissaient son amour du cinéma et sa passion pour les films. Au-delà de la place qu'il réservait aux films plus « difficiles », il organisait systématiquement des avant-premières régionales au cours desquelles il choyait particulièrement les réalisateurs et les comédiens.

Devant cet accueil chaleureux et le soin apporté à ces événements, ceux-ci n'avaient qu'une envie : revenir chez Marcel Guillaume pour présenter leur film suivant. C'est ainsi que se développe le cercle vertueux de la fréquentation et de la notoriété[1].

Marcel Guillaume mesurait le risque de se retrouver en concurrence, mais souhaitait conserver la majorité de *son* affaire. Il avait toutes les raisons de se demander si la liberté promise par Gaumont n'était pas un leurre et si, ayant cédé le contrôle, il ne risquait pas de perdre tout pouvoir, à commencer par celui d'établir sa chère programmation. Nous nous sommes beaucoup vus, appréciés mutuellement, et avons commencé notre partenariat en 1980 avec une prise de participation de 40 % que nous avons portée à 55 % dès 1982. Nous avons développé les cinémas du centre-ville et réussi une très belle association, franche et sympathique sur le plan humain, brillante sur le plan économique et dynamique sur le plan culturel, qui perdure au sein des cinémas Pathé avec son fils Jean-Marie.

LUCIEN DREYFUS ET LES CINÉMAS DE L'EST

Décembre 1981
Un seigneur exploitant

Lucien Dreyfus était l'actionnaire unique des Cinémas de l'Est, circuit à la position médiocre à Strasbourg, bonne à Metz et excellente à Mulhouse. Il disposait également de cinémas dans des petites localités.

1. La fréquentation du Cézanne à Aix oscille autour de 900 000 spectateurs de 1982 à 1986. Elle est encore proche de 800 000 en 1990.

L'agrandissement de six à neuf salles du Cézanne conduit au rachat de l'immeuble voisin et à la construction d'un passage sous la rue qui permet d'assurer la jonction des deux ensembles.

Gaumont s'intéressait à Metz. À l'été 1981, nous avions obtenu un permis de construire, ce qui conduisit Lucien Dreyfus à conclure rapidement des négociations entamées depuis longtemps avec Gaumont.

Homme d'une politesse exquise, Lucien Dreyfus avait toujours quelques petits tours dans son sac pour augmenter son chiffre d'affaires : afin de développer ses ventes de confiseries, quel que soit le film, il avait pour habitude d'inventer des entractes de manière arbitraire à chaque projection. Il n'hésitait pas à augmenter le chauffage pour pousser ses clients à se ruer sur les boissons fraîches. Je me souviens de ma surprise quand, visitant ses salles pour la première fois, je l'avais vu interrompre la projection et allumer la salle. « Ils ont l'habitude », avait-il expliqué. C'était un des derniers exploitants à disposer d'un rideau publicitaire : les noms des principaux magasins de la ville y étaient inscrits. Cela coûtait moins cher aux magasins en question qu'une publicité cinéma, et participait aux recettes de la salle. En outre, Lucien Dreyfus estimait qu'il n'y avait pas de raison de payer ses fournisseurs – les distributeurs – différemment et mieux que dans les autres commerces, soit quatre-vingt-dix jours fin de mois[1]... Les conseils d'administration des Cinémas de l'Est étaient des parodies, et, devant les représentants du personnel, Lucien Dreyfus répétait à loisir que « les temps étaient difficiles » – ce qui, hélas, n'était pas tout à fait faux.

Lucien Dreyfus était un grand ami des Burguburu. Danièle, alors secrétaire du Conseil supérieur de la

1. Le Code de l'industrie cinématographique n'autorise pas ces pratiques, le distributeur est normalement payé au plus tard quatre semaines après la date de passage du film. Au CNC, les distributeurs se plaignaient régulièrement de l'attitude des Cinémas de l'Est. Le respect des bonnes pratiques, après la prise de contrôle de la société par Gaumont, contribuera à sérieusement réduire la trésorerie excédentaire.

magistrature, convainquit François Mitterrand de remettre les insignes de commandeur de l'ordre du Mérite à Lucien Dreyfus. Nous fûmes ensuite conviés au Lido. Je pense que c'est la seule fois de son histoire où ce temple de l'érotisme glacé accueillit les invités d'une personnalité décorée par le chef de l'État une heure plus tôt...

PARIS

La capitale n'est plus ce qu'elle était...

Au 1er janvier 1975, le circuit parisien comptait treize emplacements[1]. Le Bosquet était la plus belle salle, la moquette y était préservée des chewing-gums écrasés et le velours des sièges y resplendissait de son éclat originel. Sa programmation était la meilleure possible, la même que celle de L'Ambassade[2], mais le cinéma restait désespérément vide. Située sur une artère résidentielle d'un quartier bourgeois dont les cinéphiles préféraient se rendre aux Champs-Élysées pour aller au cinéma, la salle n'était pas transformable. Ce fut, à la fin de ma première année de responsabilité, la première salle du circuit que je décidai de fermer. Une révolution chez Gaumont...

Sur les Boulevards, l'implantation de Gaumont était éclatée. Les cinq emplacements dont nous disposions étaient

1. Trois se trouvaient sur les Champs-Élysées, cinq sur les Boulevards et cinq autres répartis dans différents quartiers : Le Bosquet, Le Convention, Le Gambetta, Le Gaumont-Sud et Le Rive-Gauche.

2. Je demanderai même à Denis Chateau de cumuler pour Le Bosquet la programmation de L'Ambassade et celle du Colisée. Le rythme des entrées ne changera guère.

éloignés les uns des autres. Un seul se situait au cœur de la zone de chalandise : L'Opéra, au nom très parlant. Le Lumière souffrait de la concurrence du Berlitz, et le Gaumont-Théâtre, première salle achetée par Léon Gaumont, était excentré – tout comme Le Madeleine, dans lequel une deuxième salle avait été créée en 1973.

Le Berlitz était la meilleure salle des Boulevards après le Rex (éloigné) et le Paramount-Opéra[1]. Albert Courtine, son propriétaire, le cajolait comme une jolie femme, avec ses colonnes peintes à la feuille d'or. En bon vendeur, l'intéressé fit mine de ne pas l'être, mais comme il n'avait pas de successeur, nous finîmes par trouver un accord. Acquise en 1977, la salle fut transformée, en 1978, en un ensemble de cinq salles, à l'instar du Richelieu. Ces deux emplacements, restructurés, connurent une belle fréquentation. Les quatre autres furent fermés et revendus.

Depuis très longtemps, et c'était toujours le cas au mitan des années 70, les cinémas – le cinéma –, à Paris, c'étaient les Champs-Élysées. Nous y disposions de trois emplacements de qualité, sur le côté droit de « la plus belle avenue du monde » : Le Colisée – inauguré avant la guerre –, L'Ambassade – inauguré en grande pompe en 1959 – et le Gaumont-Champs-Élysées – inauguré en 1971 –, dont les sièges en cuir, montés sur vérins hydrauliques qui s'enfonçaient progressivement avec un doux suintement, ravissaient les spectateurs.

L'Ambassade était une grande salle unique située à l'angle des Champs-Élysées et de la rue du Colisée. Sa

1. Après plusieurs essais infructueux avec Paramount, mes successeurs réussiront à racheter le fonds de commerce du Paramount-Opéra le 30 octobre 2007 et les murs le 28 décembre de la même année.

fréquentation était à la baisse depuis quelques années. Des réflexions furent menées tous azimuts. En décembre 1980, les négociations aboutirent, et Gaumont racheta 75 % du Théâtre de l'Avenue, propriétaire du fonds de commerce du Paramount-Élysées, ex-cinéma L'Avenue, à la très bonne programmation. J'y avais vu entre autres *Le Guépard* et *Le Dernier Tango à Paris.*

Après l'acquisition de ces deux salles, il restait à assurer la fluidité du hall avec celui de L'Ambassade. Nous négociâmes avec les propriétaires du petit magasin de vêtements qui permettait la liaison. Ceux-ci nous donnèrent leur accord pour vendre les murs et le fonds de commerce, avant de se rétracter au dernier moment. En guise de murs, nous obtînmes une location[1]. En revanche, à la fin de l'année 1981, Gaumont acquit les murs du Paramount-Élysées.

Le cinéma était surmonté d'un restaurant chinois. Le locataire, qui faisait de très bonnes affaires, n'était pas prêt à céder son droit au bail. Je m'y rendis pour déjeuner et fus immédiatement très mal à l'aise : sur la terrasse, les employés étaient logés dans des conditions inacceptables ; la graisse suintait des murs, risquant de transformer à tout instant la moindre étincelle en brasier. Contrairement à mes habitudes, estimant que la sécurité des spectateurs était en cause, j'envisageai de dépêcher les services d'hygiène et de sécurité de la Ville. Sous la menace de lourdes indemnités, le gérant changea d'attitude, la résiliation du bail fut négociée à l'amiable et nous pûmes entreprendre des travaux d'extension : trois salles furent ajoutées, créant un ensemble de six salles.

1. Les murs sont achetés par Gaumont en octobre 2015.

Les travaux portèrent leurs fruits : en 1983, la fréquentation atteignit 780 000 entrées.

Juste après mon arrivée, en octobre 1974, Gaumont obtint le permis de construire d'un immeuble de bureaux dans la dent creuse au-dessus du Colisée[1]. Je n'étais pas emballé par la façade, que je trouvais affreuse, et pensais qu'on « pouvait mieux faire[2] ».

L'architecte des Bâtiments de France[3] responsable des Champs-Élysées, après m'avoir précisé qu'il « partageait mon avis », me déclara que si je le souhaitais, je pouvais déposer un nouveau permis de construire, c'est-à-dire reprendre la procédure de zéro... Comme, en prime, le nombre de mètres carrés constructibles[4] avait entre-temps changé défavorablement, j'assumai la laideur. Il est triste de voir qu'au pays de Mansart, la médiocrité administrative peut casser des idées ambitieuses[5]... Nous entreprenons les travaux et créons par la même occasion deux salles supplémentaires dans les sous-sols qui permettront à la fréquentation de retrouver en 1978 son niveau de 1952.

1. La fréquentation maximum du Colisée s'est élevée à 650 000 spectateurs en 1952. En 1973-1974, elle tourne autour de 400 000.

2. L'expression « peut mieux faire » figure fréquemment sur mes bulletins scolaires. Sa traduction littérale est « ne fait rien ».

3. Grâce à Jean Morin, je suis entré en contact avec l'architecte des Bâtiments de France, qui estime que la façade du nouvel immeuble Publicis interdit, pour bon nombre d'années, la construction d'autres façades modernes sur l'avenue des Champs-Élysées.

4. Le coefficient d'occupation des sols (COS) est le multiplicateur du nombre de mètres carrés du terrain qui donne le nombre de mètres carrés constructibles. À Paris, il a régulièrement évolué, comme d'autres contraintes telles que le nombre de places de parking requis.

5. Les quatre étages de bureaux sont loués à Serge Waintrob, « le mécène de Paris », comme l'appellent alors *Paris-Match* et *Jours de France*, qui se suicide en janvier 1978. Ils sont ensuite loués au Cercle républicain.

Le Gaumont-Champs-Élysées, particulièrement mis en valeur par son programmateur, est le cinéma dont rêvent les réalisateurs. Les amoureux de Stanley Kubrick ou des films d'opéra se souviennent avec émotion des moments qu'ils y ont vécus.

Malgré son hall étroit et ses sorties qui, tard le soir, se font au milieu des poubelles de la rue de Ponthieu, le Gaumont-Champs-Élysées est une salle de prestige. Nous passerons beaucoup de temps et dépenserons beaucoup d'énergie tant pour tenter de lui donner une façade digne de ce nom que pour l'entourer de « frères et sœurs » de capacités plus réduites. Nous échouerons.

En sept ans, de 1975 à 1982, avec deux ensembles totalement rénovés, la fréquentation de Gaumont sur les Champs-Élysées passa de 1 petit million de spectateurs à plus de 1,5 million.

LES FRÈRES MALLE

Il y a un cinéma dont je n'ai pas parlé, ce cinéma, c'est La Pagode, le plus mythique des cinémas parisiens, n'en déplaise à Michel Gomez qui a supervisé au nom de la Mairie de Paris la splendide restauration du Louxor. Je n'ai pas entrepris la réfection de La Pagode, car cette petite vedette est bien trop dispendieuse : à titre d'exemple, la moindre tuile de sa couverture coûtait à l'époque 100 francs ! Je m'en suis donc séparé, mais La Pagode me permit de faire la connaissance des frères Malle : le plus jeune, Vincent, que je fréquentais régulièrement et qui s'occupait de La Nef ; Jean-François, l'aîné, que je voyais moins souvent et qui veillait aux grands équilibres économiques ; et enfin Louis, que je vis trop rarement. Grâce à ces contacts de qualité, à la mort de Vincent Malle, en 2011, Gaumont fut approchée pour acquérir les films français du catalogue de Louis Malle. Nous en entreprîmes alors la restauration pour un coût de 1 million d'euros, en partie financé par le CNC.

Un peu plus tard, le 27 juin 2015, une projection d'*Ascenseur pour l'échafaud* devait avoir lieu sur la place principale de Bologne après une exceptionnelle restauration du film. Le festival souhaitait rendre hommage à Jeanne Moreau, dont les photos ornaient les colonnes des arcades de la ville. Au moment où, dans le film, Maurice Ronet est coincé dans l'ascenseur, les écluses du ciel s'ouvrirent brusquement… et la plupart des spectateurs, dont votre serviteur, détalèrent pour se mettre à l'abri du tonnerre. Sidonie, ma fille, Ariane Toscan, qui s'occupait à l'époque de la communication, et Manuela Padoan, responsable de la Cinémathèque, décidèrent, elles, de rester à leur place, persuadées qu'il s'agissait d'une petite averse. Elles rentrèrent un peu trop tard à l'hôtel, transies de froid et trempées comme des soupes dans leurs petites robes d'été.

En octobre 2022, tous les films restaurés furent présentés au Festival Lumière de Lyon, puis diffusés sur l'ensemble du territoire par un distributeur indépendant, Malavida.

Voilà comment un cinéma, La Pagode, conduit aux films de Louis Malle, et celui-ci à mes deux parrains en cinéma : Henri Langlois et Jean-Luc Godard.

5

Mes parrains

Restons dans le cinéma, le seul, celui du grand écran, sous l'œil avisé de mes parrains en cinématographie, deux monstres sacrés, des dinosaures, le « père spirituel » et le « grand frère » de la Nouvelle Vague : Henri Langlois et Jean-Luc Godard.

HENRI LANGLOIS
Le parrain n° 1

J'ai la chance d'avoir connu Henri Langlois et Mary Meerson, sa compagne de 1940 à 1977. Le mot « compagne » est d'ailleurs bien faible, tant il faudrait le compléter par d'autres, beaucoup plus évocateurs. Cette danseuse, née en Bulgarie et qui fréquenta dans les années 30 les milieux artistiques du Tout-Paris, était une muse, une financière, capable de vendre régulièrement des Picasso pour financer tel ou tel projet, une conseillère susceptible d'insulter les fonctionnaires quand il le fallait sans se soucier du qu'en-dira-t-on et de seconder Henri Langlois d'une main de fer. C'est à elle que la

Cinémathèque française doit d'ailleurs bon nombre de copies de films.

L'amour qui unissait Henri Langlois et Mary Meerson était indissociable de leur amour du cinéma, auquel ils consacraient tous leurs efforts et le meilleur de leur temps. Ils partageaient également une volonté inébranlable, qui est souvent l'autre nom de la passion. Ne reculant devant rien pour dénicher d'antédiluviennes copies de films oubliés, ces aventuriers du septième art avaient une autre passion chevillée au corps : celle de la transmission. Rien n'était plus beau, à leurs yeux, que de partager les merveilles qu'ils étaient parvenus à rapporter de leurs voyages. Les partager avec les spectateurs, et les partager avec les talents en herbe, ceux que Françoise Giroud baptiserait un jour de cette belle expression : la « Nouvelle Vague ».

Mary m'a dit un jour : « Nicolas, vous êtes assis sur un trésor ; attention, ils vont vous le prendre. » Le trésor en question, c'était Émile Cohl, l'inventeur du film d'animation, dont elle connaissait l'œuvre dans ses moindres détails. Nous étions dans les années 70 et, à cette époque, Émile Cohl était encore peu connu.

Je faisais partie des ignorants. Je lui dois l'une de mes émotions artistiques les plus marquantes : *Le Peintre néo-impressionniste*.

Sorti en 1910, ce film muet, en noir et blanc parfois colorisé, qui dure un peu moins de six minutes, présente un peintre du style typique de la fin XIXe et du début XXe siècle : le style pompier. Celui-ci s'attelle à peindre son modèle, une femme qui répond au doux prénom de Cléopâtre et qui n'est autre que… sa femme de ménage. Cléopâtre pose telle une statue romaine : elle brandit un balai, le repose, tend le bras, change de position, mais aucune ne convient. Quelqu'un sonne à la porte : c'est un amateur qui cherche à acquérir un tableau. Le peintre lui propose un à un tous ses tableaux figuratifs, mais rien n'y fait, l'homme, grimaçant, n'est définitivement pas emballé.

Le peintre, à court de propositions et excédé, lui montre alors un tableau monochrome rouge, qui envahit soudain tout l'écran. Un carton suit, sur lequel est écrit : « Un cardinal mangeant une langouste aux tomates sur les bords de la mer Rouge. »

Quelques fractions de seconde plus tard, les sujets, habilement dessinés, apparaissent en surimposition sur le fond rouge qui scintille : des palmiers, une tente, le cardinal, les tomates et la langouste qui tour à tour s'animent.

Suivent six autres tableaux, monochromes à l'exception d'un seul, bicolore, illustrés de dessins animés des sujets représentés dans les couleurs, en bleu (« Une truite au bleu offre des myosotis à une lavandière passant son linge à la guède sur la Côte d'Azur »), en jaune (« Chinois transportant du maïs sur le fleuve Jaune par un jour d'été ensoleillé »), en blanc (« Clown et marinier buvant du petit-lait par un jour de neige »)[1].

L'effet est immédiat et saisissant, et l'amateur, subjugué, repart avec toutes les toiles sous le bras – tableaux bien différents de celui qu'il était a priori venu acheter…

En moins de temps qu'il n'en faut à Erik Satie, Alphonse

1. Les trois autres tableaux sont :

Un noir : « Nègres extrayant la houille de nuit dans un tunnel du Périgord noir ».

Un bleu et blanc, présenté par le peintre comme « Un chameau », ce à quoi l'amateur rétorque : « Vous vous moquez de moi. » « Pas du tout, répond le peintre, si vous retournez la toile vous avez un vaisseau du désert. »

Et un vert : « Le diable vert joue au billard avec des pommes sur l'herbe en buvant une absinthe ».

Allais ou Émile Cohl pour vider d'un trait un verre de fée verte, le charme opère. C'est un moment de grâce et d'émotion, l'un de ces instants rares où l'imagination créatrice rencontre l'attention captive. Quatorze ans après la sortie de ce film, André Breton couche par écrit une possible définition de cette fulgurance : « Le surréalisme est un automatisme psychique pur, par lequel on se propose d'exprimer le fonctionnement réel de la pensée. »

Le Peintre néo-impressionniste est tout simplement un chef-d'œuvre – ou comment servir l'intelligence par l'humour et le talent.

Avec le temps, je ne peux penser à Henri sans revoir Michel Simon, dont le physique et la dégaine ne laissaient guère présumer la finesse de l'esprit.

Je voudrais illustrer nos relations par deux anecdotes, plutôt que par de longs discours.

1975, palais de Chaillot. Pour des raisons administratives, et sans doute pour des questions de sécurité, le musée, baptisé plus tard (et à juste titre) musée Langlois, était fermé au public. Il ne sera jamais ouvert… Henri m'avait invité mais, plutôt que de jouer au guide-conférencier, il ne disait pas grand-chose, préférant me signaler çà et là quelques éléments et me laisser découvrir les objets qu'il avait déposés dans un ordre qui lui appartenait. Ce n'était pas exactement un musée destiné au grand public. Il était tout l'opposé de ces musées modernes où les œuvres sont isolées dans de vastes salles aux murs d'un blanc immaculé renforcé à grands coups d'éclairage. C'était une caverne d'Ali Baba. Les yeux se posaient quelque part, ils tombaient sur un trésor. Si vous détourniez le regard, une autre merveille l'attirait. Il y en avait dans tous les coins. Parmi tout ce butin, beaucoup de pièces provenaient de « la Marguerite » : affiches, costumes, appareils de projection… toute une mémoire entassée là dans une profusion qui avait de quoi surprendre. Je venais de quitter quelques minutes plus tôt le siège de Gaumont, avenue Charles-de-Gaulle, ces locaux aseptisés figés dans un présent sans histoire. Il n'y avait rien pour évoquer l'histoire de la société née avec le cinéma, à l'exception d'une plaque où figuraient le nom et les dates de Léon Gaumont. La Cinémathèque française possédait les vestiges et les archives des créations de la plus ancienne société de cinéma. Celle-ci n'avait rien : pas un appareil, pas la moindre affiche, même pas la manche dépareillée d'un costume… rien. C'était hallucinant. Alors qu'Henri me montrait son musée avec une fierté bien naturelle, à côté je découvrais la richesse du patrimoine de la Marguerite, heureux de découvrir que tout n'avait pas fini dans les bennes à ordures.

1976. Françoise Giroud, récemment nommée secrétaire d'État à la Culture, avait convié quelques personnalités à Hollywood, le 20 novembre. La raison du voyage était une cérémonie privée au cours de laquelle elle devait remettre la rosette d'officier de la Légion d'honneur à Jean Renoir. Françoise Giroud avait été sa scripte sur *La Grande Illusion*. Pendant le vol qui nous amenait de Paris à Los Angeles, j'étais assis à côté d'Henri et, comme je souhaitais profiter encore de sa compagnie et prolonger nos échanges, je lui avais proposé d'être à nouveau son voisin pour le vol retour. La réponse qu'il m'a faite éclaire bien le personnage : « Nicolas, je ne vais pas rentrer avec vous parce que je veux acheter la copie d'un film que je vais payer avec la vente de mon billet de retour. Après, le consulat sera bien obligé de me rapatrier… Nous ne serons donc pas sur le même vol… »

Le 14 janvier 1977, Roberto Rossellini, Daniel Toscan du Plantier et moi suivons, avec beaucoup d'autres, son cercueil. Je me demande devant Roberto comment André Malraux, si fin, intelligent, et si proche des saltimbanques, et pour lequel j'ai tant d'admiration, a pu se brouiller avec Henri. Roberto me regarde et, avec un petit sourire, murmure : « Mary et Henri sont des crocodiles. Il faut parler le crocodile, André Malraux ne le parlait pas… »

Je ne suis pas sûr de parler le crocodile, mais je suis sûr de l'avoir entendu.

Mon admiration pour le cinéma de cette époque ne se limite pas à Émile Cohl.

La première génération cinématographique a tout inventé. Il suffit d'écouter Bertrand Tavernier[1] ou Thierry Frémaux évoquer les cadrages des frères Lumière pour s'en convaincre, et de réfléchir aux autres géniteurs du septième art, à commencer par les industriels.

1. Bertrand Tavernier nous a quittés le 25 mars 2021.

Au-delà d'être un réalisateur reconnu, il a été, avec Costa-Gavras, président de la Cinémathèque française, à la tête de tous les combats pour la défense de l'exception culturelle française. Cinéphile passionné, doué d'une mémoire extraordinaire, il réalise en 2016 *Voyage à travers le cinéma français*, série d'une douzaine d'heures produite par Gaumont et Pathé. Avec Thierry Frémaux, il crée l'Institut Lumière. Thierry Frémaux, délégué général du Festival de Cannes, assure également la direction générale de l'Institut Lumière. Il réalise à Lyon comme à Cannes le tour de force d'être présent à tous les débuts de projection, ce qui contribue à le maintenir en forme. Ceinture noire de judo, il ne se déplace qu'à bicyclette, sans batterie…

Léon Gaumont et Charles Pathé créent les Actualités cinématographiques[1]. Charles Pathé fonde un studio où 200 petites mains colorisent la pellicule au pochoir alors que Léon Gaumont invente la trichromie, ancêtre de Technicolor. Aucun long métrage n'a été tourné avec ce procédé, mais Léon Gaumont a tourné lui-même des scènes de vie, réalisant quelques courts-métrages, notamment à Venise et à Deauville. Je les ai découverts à Rochester[2] quelques années après la mort d'Henri. Ces petits films sont incroyables d'émotion et de beauté tant les images s'apparentent aux peintures impressionnistes de l'époque.

Léon Gaumont et Charles Pathé conçoivent et fabriquent des caméras pour amateurs. Le matériel va s'alourdir et se complexifier, pour à nouveau s'alléger avec les technologies numériques, mais les pionniers ont tout compris. Alice Guy invente le scénario, Émile Cohl le film d'animation, Louis Feuillade la série, Musidora la vamp, Max Linder le comique...

Ils ont compris que le cinéma pouvait, devait, s'appuyer sur la littérature. Méliès, inventeur des effets spéciaux, n'hésite pas à s'inspirer de Jules Verne, et ses confrères font appel à tous les grands romanciers.

Ils ont aussi compris que le cinéma devait s'appuyer sur la musique. Les spectateurs n'assistaient pas dans le silence à la projection des films dits « muets ». Au Gaumont-Palace,

1. Charles Pathé crée son premier studio à Vincennes en 1901. Léon Gaumont développe le chronophone à partir de 1902. *Pathé Journal* est créé en 1909, *Gaumont Journal* en 1910. Léon Gaumont invente la trichromie en 1913.

2. Rochester (USA) abrite la cinémathèque Kodak.

À la différence des frères Lumière, Léon Gaumont n'est pas un chimiste. C'est avec George Eastman qu'il met au point l'émulsion de la trichromie. Pour l'en remercier, Léon Gaumont lui a envoyé des copies des courts-métrages, plus de deux heures en tout, qu'il avait réalisés. Ces courts-métrages étaient inconnus chez Gaumont.

ils bénéficiaient d'un orchestre symphonique qui comptait plus de cent musiciens. Son chef d'orchestre choisissait les partitions. Celles d'Arthur Honegger ou d'Erik Satie étaient très sollicitées. Aux plus petites salles qui ne pouvaient s'offrir autant de musiciens, il envoyait une transposition adaptée.

Parmi d'autres, j'ai eu la chance d'assister à des projections exceptionnelles, accompagnées de grands orchestres, à Montpellier pour *Vendémiaire*[1] et à Berlin pour *La Roue*[2], immenses émotions que je souhaite à chacun de pouvoir ressentir un jour…

À mon arrivée chez Gaumont, ces réalisateurs, je connais peu leurs films ; les industriels, j'ignore la plupart de leurs inventions. Grâce à Henri Langlois, une partie de mon inculture a été meublée.

Son rival – pour ne pas employer de terme plus fort tant les deux hommes se détestaient –, Raymond Borde, fondateur de la Cinémathèque de Toulouse, les a protégés.

Même si Henri Langlois, par son dilettantisme, est indirectement responsable de la destruction par les flammes d'une partie du patrimoine cinématographique qu'il a lui-même constitué[3], le cinéma, français et mondial, lui doit beaucoup. Il a sauvé des films et surtout les a fait vivre en

1. *Vendémiaire*, film de Louis Feuillade tourné en 1918-1919, restauré par Gaumont.

2. *La Roue*, film d'Abel Gance tourné en 1923, restauré par Pathé.

3. Voir Annexe VIII, Les principaux incendies dans les cinémathèques, p. 400.

Ces toutes dernières années, un dramatique incendie faisant deux victimes a eu lieu à Vincennes dans la nuit du 11 au 12 août 2021. Un important stock de bobines de film nitrate, conservé par un « fou de cinéma » dans un local non sécurisé, s'est enflammé sous l'effet de la chaleur, mettant le feu à l'immeuble.

donnant la passion du cinéma à des jeunes et des moins jeunes à travers la Cinémathèque française.

J'en ai bénéficié, même si à l'époque j'avais alors autre chose à faire, je devais d'abord et avant tout m'occuper du présent et de l'avenir immédiat plutôt que du passé, mais Henri avait semé des graines qui allaient germer…

Une petite décennie plus tard, un électrochoc va changer le rythme de la sauvegarde du passé.

Nous sommes en 1985. Gaumont va avoir quatre-vingt-dix ans à la fin de l'année, et j'ai décidé de fêter dignement cet anniversaire, d'une part comme un galop d'essai de notre centenaire à venir et d'autre part pour faire oublier un début d'année difficile. À ce titre, je souhaite qu'une affiche de *Cousin Cousine*, dont ce sera le dixième anniversaire de la sortie, soit mise en valeur pour rendre hommage à Daniel Toscan du Plantier, qui a quitté la société neuf mois plus tôt.

Celle-ci est introuvable. Je découvre que Gaumont ne se soucie pas de son patrimoine. Je suis abasourdi et passablement énervé. En prévision de cet anniversaire, nous rachetons depuis quelque temps, chez les antiquaires, dans des ventes aux enchères, chez des particuliers, les affiches des films anciens, sans penser à conserver celles du temps présent. Les bras m'en tombent. Cette découverte, heureusement précoce, est la base de la création du musée Gaumont en 1989. Autour des films, conserver autant que faire se peut leur vie, leur histoire, leur parcours tant national qu'international.

Nous disposons, dans les sous-sols, de mètres carrés inutilisables pour recevoir une cantine, initialement prévue par mes prédécesseurs, faute d'avoir obtenu les autorisations administratives, mais susceptibles d'accueillir un musée privé. Ouvert aux chercheurs, il n'est accessible au public qu'à l'occasion des Journées du patrimoine.

Je ne sais s'il regorge de trésors... mais, à travers les affiches[1], au nombre de plus de 12 000, ce ne sont pas seulement cent vingt ans de l'histoire du cinéma qui s'expriment, mais celle de la création, de la créativité. Si je ne suis pas sûr que nous pourrions reproduire l'affiche d'*Extase*[2], film tchécoslovaque des années 30, je suis convaincu que tout amateur de selfies serait stupéfait de voir dans sa caisse de transport un appareil de prises de vues aériennes de 40 cm de large, de plus de 1,5 m de long et pesant une quinzaine de kilos, utilisé à la fin de la Première Guerre mondiale à bord d'avions biplans de reconnaissance...

Le musée, comme les autres directions, dispose d'un budget qu'il doit respecter. L'allocation d'acquisition est souvent dépensée dès le mois de février. La cause m'est soumise et alors, plus collectionneur que contrôleur de gestion, je donne toujours mon accord, quitte à m'impliquer directement dans les cas difficiles.

En 2015, alors que Gaumont s'apprête à célébrer ses cent vingt ans, le plus emblématique des appareils conçus par Léon Gaumont, un chronomégaphone, est à vendre.

Plus perfectionné que le chronophone, inventé quelques années plus tôt, le chronomégaphone est destiné à la

1. En 2023, la collection des affiches originales dépasse 12 000 exemplaires. Il n'y en avait plus aucune en 1971, lors du déménagement à Neuilly...

2. *Extase* est un film de Gustav Machatý, réalisateur tchécoslovaque, sorti en 1933. Il est interprété par Hedy Lamarr qui fit sensation en se baignant nue et en faisant l'amour ainsi en extase...

L'affiche représente un visage de femme allongée en extase.

projection de films sonorisés dans de très grandes salles de cinéma, à l'image du Gaumont-Palace.

L'appareil proposé est intégralement conservé avec tous ses accessoires, petits comme grands : les caisses de transport et tout leur contenu, des affiches et phonoscènes, pour un poids de près d'une demi-tonne.

Son histoire, vécue et racontée par ses propriétaires, est improbable.

Dans les années 1900, les frères Proust, Français qui ont fort bien réussi dans l'immobilier au Mexique, sont séduits par le chronomégaphone et décident d'en acheter un pour faire des projections au Mexique, où le cinéma parlant est encore inconnu.

Un des deux frères se rend à Paris pour acheter l'appareil. Pour rentrer au Mexique, il réserve ses places sur le *Titanic*. Comme son frère, qu'il doit rejoindre, trouve le délai trop long, il change son billet pour l'*Olympic* qui, du Havre, part quelques jours plus tôt pour La Havane. M. Proust et le chronomégaphone évitent de peu l'engloutissement dans les eaux glacées de l'Atlantique…

L'appareil est utilisé au Mexique et à La Havane.

Il rentre en France avec son propriétaire avant le déclenchement de la Première Guerre mondiale pour ne plus sortir de la famille. Il est conservé dans ses caisses dans de bonnes conditions et montré à quelques spécialistes qui expliquent aux descendants des frères Proust qu'il est le seul connu dans cet état. Gaumont n'en possède pas, et les exemplaires conservés à la Cinémathèque française et au Conservatoire des arts et métiers ne sont pas aussi complets. Le commissaire-priseur ajoute que, s'il est peu vraisemblable que des particuliers s'y intéressent, certains musées pourraient proposer des prix élevés. Même si, dans un cercle restreint, c'est grâce à l'appareil que la famille Proust est connue, le prix évoqué retient son attention et, plusieurs décennies après la mort des pionniers, celle-ci se décide à vendre le chronomégaphone.

Je connais l'existence de cet appareil et son histoire. Dans mon esprit, un tel objet ne peut quitter le territoire français. Les services du ministère de la Culture partagent cet avis… mais ne font rien pour m'aider.

En effet, les tribunaux ont récemment jugé que, lorsqu'un objet est interdit à l'exportation par le ministère de la Culture, son propriétaire a droit à une juste indemnisation. Le ministère n'a pas envie de verser une quelconque indemnité et pense sans doute qu'elle n'est pas justifiée pour Gaumont.

Le matériel pourrait donc quitter la France. Des musées étrangers, notamment au Moyen-Orient, seraient intéressés.

Le dimanche 7 juin 2015, je participe aux enchères au téléphone.

Très vite nous ne sommes plus que deux. Mon adversaire n'est guère impressionné par mes changements de rythme ou par des sauts d'enchère significatifs. J'atteins le premier l'unité lourde. Un silence pesant s'ensuit. Il est finalement rompu par le choc du marteau sur la table du commissaire-priseur. Le fondé de pouvoir de mon concurrent a clairement reçu une autorisation maximum de prix, le chiffre rond qui vient d'être atteint, sans avoir la liberté de miser un centime de plus. C'est le représentant du musée de Mexico, première ville où cet appareil a rencontré le public[1]. C'est un concurrent de qualité, mais l'appareil est encore mieux chez Gaumont…

1. En 2019, Gaumont a organisé, en partenariat avec la Cinémathèque de Mexico, une exposition de grande qualité dont le chronomégaphone était la vedette.

Le cinéma, art moderne s'il en est, a déjà une petite histoire. S'il nous appartient avant tout de la continuer, nous devons aussi la préserver.

La conservation des matériels n'est pas ancrée dans la culture de toutes les sociétés. Que dire des films… Le support est fragile, ce n'est pas de l'ébène ou même de l'olivier, il est plus délicat que la laque posée sur les bols de riz chinois.

L'épaisseur du support, la pellicule, est d'un dixième de millimètre. L'épaisseur de l'émulsion, la partie physique qui restitue l'image, est dix fois plus mince, soit un centième de millimètre…

Les forains projettent les films jusqu'à ce que la dernière rayure les rende invisibles. Ensuite, ils les envoient au pilon pour récupérer le peu de métal argent qu'ils contiennent et les quelques francs qu'ils représentent. Cette pratique est prolongée par leurs successeurs et étendue à l'essentiel du patrimoine cinématographique à l'occasion des deux conflits mondiaux, l'armée ayant un besoin pressant de métaux précieux, même en petites quantités.

Ce n'est pas une excuse, mais une explication pour justifier la perte de la majorité du patrimoine cinématographique mondial le plus ancien.

À titre d'exemple, en France, Gaumont a produit quelque 5 000 films muets, 800 sont sauvés. Aux États-Unis c'est bien pire. Alice Guy-Blaché y a produit environ 500 films, et Gaumont, avec beaucoup de persévérance et un peu de chance, n'a réussi à en retrouver qu'une petite douzaine.

Les générations suivantes ne font pas beaucoup mieux.

Plus de cent vingt ans après la naissance du cinéma, les spécialistes continuent à discuter de la qualité des boîtes pour assurer la meilleure conservation des films. Au début des années 80, les boîtes métalliques, accusées d'attirer l'humidité donc la rouille, sont bannies au profit de boîtes hermétiques en plastique qui, elles, l'emprisonnent. Aujourd'hui la FIAC[1] recommande le propylène percé alors que les laboratoires utilisent des boîtes métalliques vernies.

Quelle que soit la qualité de la boîte, le film risque de se détériorer.

Les films en noir et blanc sont tournés sur des supports à base de nitrate d'argent jusqu'au milieu des années 50. Cette pellicule offre le meilleur noir et blanc, à ce jour inégalé. Malheureusement ce support présente un immense inconvénient, qui explique son interdiction : il est si inflammable qu'il continue à brûler dans l'eau.

De multiples incendies sont attribuables au film nitrate et il est responsable de nombreuses victimes.

Kodak, la référence absolue de l'époque, en arrête la production en 1950. L'écoulement des stocks conduit à tourner avec cette pellicule jusqu'en 1953. La pellicule acétate, qui la remplace, peut développer le « syndrome du vinaigre » qui décompose l'émulsion. Quant aux films couleur, particulièrement ceux tournés de 1955 à 1970, ils sont victimes d'un phénomène de pompage qui se traduit par la disparition de la couleur verte au profit d'un rosissement ou d'un bleuissement de la pellicule.

Les films qui n'ont pas mobilisé les spectateurs dorment dans des boîtes que personne n'ouvre. Ce n'est pas pour autant une garantie de leur sauvegarde.

Les autres films, les films à succès, souvent demandés dans les années 60-80 pour un passage supplémentaire à

1. Fédération internationale des archives cinématographiques.

la télévision, étaient systématiquement retirés à partir du négatif original qui, après quelques années de ce traitement, perdait ses qualités techniques.

Ainsi, aux dommages chimiques créés par le temps s'ajoute l'usure physique des projections ou des tirages. Enfin, jusqu'à ces dernières années, personne, ou presque, ne prenait vraiment soin de la qualité du stockage de la pellicule laissée dans des laboratoires qui, à force d'être encombrés, la déposaient dans des lieux souvent humides et insalubres.

Les technologies numériques ont bouleversé l'industrie du cinéma, des projecteurs des salles au tournage des films en passant par leur montage et leur restauration. Celle-ci a atteint récemment une qualité exceptionnelle grâce au retraitement numérique des négatifs, quand ils existent, des copies positives, voire des « marrons[1] », dans les autres cas. De tels résultats étaient inenvisageables il y a quelques années. Il semble aujourd'hui difficile de faire beaucoup mieux pour l'image alors que des progrès pour le traitement des sons sont encore vraisemblables.

Pour la conservation des films, beaucoup de questions n'ont pas reçu de réponse.

Les équipements pour lire le support numérique évoluent si rapidement qu'au bout de quelques décennies celui-ci, même s'il ne se détériore pas, est devenu illisible s'il n'a pas été régulièrement mis à jour.

Peu de producteurs s'en préoccupent, et bon nombre de films risquent d'avoir un avenir limité.

1. Le marron est la copie positive originale du négatif. Il est l'étalon du film dans la mesure où, à la différence du négatif, il ne comporte pas de collures.

Seuls le transfert sur un support photochimique[1] ou la mise à jour systématique et régulière du support numérique[2] sont un gage de pérennité.

Si Henri Langlois a tenté de sauver la pellicule, il l'a surtout fait vivre. Alors que le cinéma entre dans l'Histoire, il appartient à d'autres de protéger ce qui reste, mais surtout de s'inspirer de son audace et de savoir le faire aimer…

J'espère avoir compris le crocodile…

JEAN-LUC GODARD PAR JEAN-LUC GODARD

Le parrain n° 2

2022, septembre, le 13.

Il fallait que ça tombe un 13, Jean-Luc Godard n'est plus là. J'ai été trop lent, j'aurais aimé lui envoyer mon livre et lire la lettre qu'il m'aurait envoyée en réponse, car il m'aurait répondu… peut-être au bout d'un certain temps… Je suis triste d'avoir été trop lent… Je suis heureux de l'avoir un peu connu…

Jean-Luc Godard n'est pas le seul fondateur de la Nouvelle Vague. Mais, n'en déplaise à François Truffaut qui s'est brouillé avec lui, il en est la figure tutélaire.

1. Normalement, ce transfert est obligatoire pour obtenir l'agrément du CNC. Je ne suis pas sûr que celui-ci ait les moyens de faire respecter cette obligation par les producteurs, qui sont souvent dans des situations financières complexes…

2. Travail effectué notamment par l'INA pour les images les plus importantes.

Les sentiments, les affections... ce n'est pas toujours facile à analyser... Malgré les décennies, je ne suis pas trop capable d'expliquer pourquoi j'ai un problème avec François Truffaut et suis proche de Jean-Luc Godard.

La proximité rapproche. J'ai peu vu Truffaut. Quand Gaumont lui a donné un solide coup de main pour son film le plus public, *Le Dernier Métro*[1], je n'ai pas le souvenir qu'il ait une seule fois évoqué le nom de la société...

Jean-Luc Godard, je suis incapable de dire quand j'ai fait sa connaissance. Celle-ci doit précéder d'un ou deux ans mon arrivée chez Gaumont. Alain Sarde, que je vois beaucoup à l'époque, est très proche de lui.

Après son accident de moto en 1971, il a vécu des moments difficiles. Il n'a jamais roulé sur l'or.

Je lui ai acheté, à titre personnel, des films invisibles[2]. Dire que je n'en partage pas la philosophie est un doux euphémisme.

Il est clair que cela a participé à notre rapprochement...

Je ne veux ni ne peux m'exprimer sur le réalisateur. D'autres l'ont fait, le font, le feront. Malgré de rares rencontres et quelques dérapages sur des sujets qui fâchent, c'est un homme que j'aime, estime et respecte. En dehors de ma famille et surtout de Marie, mon épouse, Jean-Luc

1. *Le Dernier Métro* : la production du film est évoquée p. 170.

2. Gaumont possède les droits d'une partie des films de Jean-Luc Godard. Pour réunir l'ensemble de l'œuvre, j'ai cherché à acheter les autres auprès de Canal+, à ce jour sans succès. Pierre Lescure, alors président de Canal+, m'avait donné son accord de principe. Je demande à Michel Schmidt, responsable du secteur chez Gaumont, de me faire une évaluation. Celle-ci est refusée par Canal+ et Michel estime déraisonnable de l'augmenter. En 1997, Michel Schmidt passe chez Canal+. Je lui demande de me céder les droits, pensant que son estimation initiale n'aurait guère évolué. Le prix demandé est multiplié par 10. Depuis, j'ai régulièrement réitéré ma demande, en vain...

Godard représente 50 % de ceux qui m'ont soutenu quand c'était un peu compliqué pour Gaumont et pour moi[1]. Je n'ai pas retrouvé la lettre, sans doute trop bien classée, qu'il m'a alors écrite. Parmi les trois solutions qu'il préconisait pour sauver Gaumont, je me souviens de l'une d'elles : faire un hold-up. Pour conclure par « Je vous fais confiance ».

Dans un métier où la perfidie est plutôt la règle, cela ne s'oublie pas…

Au cours d'une cérémonie des César, en mars 1987, l'assistance éberluée découvre nos liens quand Jean-Luc Godard, recevant des mains d'Isabelle Huppert un César d'honneur, commence son allocution par ces mots : « Merci aux professionnels de la profession. Merci, puisque je vais parler d'ombres et lumières, aux invisibles : (…) merci à la standardiste de Gaumont, car, sans elle, je ne connaîtrais pas Nicolas… »

Jean-Luc a beaucoup écrit à Gaumont, particulièrement à Martine Offroy[2] et à moi-même.

Les lettres qui suivent sont le fruit de ses réflexions après nos échanges. Je ne lui ai écrit que pour le remercier d'une lettre personnelle et lui demander l'autorisation de reproduire les professionnelles.

Sans barguigner, Jean-Luc m'a donné son accord, avec ce commentaire plus godardien que nature : « Vous savez bien que je ne crois pas au droit d'auteur… »

1. Voir p. 219.
2. Martine Offroy est alors directrice de la communication et du patrimoine de Gaumont.

Ces (ses) lettres expriment, mieux que tout autre commentaire, les relations entre ce grand frère de la Nouvelle Vague et Gaumont, et surtout entre lui et moi.

3 septembre 1984, manuscrite

Je vous remercie sincèrement de l'intérêt manifesté par Gaumont pour « Je vous salue, Marie ». (...)

Bien sûr, ce qu'un film va « faire » est toujours mystérieux. Au vu des ordinateurs, il semblerait que l'exploitation et la distribution prennent un plaisir trop malin à exagérer ce mystère pour conforter leur pouvoir. On devrait pouvoir dire : puisque ces mystères nous dépassent, feignons d'en être les organisateurs, ainsi que l'auteur des « Enfants terribles ».

Si on analyse avec intelligence et tendresse les succès d'un film en mettant et ses constantes et ses inconnues sur disque, et en utilisant le logiciel le plus adapté possible (tout le travail est là, il existe à peine dans ce domaine), les mystères commencent à s'éclaircir, que ce soit celui du succès, d'« Indiana Jones » à certaines « Carmen », ou l'insuccès au contraire de ce porno-là plutôt qu'un autre, de cette histoire-là ou de ce carnaval-là.

En ce qui me concerne, j'ai remarqué, en me servant des doigts de la main comme ordinateur, que j'étais capable de faire régulièrement 100 000 entrées sur Paris depuis 20 ans, avec ou sans Gabin ou Depardieu. À condition que je le veuille, et que je puisse accomplir ce vouloir dans de bonnes conditions. Ensuite, pour faire plus d'entrées, il suffit de m'adjoindre 2 ou 3 forces supplémentaires, qui peuvent être une actrice, un thème de scénario, un coproducteur ambitieux, un distributeur bon commerçant plutôt que bon affairiste, un publicitaire qui met en jeu sa réputation pour faire les 3, 4 ou 5 fois 20-25 000 entrées supplémentaires qui feront qu'un film produit pour 3 millions fera avec 200 000 entrées Paris (plus le double ou le triple sur le reste de la France) un succès normal et simple autant qu'agréable. Sur « Passion », l'insuccès est venu principalement de moi. Je n'ai fait que 20 000 entrées au lieu des 100 000 nécessaires, Cannes, I. Huppert, H. Schygulla, la publicité ont fait le reste. La barre est restée à 80 000 entrées. Sur « Prénom Carmen », j'ai fait mes 100 000 entrées. Venise en a fait 30 000, Parafrance, Claude Davy, Alain Sarde, Maruschka Detmers en ont fait 40 000 en se réunissant ou plutôt en ne se réunissant pas (ou s'ils en ont fait plus ils les ont retirées vite fait, ça arrive) ce qui fait que Ciné-Chiffres[1] *a pu imprimer le chiffre de 170 000 entrées et 450 000 sur la France.*

Le film (« Marie ») est je crois plein d'émotion et d'intelligence, sans doute trop, mais avec une dévouée gouvernante, il doit pouvoir apporter la preuve que tout n'est pas si pourri en ce royaume de Danemark, et que le cinéma a plus de raisons d'être que de ne pas être.

8 mai 1985, manuscrite

On peut comparer la dette de G[aumont] à celle des USA (le modèle américain, modèle du reste de la planète aussi pour ce qui est de la création de dette). Mais les USA ont l'Europe et la mafia pour boucher le trou. Ce n'est pas le cas de G, que faire ?

1. Jean-Luc Godard donne deux chiffres fournis par Ciné-Chiffres : le nombre d'entrées pour Paris et sa périphérie et celui pour la France entière.

1) Supprimer toute distribution. Il suffit d'un secrétaire et d'un chauffeur pour distribuer 1 fois par semaine « Je vous salue, Marie » à Paris.

2) Garder 80 % des salles (et que ce qui reste fonctionne à 20 % de plus).

3) Donner des avances variables à des producteurs indépendants (style Fechner, Sarde, Godard, Karmitz, etc.) en échange uniquement des droits audiovisuels, et de la sortie de ces productions dans les 80 % des salles gardées (en bon état).

4) À vous de trouver.

Amitiés et merci.

29 septembre 1985, manuscrite

La politique des auteurs a peu à peu au cours des âges laissé les auteurs trop seuls, les uns avec leur orgueil, les autres avec leur modestie.

23 avril 1987, manuscrite

J'ai repris le montage de « Soigne ta droite » avec une énergie nouvelle. Je compte beaucoup sur les « rapports de production » avec Martine Offroy pour les « Histoires du cinéma » qui devront permettre d'agréables fiançailles avec Gaumont en vue du mariage et de ses lois. J'ai déjà prévenu M. Karmitz que j'étais lié à vous pour une longue période. Également A. Sarde qui vous parlera de son côté du scénario intitulé « Nouvelle Vague » que nous avions en projet pour 88. Nous avons pris langue avec le Festival de Venise pour présenter « Soigne ta droite » et une/deux émissions. Que Gaumont soit coproducteur de celles-ci me semble un gage de succès de nos relations car Martine Offroy est une « Langloise ».

Novembre 1987, avant la sortie de *Soigne ta droite*, en décembre 1987

Conjointement nous désirons coproduire et réaliser quelques œuvres en vidéo qui sont au film ce que sont au tennis les matchs-exhibitions aux tournois officiels.

Notre association est celle d'un garde du corps et d'un garde de l'esprit. En sachant que l'esprit prend corps alors même que le corps a de l'esprit. Au cas par exemple où nous désirons engager Mlle Faye Dunaway, nous sommes beaucoup plus à même d'obtenir des conditions possibles que Gaumont et Gaumont en bénéficiera d'autant plus que le MG aura été minime.

Nous sommes trop solitaires dans notre création pour considérer comme négligeables des allées et venues culturelles entre deux millions d'abonnés, une vieille et grande maison, un Tzigane qui navigue entre les Soficas et Roland-Garros, et aussi parce que dans le vide, l'acte le plus humble d'héroïsme ou d'amour devient miracle (Soigne ta droite).

Le problème, selon nous, ne se situe pas entre Gaumont et Canal+ – et MM. Lescure et Bonnell nous sont apparus comme personnes tout à fait responsables par rapport à d'autres gens de télévision, simplement parce que des abonnés ne sont pas une foule comme les autres – mais entre nous – vous et nous – qui sommes l'un vis-à-vis de l'autre, non comme deux machines, mais chacun à tour de rôle machine et interface.

27 juin 1988, manuscrite

Je vous écris depuis la dernière ligne droite avec la cloche, c'est-à-dire l'avant-dernière avant le sprint final des « Histoire(s) du cinéma ». Je prends cette image pour cette série car il s'agit bien d'une épreuve de fond courue comme de la vitesse pure, ce qui en explique la difficulté insensée et les nombreux faux départs.

Pour des motifs d'orthodoxie financière, je montre les premiers résultats au début juillet à l'un des directeurs d'OBC accompagné d'un autre de Cofiloisirs, car ce sont eux qui jouent actuellement le rôle du FMI auprès de nous, qui ne sommes que la Hongrie, le Brésil, le Ghana, le choix est vaste.

17 octobre 1990, lettre relative à *Science sans conscience* adressée à La Sept, dont Gaumont est en copie ainsi que Jack Lang et Dominique Wallon

J'ai appris par la demoiselle de la juridiction de Gaumont, qui nous représente auprès de La Sept pour l'établissement de la convention de coproduction relative au film ci-dessus en référence, que ce film ne pourrait prétendre à une avance du CNC dans le domaine audiovisuel, étant donné que votre service avait défini ce film comme « documentaire », et que seules les œuvres de fiction peuvent voir se pencher sur leur berceau la bonne fée financière et tutrice.

Notre film étant interprété en majorité par des acteurs, et ceux-ci interprétant les textes les plus et moins connus de la création, je ne comprends pas votre position qui nous

empêche de trouver le financement désirable pour accomplir correctement notre tâche.

Veuillez donc me faire savoir votre point de vue avec davantage de précision. Est-ce qu'une phrase de H. Bergson à propos de la mémoire est moins de fiction qu'une de M. Proust ? Est-ce que Gödel écrivant qu'un système logique ne peut contenir son propre commentaire invente moins que Dostoïevski faisant dire à Ivan Karamazov que si Dieu n'existe pas, alors tout est permis, et Camus dissertant là-dessus fait-il œuvre de documentariste ?

27 janvier 1992, à Maurice Pialat à propos de *Van Gogh*, lettre dont Daniel Toscan du Plantier m'adresse la copie

Mon cher Maurice,

Votre film est étonnant, tout à fait étonnant ; bien au-delà de l'horizon cinématographique couvert jusqu'ici par notre misérable regard. Votre œil est un grand cœur qui envoie la caméra courir les filles, les garçons, les espaces, les temps et les couleurs, comme d'enfantines bouffées de sang. L'ensemble est prodigieux ; les détails, des éclairs dans ce prodige ; on voit le grand ciel tomber et s'élever de cette pauvre et simple terre. Soyez remerciés, vous et les vôtres, de cette réussite, chaude, incomparable, frémissante.

Chose infiniment rare et touchante, le film est entré en nous de partout pas comme un tableau, même sublime, mais comme un effet de vie, son souvenir est autour et dedans, pas seulement devant le regard. Il me semble aussi que l'habituel « resserrage » réservé aux films trop longs reste ici du vrai montage, comme une ultime répétition d'orchestre ; pas une « longueur » à enlever, mais le vrai rythme atteint. Heureusement que vous êtes entré plus* *tard que les autres dans l'ordre puisque vous entrez plus tôt dans le beau, le calme et le voluptueux.*

Cordialement à vous,

* *Idem « Citizen Kane » ou ce qui reste du film mexicain d'Eisenstein* (note de Jean-Luc Godard).

1er septembre 1992, manuscrite

Le film avec G.D. est terminé de tournage, et le montage, qui ne présente pas de difficultés particulières, sera terminé fin d'année. J'en ai averti Martine Offroy pour lui dire que le mal à faire ce film faisait beaucoup de bien à JLG/JLG, à me rencontrer moi-même, et comme homme, et comme cinéaste. Sans me croire aussi sage que Montaigne, son connais-toi toi-même me semble un digne modèle – connais à toi-même, aime la connaissance de toi, et va la rechercher. Merci de votre fidélité à un certain cinéma, je dirais un cinéma certain.

9 novembre 1992, manuscrite

Par le truchement de Claude Davy, j'ai cru comprendre que vous « n'imaginiez » pas ainsi ce que sera « JLG par JLG », à la lecture des cinq à six pages envoyées à Martine Offroy. Il ne s'agit pourtant que de « rails directeurs », donnant à mon travail et une direction, et un sens, et nullement de ce que JLG pourra avoir à dire à JLG[1].

1. La lettre de Jean-Luc Godard est de novembre 1992. Le film sortira le 8 mars 1995.

4 juillet 1994, manuscrite

Depuis notre conversation de l'autre matin dans le bureau de Martine, j'ai repensé à Jekyll et Hyde, l'esprit de production et l'esprit de distribution, pour ne pas dire tout de suite matière. Il est clair que je ne parlais pas de personnes, mais d'agents dans un système. En regardant grandir la petite fille d'A.M. Miéville, et la voyant fatiguée par cette croissance, d'images en images, j'en suis venu à penser que si la naissance était le dernier acte de la production, elle était également l'acte premier de la distribution, que si notre maman nous avait produit, notre papa nous distribuerait. Alors, produit-on pour distribuer ou distribue-t-on pour re-produire – qui n'est plus produire ? Je pense que c'est dans la re-production que se glisse l'agent Hyde. Cela pourrait être un cours d'introduction au « cinéma, art et industrie de la pensée » si j'en étais chargé au Collège de France. Hélas pour moi.

Au-delà de quelques films mythiques, *Histoire(s) du cinéma* est sans doute la meilleure synthèse de la pensée godardienne, qu'il m'a un jour ainsi résumée : « Je suis un philosophe qui écrit avec sa caméra. »

Cette aventure cinématographique, qui s'étend sur dix ans, de 1988 à 1998, « le marathon couru à la vitesse d'un sprint », s'est faite avec tous les partenaires francophones possibles[1] qui, comme Gaumont, ont attendu un peu plus longtemps que prévu la livraison des derniers épisodes.

Quant à la version écrite, Jean-Luc Godard souhaitait qu'elle soit éditée en Suisse, où il résidait. Martine Offroy

1. En dehors de Gaumont, les producteurs sont Canal+, France 3, Arte (qui s'appelle alors La Sept), le CNC, la Télévision suisse romande, Vega Film.

et moi-même préférions que ce soit chez Gallimard, qui avait donné son accord de principe. Jean-Luc y mit une condition : que ce soit dans la collection Blanche, alors que Gallimard pensait que le format qui s'imposait était celui des beaux livres. Finalement, face à un Antoine Gallimard perplexe, j'ai suggéré la Grande Blanche, celle d'Aragon, sur laquelle, en bonne compagnie, Jean-Luc a donné son accord. Antoine, qui avait quelque expérience des auteurs compliqués, a trouvé un maître en Jean-Luc, plus soucieux du détail qu'un enlumineur du Moyen Âge, et a édité *Histoire(s) du cinéma* dans la Blanche… au format normal.

6

Don Giovanni : Daniel

Il y a un homme, et un nom. Cet homme est devenu, deux décennies après sa mort, un mythe. Le nom n'est pas en reste, et ce nom est Toscan. Je ne l'ai jamais employé. Je peux même dire que ce nom n'a jamais été mien. Cet homme, je l'ai toujours appelé Daniel. Je n'ai pas l'intention de changer maintenant.

J'ai rencontré Daniel Toscan du Plantier en première année de Sciences Po. C'était en septembre 1960, et jusqu'à sa mort brutale, le 11 février 2003, nous ne nous sommes pas quittés, à l'exception d'une période complexe au début de 1985.

Des études secondaires moyennes m'avaient conduit à redoubler maths élém'. J'avais donc perdu une année scolaire. Un accident de ski mal opéré l'année suivante doubla la mise. J'avais ainsi deux ans de plus que Daniel. Nous étions dans la même « conférence de méthode », que d'aucuns appellent, dans d'autres établissements, « travaux pratiques ». Dans les salles, quatre tables : trois, grandes, disposées en U, où se répartissaient les élèves ; la quatrième, au centre du U, petite, derrière laquelle s'asseyait le maître de conférences. Le hasard avait voulu que Daniel et moi soyons face à face, lui à droite du professeur, et moi à gauche.

Daniel voyait en moi un besogneux rasoir, pétri de ses certitudes, fier de ses oncles ambassadeurs et de ses grands-parents industriels. Je voyais en lui un dilettante superficiel, un hobereau de province plus porté sur son passé que sur son avenir, un coureur de jupons narcissique qui aurait tout donné pour un bon mot. Dans la salle, chacun avait ses soutiens. Deux groupes antagonistes s'affrontaient autour d'un marais neutre et attentiste.

En raison du nombre d'étudiants et du rythme des séances, chacun d'entre nous ne faisait que deux exposés durant l'année universitaire. Nous étions supposés préparer tous les sujets, mais, après un premier exposé, il était habituel, même pour les plus travailleurs, ce que n'était pas Daniel, de se relâcher pendant un ou deux mois.

Nous étions au premier trimestre. Trois semaines plus tôt, Daniel avait fait un exposé quelconque sur un sujet quelconque. Contrairement à tous les usages, ce jour-là, le maître de conférences décida de faire à nouveau plancher Daniel, sur « Le recours administratif pour excès de pouvoir ». Sujet totalement étranger à Daniel, qui n'avait aucune prédilection pour le droit administratif. Il n'avait rien préparé. Il fallait tenir dix minutes. Daniel parvint tant bien que mal à broder pendant le temps imparti.

C'était nul, et tout le monde le savait.

Le maître de conférences avait très bien perçu la rivalité des deux clans qui régnait entre ses étudiants. Pour achever la bête blessée, il me demanda mon opinion sur la prestation de Daniel. Le procédé me scandalisa. À la stupéfaction générale, et surtout à celle de Francis de Baecque, je félicitai Daniel pour sa capacité à élever le débat par de subtiles arguties…

Ce fut le point de départ de notre amitié.

Daniel et moi n'allions plus nous quitter. Nous ferons nos universités ensemble, appartiendrons aux mêmes conférences de méthode, créerons un groupe de travail. Sous l'impulsion d'André de Baecque, frère de Francis, qui nous avait recommandés et involontairement rapprochés[1], nous organiserons pour le compte des Charbonnages de France[2] des conférences dans les lycées et les collèges. Notre mission ? Vanter les mérites du charbon, et louer son bel avenir face à un pétrole qui ne manquerait pas de disparaître aux alentours de l'an 2000[3]… Nous allions nous former dans les mines de Lorraine et du Nord. Daniel, qui évoluait dans les salons proustiens comme un poisson dans l'eau, était peu préparé à cet environnement hostile, à son obsession (légitime) pour la sécurité. Le déshabillage dans la « salle des pendus[4] », la descente à très grande vitesse à quelque mille mètres de profondeur dans une cage grillagée où se pressaient une centaine de « gueules noires », le tout

1. Je n'ai jamais eu l'occasion de parler de cet incident à Francis de Baecque. Avec les années, et surtout compte tenu de son attitude très amicale, avec sa recommandation auprès de son frère et ma nomination en tant qu'assistant l'année suivante, il n'est pas exclu de penser qu'il voulait jauger notre « inimitié ». En tout état de cause, il nous a rendu le plus grand service, car sans lui nous serions peut-être passés l'un à côté de l'autre…

2. André de Baecque a été responsable du service de presse des Charbonnages de France (1961-1969).

3. La bible en matière d'énergie est à l'époque un rapport de Pierre-Olivier Lapie, représentant de la France à la CECA de 1959 à 1967, qui prévoit la fin de la ressource pétrolière à l'horizon de l'an 2000.

4. Nous ne faisons que traverser la « salle des pendus », où les tenues civiles des mineurs, rangées sur des cintres, sont suspendues au plafond par des poulies, car, assimilés à des ingénieurs, nous avons droit à un casier particulier et à une baignoire en lieu et place de la douche collective.

dans un puits ventilé d'air glacé, nous mettaient en condition. Sur place, le bruit, la chaleur, la poussière, la semi-obscurité ne furent pas la tasse de thé de Daniel : haletant, transpirant, son casque mal serré tombant sur ses lunettes couvertes de suie, houspillé par des porions[1] peu portés sur les intellectuels parisiens, il avançait courbé dans les galeries de mine dont la majorité étaient en pente et hautes de moins d'un mètre.

Quelque temps plus tard, nous fûmes les animateurs du stand des Charbonnages de France au Salon de l'énergie. Nous y vantions le monde rêvé de la mine, ses haveuses et son soutènement marchand[2]...

Le pire souvenir que je garde de cette époque eut lieu dans un collège d'une ville du Nord. Devant une classe, j'expliquais, statistiques à l'appui, que la silicose était une maladie en forte régression. Un enfant leva la main pour me dire que son père venait d'en mourir.

Je nous revois aussi à Verdun où, après une journée difficile, nous terminâmes le dîner par un verre de mirabelle que nous fîmes passer en arpentant les rues désertes tout en refaisant le monde par un froid sibérien.

La fin des études ne nous sépara pas. Grâce à mon beau-père, Jean Cahen-Salvador, président de Nord-Aviation,

1. Le porion est dans le vocabulaire minier l'équivalent du contremaître.

2. La haveuse, qui remplace avantageusement le marteau-piqueur dans les veines épaisses, est une machine utilisée dans les mines de charbon pour effectuer des saignées afin de permettre d'en extraire le minerai. Différents modèles existent : à percussion, à disques, à chaînes...

Le soutènement marchand est constitué de piliers hydrauliques verticaux qui s'adaptent à la hauteur de la galerie, reliés horizontalement entre eux par des vérins, également hydrauliques, pour leur permettre de se déplacer alternativement. Il remplace peu à peu les étais en bois. Les mineurs restent circonspects à son égard, car le bois, disent-ils, craque avant de lâcher...

Daniel entama sa carrière chez *Air et Cosmos*, revue professionnelle de l'aviation. Puis il rejoignit Régie Presse[1] et le groupe Publicis, où il fit rapidement son trou au sein de la jeune garde montante, aux côtés notamment de Claude Neuschwander et de Maurice Lévy. En janvier 1969, il fut associé à la petite équipe de Publicis qui permit à Saint-Gobain de repousser l'OPA de BSN. Au fil du temps, Daniel prit une importance de plus en plus grande au sein de Publicis, jusqu'à en devenir l'un des « baronnets ».

Je souhaitais travailler avec Daniel chez Gaumont : notre approche des sujets était souvent différente, mais nous débouchions sur des conclusions similaires, quand elles n'étaient pas identiques. Daniel partageait ce désir, même s'il éprouvait une grande admiration pour Marcel Bleustein-Blanchet, le patron de Publicis. L'homme était un vieux compagnon de route de Gaumont : jeune fondateur de Publicis[2], il fit partie des premiers administrateurs de la SNEG quand celle-ci fut constituée en 1938.

À compter du 4 novembre 1974, Daniel fut mon conseiller[3]. Des scenarii de rapprochement entre Publicis et Gaumont furent étudiés. Ils butèrent sur les évaluations faites par Publicis sur Gaumont, qui me semblaient tout à fait insuffisantes, complétées par une phrase de Marcel

1. Daniel s'occupe d'abord de la publicité du *Nouveau Candide*, au sein duquel il se lie d'amitié avec Philippe Boegner, directeur de la publication et père de la pianiste Michèle Boegner, qui conforte Daniel dans son goût pour les artistes et la musique classique. *Le Nouveau Candide* met la clé sous la porte en décembre 1967. Chez Régie Presse, dont il devient directeur général, Daniel s'occupe particulièrement de *France-Soir*, pour lequel il développe la publicité du cinéma, ce qui le conduit à fréquenter une bonne partie de la profession.

2. Publicis est fondée en 1926. Marcel Bleustein-Blanchet a alors vingt ans...

3. Contrairement à ce que j'ai pu lire ici ou là, Daniel n'est pas associé aux négociations concernant l'acquisition de Cinépar. Je l'en ai tenu informé. Il n'a, par ailleurs, jamais été proche de Jean-Pierre Rassam. Dire qu'ils ne s'appréciaient pas beaucoup est un doux euphémisme.

Bleustein-Blanchet : « On n'a pas la même liberté avec l'argent qu'on a gagné et celui qu'on a reçu », qui a clos définitivement les pourparlers[1]. Je demandai alors à Marcel Bleustein-Blanchet « l'autorisation » de débaucher Daniel. Il me la donna, avec une réflexion du genre : « Vous me volez mon meilleur élément »...

Le 1er mars 1975, Daniel fut nommé directeur général adjoint de Gaumont.

À l'exception du circuit de salles en France et du « domaine réservé » des productions d'Alain Poiré, Daniel allait s'occuper de tout. Parmi ses innombrables qualités figurait un sens exceptionnel de la communication, qui lui permit pendant dix ans d'incarner Gaumont et d'en devenir le « ministre de la Parole ». Daniel aurait tout donné pour un bon mot, et il en était prodigue. Parfois, il lui arrivait de heurter par ses propos, y compris chez Gaumont, celles et ceux qui s'efforçaient d'attirer le maximum de spectateurs dans les salles et de trouver la rentabilité de chaque investissement.

Daniel a été, est et sera mon ami, et je pense avoir été son ami le plus proche. Pour autant, notre compagnonnage professionnel, aussi exaltant, enthousiasmant et fécond fut-il, n'a pas été exempt de fausses notes, dont certaines assez graves. Comment les expliquer ? Comment comprendre que nous ayons tenu si longtemps, que nous ayons tant persisté ?

D'abord, et avant tout, je revendique le « nous ».

1. Par la suite, Cinépar sera pendant quelque temps actionnaire à hauteur de 10 % de Publicis et, à ce titre, j'en serai administrateur. Cette participation sera cédée au premier semestre de 1985 pour permettre à Cinépar de faire face aux difficultés financières de Gaumont. Je remettrai alors ma démission d'administrateur, qui sera acceptée dans la minute.

Comme dans tout duo professionnel qui fonctionne, chacun occupait son terrain. Je laissais à Daniel une très grande – sans doute trop grande – latitude. Il ne craignait pas la sanction économique. Lui qui était si précis et si attentif aux francs qu'il avait dans sa poche ne témoignait pas d'un grand intérêt pour l'ampleur des pertes. Il pensait qu'il y aurait toujours de l'eau pour remplir le tonneau des Danaïdes. Je partageais avec Daniel l'idée que l'argent n'est qu'un moyen, mais il oubliait trop vite que si le cours d'eau s'assèche, la roue du moulin cesse de tourner.

L'assèchement de la rivière a mis longtemps à se produire, car l'ampleur des pertes a longtemps été retardée. Elle n'a pas été masquée par des artifices comptables ou par des moyens délictueux : pendant les premières années, les autres affluents – les cinémas et les productions d'Alain Poiré – eurent un excellent débit. En revanche, la fin de la période coïncida avec une diminution brutale des résultats des autres canaux, à commencer par ceux des cinémas déstabilisés par la dissolution du GIE de programmation et par l'augmentation abyssale des pertes internationales.

DON GIOVANNI : L'HOMME

Le temps passe. Cela fait maintenant plus de deux décennies que Daniel est mort. Si je dois le résumer à un seul film, je n'ai aucun doute sur mon choix, ce sera *Don Giovanni*. Daniel en fut le père, mais avant même de l'avoir enfanté, il en fut lui-même le héros. Il fut Don Giovanni.

Daniel était cultivé. Grâce à son frère aîné, Philippe, il

avait caressé les philosophes, dans le texte. Il aimait les auteurs, la littérature, la peinture. Mais une passion fut encore plus grande, encore plus dévorante pour lui : la musique, la musique classique. Daniel était capable de s'enfermer, seul ou en compagnie d'amis triés sur le volet, pour écouter ses enregistrements préférés. De Bach, il disait joliment : « Je n'ai pas la foi, mais je suis sûr que Bach l'avait. » Il écoutait religieusement Kathleen Ferrier, son interprète favorite, une femme.

Le premier amour de Daniel était les femmes. Daniel était un charmeur. Il aimait les femmes, cherchait à les séduire, les séduisait. S'il n'était peut-être pas, en un sens, Don Giovanni, il se rêvait sous les traits du héros de Mozart. Était-il un séducteur impénitent ? Peut-être pas. Son attirance pour les femmes tenait en partie – pas seulement, heureusement – à sa détestation des machos. Il s'en expliquait lui-même quand il disait : « "Que les héros des films soient des héroïnes" pourrait me servir de devise[1]. » Daniel aimait les femmes pour elles-mêmes. Il pouvait être rassuré : elles l'aimaient en retour. Cette attirance, que je percevais quand il était encore parmi nous, je la ressens encore plus maintenant qu'il n'est plus là. Il suffit d'évoquer son souvenir devant une femme qu'il a connue pour que celle-ci ait un frémissement dans la voix, une flamme humide dans les yeux.

C'est d'ailleurs en partie grâce à deux femmes qu'il a aimées, Marie-Christine Barrault et Isabelle Huppert, que Daniel deviendra producteur.

1. Daniel Toscan du Plantier, *Les Enfants d'Al Capone et de Rossellini*, Essai Mazarine, 1981.

MARIE-CHRISTINE BARRAULT ET LE SUCCÈS DE *COUSIN COUSINE*

Dans un livre[1], Marie-Christine Barrault, qui fut l'épouse de Daniel, explique les raisons qui ont conduit celui-ci à produire *Cousin Cousine* : la garder. Qu'importe !

Collusion, prise illégale d'intérêt, mélange des genres, que sais-je…, dirait-on dans l'administration, mais nous ne sommes pas dans l'administration, et *Cousin Cousine*, dont Marie-Christine Barrault était l'héroïne, attira en France plus de 1 million de spectateurs, obtint le prix Louis-Delluc, fut nommé aux César, aux Oscars, aux Golden Globes…

Marie-Christine Barrault, Jean-Charles Tacchella, le réalisateur, Daniel et moi assistâmes à la cérémonie des Oscars. Le spectacle, au cours duquel Guy Marchand et Marie-Christine Barrault virevoltaient sur un trapèze, était sans cesse interrompu par de longues plages publicitaires que les spectateurs mettaient à profit pour aller papoter dans les bars. Pour nous qui à l'époque, y compris Daniel, ne connaissions pas grand monde, la soirée devint vite d'un ennui fétide. Le fait de manquer de peu la marche suprême n'arrangea pas les choses : *Cousin Cousine* fut battu par un autre film français, *La Victoire en chantant*, de Jean-Jacques Annaud, devenu, grâce au subterfuge des coproductions, un film ivoirien au titre imparable, *Black and White in Color*. Bob Weinstein, qui le distribuait aux États-Unis, avait trouvé ce titre.

Cousin Cousine rencontra un succès national et international qui eut nombre de conséquences. Il balaya les

1. Marie-Christine Barrault, *Le Cheval dans la pierre*, Robert Laffont, 1999.

mauvaises raisons pour lesquelles Daniel avait produit le film. Il démontra de manière éclatante ses compétences : tous les producteurs rêvent d'être reconnus par la critique, honorés par les récompenses, suivis par le grand public, et force est de constater que *Cousin Cousine* lui offrit tout cela. Ce coup d'essai était un coup de maître qui bouleversa l'image que Daniel avait de lui-même, celle que j'avais de lui, et enfin le regard que la profession portait sur son travail. Ma confiance en Daniel se trouva confortée, sans doute trop… Il en déduisit que le succès était facile, or rien n'est plus dangereux…

Si, à sa mort, l'hommage de la profession fut unanime, de son vivant, les opinions étaient plus partagées : avant *Cousin Cousine*, le respect professionnel était quasi nul. Après, Daniel put compter sur des soutiens enthousiastes et des ennemis acharnés. Ces ennemis étaient de deux types : d'un côté, les intellectuels qui le jugeaient superficiel ; de l'autre, les tenants d'un cinéma populaire qui n'acceptaient pas d'être montrés du doigt.

ISABELLE HUPPERT

Daniel tomba amoureux d'Isabelle Huppert dans un cinéma. Nous étions à Grenoble. Je ne pus l'arracher de la salle où était projeté *Dupont Lajoie*[1]. Heureusement, c'était une salle Gaumont…

Isabelle est une comédienne à nulle autre pareille et pour laquelle j'éprouve une affection aussi grande que mon admiration. Mais ce n'est pas lui faire injure que de dire

1. *Dupont Lajoie*, film d'Yves Boisset, est sorti le 26 février 1975.

que l'amour que lui a porté Daniel ne fut pas étranger à la production de quelques films dont elle fut la vedette. Mais seule la qualité de son interprétation fit dire à Pascal Lainé, lauréat du prix Goncourt 1974 : « Isabelle m'a volé ma *Dentellière* ! » Elle fut couronnée pour ce rôle par un Donatello de la meilleure actrice étrangère et reçut le BAFTA[1] du meilleur espoir féminin.

L'année suivante, pour son rôle dans *Violette Nozière*, Isabelle Huppert remporta la Palme d'or de la meilleure actrice.

Lors de la tournée internationale que nous fîmes pour promouvoir le film, nous nous rendîmes avec Claude Chabrol à l'un de ces cocktails innombrables qui ponctuent ce genre de voyages. C'était à New York, et nous faisions la queue derrière une file d'attente fournie. Tous ceux qui nous précédaient commandaient invariablement un Perrier citron. Connaissant le fin gourmet, je me tournai vers Claude, qui comprit à mon regard la question que j'avais en tête. Il me répondit immédiatement : « Rassurez-vous, je vais prendre un verre de blanc. »

Après Claude Goretta, Bertrand Tavernier, Claude Chabrol, André Téchiné, Isabelle Huppert tourna avec Maurice Pialat dans *Loulou*.

Ces réalisateurs, si différents, sont à l'origine d'étapes importantes dans l'ascension régulière d'une jeune femme fine, intelligente et sensible, au regard aussi doux que sa volonté est indestructible.

1. BAFTA : British Academy of Film and Television Arts.

Le talent n'est pas proportionnel au mauvais caractère et, n'en déplaise à Sylvie, sa seconde épouse, celui de Maurice Pialat était particulier.

J'étais chez Gaumont depuis quelques semaines. Maurice m'appela : « On me dit que vous voulez travailler avec moi, j'attire votre attention sur le fait que je viens d'être condamné pour plagiat. » Maurice était un provocateur. Il ne souhaitait pas, ou ne souhaitait plus, rentrer dans le système. Il se vivait en mal-aimé et, pour cette raison, ne cherchait pas à se rendre aimable.

Maurice vint tourner pour Gaumont d'abord parce que les producteurs de *Loulou* ne pouvaient pas financer plus du quart du tournage. Emmanuel Schlumberger raconte avec humour comment Maurice organisa une projection, dont la durée était celle du film terminé. L'essentiel de la projection fut constitué de cartons indiquant « Scène manquante », qui restaient affichés le temps que devait durer la scène à tourner…

Pour *Sous le soleil de Satan*, produit par Daniel, et dont Gaumont était distributeur et coproducteur, tout était en place. Jamais Maurice n'eut un film si bien préparé, si bien financé. Cela s'apparentait à une production Alain Poiré pour Édouard Molinaro. Face à une telle situation, Maurice décida le premier jour de tournage qu'il n'était pas prêt…

Chacun a en tête le poing levé à Cannes lorsque Maurice reçut en 1987 la Palme d'or pour *Sous le soleil de Satan.* J'étais alors juste derrière Gérard Depardieu. Celui-ci se retourna vers moi, se pencha et me confia : « Barbara m'a appris qu'il ne faut jamais mépriser le public. » En 2015, dans le cadre de l'exposition consacrée aux cent vingt ans de Gaumont, la scène tournera en boucle sur les écrans du 104. Je l'avais vécue, mais je ne l'avais jamais vue. La caméra lui donne une violence rare, le gros plan, les propos. Au moment de recevoir la plus grande distinction du cinéma mondial, le mal-aimé, le pessimiste amer qu'était Maurice ne put s'empêcher de manifester sa colère. Ainsi va Maurice, ce qui n'enlève rien à son talent.

Maurice se brouilla avec Daniel, avec celui qui avait déplacé des montagnes pour qu'il puisse continuer à réaliser ses films. Daniel en fut d'autant plus meurtri que la période suivait l'assassinat tragique de Sophie, son épouse. Heureusement, les deux hommes se réconcilièrent juste à temps.

Sylvie m'appela : « Il a envie de vous voir. » J'emmenai Daniel avec moi. Cela faisait des années qu'ils ne se parlaient plus. Il me paraissait inconcevable que ces deux-là ne se revoient pas. Maurice articula quelques mots aimables. Gérard Depardieu arriva. Les mêmes. Maurice partit quelques jours plus tard. J'étais à New York.

GÉRARD DEPARDIEU

Gérard Depardieu a beaucoup tourné pour Gaumont. Avec Daniel, en dehors des films de Maurice Pialat déjà cités et de *Police*, il est apparu dans *Danton* d'Andrzej Wajda ; avec Alain Poiré, dans *La Chèvre* ; avec Patrice Ledoux, dans *Les Anges gardiens* ; avec Sidonie Dumas, dans *36 quai des Orfèvres*.

Ce ne sont que quelques exemples de la liste

impressionnante des films tournés avec Gaumont dans lesquels Gérard a joué. Parmi eux, un seul n'est dû à aucun des grands responsables de la production maison mais à l'auteur : *Le Dernier Métro.*

Le Dernier Métro a été cofinancé et distribué par Gaumont. Comme les droits du distributeur sont d'une durée limitée, non seulement Gaumont n'a plus aucun droit sur le film, mais il n'en a même plus le mérite, l'acheteur des droits n'ayant pas hésité à enlever le générique originel…

À l'exception de *La Nuit américaine*, Oscar du meilleur film étranger en 1974, *Le Dernier Métro*, sorti en 1980, est le film de François Truffaut le plus couronné : il reçut dix César[1]. C'est également celui qui a réuni le plus grand nombre de spectateurs.

Fallait-il que de l'eau ait coulé sous les ponts pour que Gérard Lebovici, son agent, vienne voir le président de Gaumont et lui demande si sa société pouvait distribuer et financer le prochain Truffaut, au budget trop ambitieux pour être supporté par les seuls Films du Losange…

Fallait-il que l'image de « la Marguerite » ait changé pour que le critique acerbe d'un certain cinéma accepte, avec Gérard Lebovici, l'ami de Guy Debord, une invitation chez Taillevent un certain 23 janvier 1980, et que soient oubliées les sorties fracassantes dans *Arts*, par lesquelles il visait, au-delà de Michel Audiard, le cinéma établi, à commencer par celui que produisait alors Gaumont…

1. Meilleur film, meilleur réalisateur, pour François Truffaut ; meilleur scénario pour François Truffaut et Suzanne Schiffman ; meilleur acteur pour Gérard Depardieu ; meilleure actrice pour Catherine Deneuve ; meilleure musique pour Georges Delerue ; meilleurs décors pour Jean-Pierre Kohut-Svelko ; meilleure photo pour Nestor Almendros ; meilleur son pour Michel Laurent ; meilleur montage pour Martine Barraqué.

Gérard Depardieu est à mes yeux le plus grand comédien de sa génération. Je ne me place pas sur un plan international, qui n'a pas grand sens : chacun d'entre nous, et le comédien le premier, est le reflet d'une culture, d'une population, et, quelle que soit son universalité, le fruit d'un terreau. Gérard est d'abord et avant tout français. Il n'avait, et n'a, aucun concurrent.

Qui peut être aussi à l'aise dans la lecture des *Confessions* de saint Augustin, dans l'interprétation de la subtile horlogerie des dialogues de Francis Veber, qui qualifie Depardieu de « merveilleusement insupportable[1] », dans les vers doux-amers et nostalgiques d'Edmond Rostand, dans le déchirement et la foi du couple Pialat-Bernanos, dans la rage de vivre et le désespoir de Danton… qui ?

Même si les disparus sont souvent trop embaumés, ce n'est pas faire injure à sa mémoire que de dire que les tournages de Maurice Pialat furent compliqués, et – à l'exception de Sophie Marceau – particulièrement avec les hommes. Le 20 octobre 2022, à l'occasion de l'hommage qui lui était rendu par Thierry Frémaux dans le cadre du Festival Lumière, Marlène Jobert a raconté avec un exceptionnel humour la relation conflictuelle entre Maurice Pialat et Jean Yanne sur le tournage de *Nous ne vieillirons pas ensemble* : « Ils n'arrêtaient pas de s'insulter, Jean Yanne trouvant que les indications du réalisateur étaient absurdes, et le dialogue débile… Au bout de trois semaines, le tournage avait failli s'arrêter, mais comme je suis revenue après un week-end de repos, les techniciens ont été confortés et, malgré une grande tension, le tournage a repris… Cannes

1. Francis Veber, *Que ça reste entre nous, op. cit.* (p. 283).

devait décerner cette année-là le prix d'interprétation à Jean Yanne… qui n'est pas venu le chercher… »

Il y a une personne que Maurice Pialat respectait, et c'était Gérard Depardieu. C'était réciproque. Sans la proximité de Daniel et de Gérard, plusieurs films de Maurice Pialat n'auraient pas vu le jour.

DON GIOVANNI
Le film[1]

Opéra chanté en suédois, filmé dans un théâtre, *La Flûte enchantée*[2] d'Ingmar Bergman attira, fin 1975, de nombreux spectateurs en France. À la suite d'une critique dithyrambique dans le *New York Times*, nous pensions naïvement qu'il en était de même à l'étranger.

Daniel voulait aller plus loin, beaucoup plus loin. Il ne voulait pas filmer un opéra, mais faire un film d'un opéra. Il voulait sortir l'opéra des planches. Il était convaincu qu'un autre public, le grand public, était prêt à voir et à écouter les admirables interprètes de ces drames improbables, par des moyens nouveaux. Il n'avait qu'une personne à convaincre : moi. Il me fit partager sa passion, et l'aventure commença.

1. Au-delà du film, Daniel s'est pris d'amitié pour celui qui en incarne le héros, Ruggero Raimondi. Grâce à lui, une fois dans sa vie, à Monaco, le 14 janvier 1983, Daniel réalisera son rêve : mettre en scène un opéra, *Don Giovanni.*

2. *La Flûte enchantée*, sorti en France le 19 novembre 1975, y attire plus de 850 000 spectateurs, soit, à quelques unités près, le même nombre de spectateurs que *Don Giovanni*. Dans le pays natal du réalisateur, la Suède, qui compte une dizaine de millions d'habitants, le film a difficilement séduit 22 000 spectateurs.

L'objectif était plus téméraire qu'il n'y paraissait : l'opéra et le cinéma sont deux arts différents, aux contraintes spécifiques, voire contradictoires. L'opéra, ce sont les voix des chanteurs et la direction musicale transcendant le texte dans l'émotion incomparable du direct, même si les décors, la mise en scène, le jeu des comédiens ne sont pas secondaires. Quant au livret, il peut parfois se résumer à quelques lignes. Le répétitif et le déclamatif sont la loi du genre.

L'opéra n'est représenté que dans des lieux mythiques, construits uniquement pour accueillir cet art. Les premiers datent du XVIIIe siècle, et le XIXe siècle les verra se développer avec la production des œuvres les plus populaires du répertoire. Ces lieux de rêve, leurs décors de marbre et d'or sont destinés pour l'essentiel à une clientèle sophistiquée, adulte, aisée et habillée, même si des places sont réservées au poulailler pour « les enfants du paradis ».

Le cinéma est très différent. Il s'adresse d'abord à une clientèle jeune et populaire. Un film réussi, ce sont des acteurs émouvants qui interprètent un dialogue ciselé, les situations inattendues d'une histoire originale. Leur jeu est primordial et, depuis l'invention du parlant, l'émotion suggérée est préférée au récit incantatoire et à la pantomime.

Non seulement les interprètes devaient posséder les plus belles voix possibles, mais ils devaient aussi être parfaitement crédibles dans leurs rôles respectifs. Ils ne devaient pas faire du surplace en donnant de la voix : il fallait qu'ils virevoltent et qu'ils chantent naturellement.

Le film d'opéra est un pari économique, mais un pari mûrement réfléchi.

La musique, donc l'opéra, est internationale. L'objectif n'était pas d'attirer des millions de spectateurs en France ou dans tel pays, mais que le film soit vu par quelques centaines de milliers de personnes dans chaque pays – ce qui, au bout du compte, devait permettre d'en toucher des millions. Le film devait aussi être indémodable, et passer régulièrement, pendant des décennies, sur les chaînes de télévision. Enfin, la censure ne devait pas être un obstacle, en URSS ou ailleurs... L'économie de ce projet était donc assurée sur le long terme – à condition d'offrir le meilleur, pour que les mélomanes qui n'avaient pas la possibilité d'assister à des spectacles vivants, les cinéphiles et les nouveaux venus soient éblouis.

Le choix se porta sur *Don Giovanni*, l'opéra préféré de Daniel, et le plus abouti de Mozart.

Rolf Liebermann était depuis 1973 le responsable de l'Opéra de Paris, qu'il avait profondément transformé. Il fut approché pour composer le plus beau plateau de voix imaginable : Ruggero Raimondi, José van Dam, Edda Moser, Kiri Te Kanawa, Teresa Berganza... sous la baguette de Lorin Maazel. Un tel ensemble était difficile à constituer, car au-delà de l'inquiétude des interprètes à l'idée d'être filmés en gros plan et de devoir jouer la comédie, les divas avaient un calendrier très chargé, bouclé sur plus de deux ans. Il était donc indispensable de respecter les délais contractuellement prévus pour le tournage, soit six semaines.

Afin de disposer d'un enregistrement exceptionnel, d'éviter les gros plans disgracieux sur des visages déformés par l'effort et de permettre aux chanteurs de pouvoir se déplacer avec le plus grand naturel, les voix furent préenregistrées. Toutefois, lors des prises de vues, pour pallier tout risque de synchronisation défaillante, les artistes chantaient à mi-voix, accompagnés en direct au clavecin par Janine Reiss.

Le site choisi pour le tournage se trouvait à Vicenza, à une heure de Venise : la Villa Rotonda, construite par Andrea Palladio au XVIe siècle. Rien n'était trop beau, rien n'était trop luxueux. Le parti pris était celui de l'excellence à tous les niveaux, et Alexandre Trauner, sans doute le plus talentueux décorateur de son époque, réussit à faire croire que la Rotonda était un palais vénitien.

À la réalisation : Joseph Losey. Ce n'était pas l'idée première de Daniel, mais le réalisateur de *The Servant* et du *Messager* s'imposa rapidement, malgré le désir de Franco Zeffirelli[1] de réaliser le film.

Le partenaire allemand présumé nous fit faux bond. Gaumont continua seule l'aventure.

La fin programmée du tournage approchait… Le 18 octobre 1978, on m'invita à me rendre sur les lieux, toutes affaires cessantes… pour entendre Joseph Losey me dire d'un trait : « Nicolas, je peux vous livrer, dans le délai et le budget prévus, le premier acte. » Il était dans un tel état que, juste avant mon arrivée, il avait insulté Martine Offroy, la directrice de la communication. Celle-ci m'a autorisé à reproduire son récit :

> « Joseph Losey, saoul, s'est alors mis à insulter toute l'équipe en anglais, regrettant qu'on ne se plie pas à toutes ses exigences. Il s'en prend plus particulièrement à moi, qu'il côtoie chaque jour : "Vous êtes tellement nulle qu'il faut que vous ayez couché avec tout le monde pour être à votre place."
>
> Toscan rit, de gêne certainement, m'assurant que, d'un certain côté, sa remarque peut être flatteuse.

1. Franco Zeffirelli réalise *La Traviata* en 1983.

Michel Seydoux est outré. Je rêve de partir en courant.

Le lendemain, je reçois trente roses rouges et un long mot d'excuse. Je suis restée amie avec Joseph Losey jusqu'à sa mort. »

Ce qu'ignorait Martine, c'est qu'informé de l'incident j'avais exigé de Joseph Losey qu'il lui présente ses excuses…

La situation offrait un grand avantage : aucune porte de sortie n'existait. Il était inenvisageable de décider l'arrêt de la production avec la perte totale des fonds investis, un risque de procès des interprètes et l'atteinte à l'image de Gaumont en cours de redynamisation. Il fallait donc financer le deuxième acte. L'inconvénient, c'était qu'au-delà du dépassement de budget, certains artistes avaient des contrats fermes pour se faire entendre ailleurs, à commencer par Teresa Berganza, qui chantait tous les soirs à Covent Garden. Un avion privé lui permettra de faire une navette quotidienne entre Londres et Venise, coût de production dont le spectateur ne voit pas les bénéfices à l'écran.

Le film sortit en novembre 1979. Malgré une critique partagée, le pari français fut gagné : 800 000 spectateurs allèrent en salles voir *Don Giovanni*. Aujourd'hui, ils sont plus d'un million.

En revanche, le succès international que nous escomptions ne fut pas au rendez-vous. Pour Joseph Losey, pur Américain du Wisconsin, l'avant-première à New York était attendue comme le retour de l'enfant prodigue. Il escomptait que le public américain l'accueillerait à bras ouverts et ferait un triomphe à la victime du maccarthysme qu'il avait été. Il espérait le respect pour le citoyen engagé, comme l'admiration pour l'œuvre artistique. Il souhaitait de tout son cœur pouvoir de nouveau tourner dans *son* pays. Je nous revois encore au Lincoln Center, lors de l'entracte. On nous apporta la morasse[1] du papier signé Vincent Canby, le critique du *New York Times* qui faisait alors la pluie et le beau temps pour les films étrangers. L'article était un jeu de massacre, avec cette conclusion qui enfonçait le clou : « Par ailleurs, vous pouvez acheter l'enregistrement, qui est excellent. » Joseph Losey en fut brisé, et une bouteille de vodka ne sera pas suffisante pour lui remonter le moral. Il ne retournera plus jamais aux États-Unis[2].

L'avant-première allemande eut lieu trois mois plus tard à Hambourg[3]. Rolf Liebermann en avait dirigé l'Opéra de 1959 à 1972, et en avait fait la première scène lyrique du monde sur le plan de la création et du répertoire contemporain. Joseph Losey, Daniel et moi ne parlions pas la langue, mais, sans comprendre les détails qui ne nous étaient pas traduits, nous assistâmes à une très pénible conférence de presse au cours de laquelle Rolf Liebermann fut quasiment insulté par les médias allemands.

Notre vision d'une musique universelle, d'un opéra cinématographique, s'affrontait de manière directe à l'accueil glacial des instances culturelles et médiatiques, et à un

1. La morasse, quand les journaux étaient imprimés en typographie, était l'équivalent du bon à tirer de l'article.

2. Pendant un certain temps, Joseph Losey et Gaumont chercheront, mais en vain, un accord pour porter à l'écran le chef-d'œuvre de Proust, *La Recherche*, tirée du remarquable scénario d'Harold Pinter. En 1982, Joseph Losey tournera *La Truite* pour Gaumont.

3. L'avant-première a lieu un peu plus d'un trimestre après les sorties américaine et française, le 15 mars 1980.

absolu refus du public, sauf le français. Le postulat de la rediffusion récurrente du film sur les chaînes du service public ne fut pas aussi prometteur qu'espéré : en France, *Don Giovanni* n'a été diffusé que trois fois sur une chaîne généraliste, dont une seule sur la deuxième chaîne, pourtant coproductrice du film. Ensuite, les petites chaînes se substituèrent aux grandes...

À l'heure actuelle, le film n'est toujours pas amorti. Pourtant, non seulement je ne regrette pas *Don Giovanni*, mais j'en suis fier parce que, après plus de quatre décennies, il est toujours là, debout, vivant et bien vivant.

Pour rendre hommage à Daniel après sa mort, *Don Giovanni* s'est imposé à moi. Lors de sa sortie, la version mono donnait une meilleure qualité que la version stéréo – le système Dolby n'en était alors qu'à ses débuts. Heureusement, les bandes originales furent conservées et, après un travail de restauration considérable, *Don Giovanni* bénéficie aujourd'hui d'une qualité sonore digne des divas qui l'ont interprété.

Trente-cinq ans après sa sortie, *Don Giovanni* a reçu le 26 juin 2015 le plus bel hommage qui puisse être rendu à ses différents contributeurs : il fut présenté en avant-première du 29e Festival de Bologne.

Que mes amis exploitants veuillent bien me pardonner de dire du bien, le plus grand bien, d'une projection en plein air et d'être émerveillé par le travail accompli. Qu'ils se rassurent aussi, un tel festival ne serait pas envisageable en France, dont la qualité des cinémas est sans doute la meilleure du monde. Il reste en Italie UN amoureux du cinéma qui ne joue pas sa partition en égoïste mais pour le plus grand bien du cinéma mondial.

Gian Luca Farinelli, son président, son fondateur, son

programmateur, a inventé le Festival de Bologne, qui, en dehors de projections classiques de films restaurés dans des salles obscures, tient sa spécificité d'une projection publique quotidienne sur la place principale. Depuis 2001, pendant près de deux mois, de la mi-juin à la mi-août, la Piazza Maggiore, bordée des plus beaux palais bolognais et de la cathédrale, se couvre de quelque 3 000 fauteuils (la moitié pendant les confinements) occupés par des spectateurs qui, tous les soirs à partir de vingt-deux heures, regardent un film gratuitement et dans une parfaite communion.

Depuis une vingtaine d'années, environ 200 000 spectateurs voient ainsi chaque année, dans des conditions exceptionnelles, des films restaurés.

Ce succès n'est pas dû au hasard. À l'instar des grandes expositions des musées, le catalogue de la manifestation est un véritable livre d'art cinématographique, ode à la culture, ode à la beauté. Le travail des techniciens pour obtenir en plein air une image exceptionnelle sur un écran de 27 mètres de large et un son de très haute qualité est au-dessus de tout éloge. Ne manquait à la projection que Ruggero Raimondi, Don Giovanni natif de la ville. Le grand ami de Daniel sera présent deux mois plus tard. Le 11 septembre 2015, à l'occasion de la Mostra, grâce à l'Alliance française de Venise et à son président, Pierre Rosenberg, une projection, également en plein air, est organisée dans les jardins de la Villa Rotonda, qu'on aperçoit dans la pénombre sur le côté de l'écran.

Ruggero Raimondi, qui n'a pas revu le film depuis sa sortie originale, est ébloui et qualifie la restauration d'un « *Stupendo* » gratifiant.

Don Giovanni eut une fille chez Gaumont, *Carmen*, mais pas de petits-enfants. *Carmen*, l'opéra le plus joué au monde, attira plus de 2 millions de spectateurs en France grâce à la réalisation de Francesco Rosi, à la beauté des sites, au talent des trois principaux interprètes – Plácido Domingo, Ruggero Raimondi et Julia Migenes-Johnson. Ses résultats internationaux furent modestes. Gaumont estima alors que l'aventure des films d'opéra devait s'arrêter.

En revanche, après son départ de Gaumont, Daniel poursuivit avec Erato la production de films d'opéra : *La Bohème* (1988), réalisé par Luigi Comencini ; *Boris Godounov* (1989), réalisé par Andrzej Zulawski ; *Madame Butterfly* (1995), réalisé par Frédéric Mitterrand, et *Tosca* (2001), réalisé par Benoît Jacquot. Ces films, à l'exception des deux derniers, font aujourd'hui partie du catalogue de Gaumont.

Quoi qu'on ait pu écrire, ce ne furent pas les films enfantés par Daniel qui m'obligèrent à me séparer de lui, mais son incapacité à circonvenir les pertes de la « Grande Illusion » internationale.

7

La Grande Illusion

À l'aube des années 80, tout allait bien chez Gaumont. Chacune des activités tournait à plein régime. Gaumont était le premier circuit, le premier producteur et le premier distributeur en France. Notre regard pouvait se tourner vers l'étranger.

Daniel et moi eûmes des conversations intenses et nombreuses à ce sujet. Seuls les films américains disposaient d'un marché mondial. Vouloir produire des films américains signifiait s'installer à Los Angeles : nous n'en avions ni la compétence, ni l'envie, ni l'ambition. Nous voulions proposer une alternative à la domination du film américain.

C'est le sens de notre engagement en Italie et au Brésil.

Aux États-Unis, comme le succès commercial de *Cousin Cousine* ne fut pas accompagné des recettes financières escomptées, nous pensâmes que la distribution des films étrangers y était viciée et qu'il fallait prendre les choses en main.

L'ITALIE

Drôles de « vacances romaines »

Roberto Rossellini était le père que se serait choisi Daniel : un père cultivé, spirituel et cinématographique.

Daniel précise : « C'est l'individu et le créateur qui m'a le plus profondément marqué de toute ma carrière. Je suis rossellinien. Pas comme un gourou, pas comme une panacée. Rossellini est le fil conducteur de tout ce qui peut s'inventer au cinéma aujourd'hui, de tout ce que je peux pour ma part inventer, ou aider d'autres à inventer[1]. »

Roberto et Daniel se fréquentèrent beaucoup et intensément, mais peu de temps : Daniel fit la connaissance de Roberto après sa nomination chez Gaumont, et Roberto mourut deux ans plus tard, le 3 juin 1977. L'aventure italienne aurait-elle été différente si Roberto avait vécu ? Poser la question, c'est y répondre en partie ; en tout état de cause, son patronyme joua un rôle significatif dans le choix du responsable de notre filiale italienne, en la personne de Renzo Rossellini, le fils aîné de Roberto.

Ce choix fut une erreur. Le rôle des dirigeants, c'est d'abord de trouver les meilleurs responsables. Daniel et moi, nous nous trompâmes, et nous fûmes trompés sur sa capacité à redresser les comptes : Renzo dépensait plus qu'il ne gagnait, et les déficits, au lieu de se résorber, s'accumulaient. La seconde erreur, la plus grave, était politique.

Dans une note qu'il a bien voulu me confier, Mario Anniballi, son successeur, s'exprime en ces termes : « Renzo

1. Daniel Toscan du Plantier, *Les Enfants d'Al Capone et de Rossellini*, *op. cit.*, p. 87 et suivantes.

Rossellini avait toujours côtoyé le milieu audiovisuel. Il avait été à plusieurs reprises l'assistant de son père sur les tournages. Renzo connaissait bien le monde du cinéma mais aussi de la politique. Il était connu du grand public pour avoir fondé et dirigé une station de radio très radicale appelée Radio Città Futura. Ses prises de position d'extrême gauche parlaient beaucoup à la jeunesse italienne, mais son discours lui avait apporté autant d'amis que d'ennemis. Nicolas Seydoux et Daniel Toscan du Plantier n'imaginaient pas que celui-ci puisse être mal vu de l'*establishment* du cinéma italien. C'était pourtant le cas. Ses rapports avec les milieux d'extrême gauche puis avec les Brigades rouges étaient très mal perçus par l'intelligentsia italienne. En le choisissant comme parrain de toute son activité italienne, Gaumont ne s'était pas fait que des amis. »

Nous ne vîmes ni ne comprîmes que, dans cet environnement conservateur qu'il fallait secouer et dynamiser, le parcours de Renzo, plus en vue que nous ne l'imaginions, était un obstacle au lieu d'être un atout, un frein au lieu d'être un turbo. J'aime les hommes engagés, mais l'étranger que je suis, qui ne parlait pas la langue nationale, était mal placé pour apprécier à sa juste valeur le regard des Italiens sur cet engagement.

En 1977, le cinéma italien connaissait une situation atypique : l'Italie comptait alors plus de deux fois plus de spectateurs[1] que la France, chiffre très supérieur à ceux de l'Allemagne ou du Royaume-Uni. Depuis trois ans la fréquentation italienne accusait une baisse inquiétante[2], mais

1. L'Italie compte alors 373 millions de spectateurs, la France 170 millions, l'Allemagne 124 millions et le Royaume-Uni 108 millions.

2. Celle-ci s'élevait à 170 millions de spectateurs en moins, soit l'équivalent de la fréquentation française de l'époque.

le cinéma italien était beaucoup plus dynamique que celui de tous les autres pays européens.

Le cinéma italien cumulait les qualités d'un cinéma populaire attirant le grand public et d'un cinéma d'auteurs respectés. La disparition, le 17 mars 1976, de Luchino Visconti, et celle, le 3 juin 1977, de Roberto Rossellini touchèrent le monde entier. Les grands réalisateurs nés durant la deuxième décennie du XXe siècle, tels que Michelangelo Antonioni, Federico Fellini, Francesco Rosi, exerçaient encore leur talent avec succès, tandis que ceux de la troisième décennie, les Ettore Scola, les frères Paolo et Vittorio Taviani, les Ermanno Olmi occupaient une place de plus en plus importante.

Les cinémas italien et français avaient tissé des liens très étroits depuis l'après-guerre et, sans remonter à Gino Cervi, le légendaire interprète de Peppone, l'adversaire de Fernandel/Don Camillo, des acteurs italiens, à commencer par Claudia Cardinale, Sophia Loren, Monica Vitti, Vittorio Gassman, Marcello Mastroianni, Alberto Sordi ou Ugo Tognazzi, étaient aussi célèbres à Paris qu'à Rome ou à Milan. Tous les films italiens significatifs étaient des coproductions italo-françaises, alors que près d'un tiers des films français ambitieux étaient des coproductions franco-italiennes. L'Italie n'avait pas seulement de grands comédiens et réalisateurs, mais aussi des producteurs et entrepreneurs au talent éclatant : Dino De Laurentiis, Carlo Ponti et Alberto Grimaldi.

L'Italie et la France se trouvaient, à l'époque, dans une situation de complémentarité cinématographique évidente et efficace. Celle-ci n'était, pour Daniel et moi, que la conséquence naturelle et logique des liens séculaires qui unissent nos deux pays : les écoliers que nous avions été avaient séché sur les versions latines, mais Ovide et César, Tacite et Cicéron constituaient le socle de notre culture. Les papes, Galilée, Dante, le Quattrocento, la Renaissance, Rome, Florence et Venise avaient été le lait auquel nous avions été nourris – sans parler de Verdi et de Puccini.

Leurs artistes étaient nos artistes.

Nous ne pouvions imaginer que la réciproque ne fût pas vraie, que nos combats ne fussent pas les leurs.

Daniel et moi, nous croyions savoir ce qu'il fallait faire, lui pour les films, moi pour les salles, tous les deux pour le cinéma. Hélas, les films allaient être un cauchemar et ne méritent pas qu'on s'y attarde, à quelques exceptions près ; les salles, elles, allaient se heurter à des obstacles que rien ne laissait prévoir. Quant au cinéma…

Si nous souhaitions posséder des salles en Italie, c'est que nous étions persuadés que l'investissement serait très rentable. Dans ma grande naïveté, je pensais même que la concurrence, alléchée par la manne, allait nous prendre de vitesse, et qu'il fallait se dépêcher d'agir. Si au début je ne connaissais pas le parc de salles italien, je finis par en avoir une vue assez étendue, de Gênes à Palerme en passant par Turin, Milan, Rome et Naples – autant de villes où Gaumont disposera, en quelques années, de cinémas.

J'avais une stratégie en tête, et celle-ci était d'une très grande simplicité : suivre celle que nous avions appliquée en France, en tenant compte des erreurs éventuelles que nous avions commises. Nous ne devions nous intéresser qu'à de grands cinémas, très bien situés, dans des villes importantes. Gaumont devait dynamiser la fréquentation des grandes agglomérations et laisser à des entrepreneurs indépendants la responsabilité de celles de taille moyenne.

Il nous fallait donc choisir des emplacements dans des quartiers animés, et qu'ils aient de vastes volumes afin que nous puissions les transformer en multisalles de qualité.

MILAN
L'Odéon

L'exemple le plus parlant est celui de l'Odéon de Milan. Son emplacement est exceptionnel : en plein centre-ville, sur une grande artère commerçante à deux pas du Duomo et des grandes galeries couvertes, soit le cœur commercial de Milan.

L'Odéon était une vaste et belle salle Art déco, avec orchestre et balcon, qui avait servi de théâtre. Les locaux annexes – bar, fumoir, commodités – étaient spacieux. La situation en éperon sur des rues adjacentes permettait d'imaginer de nombreuses sorties de secours indépendantes les unes des autres.

Lors de notre première visite, nous dûmes redoubler d'insistance pour découvrir, en plus de la salle de cinéma, une ancienne salle de répétition qui pouvait accueillir plus d'un millier de spectateurs. Aussitôt, les architectes français avec lesquels Gaumont travaillait[1] se mirent au travail pour concevoir les plans d'un ambitieux multisalle. Il me semblait indispensable de leur associer des architectes milanais qui auraient à soumettre et défendre le permis de construire auprès des autorités locales.

Le dossier se présentait bien a priori. Pour faire accepter le multisalle par les autorités, nous rachetâmes d'autres

1. Le cabinet Baltrusaitis, Vedrès, Daronian, Gayet.

salles que nous fermerions pour en transférer les licences sur le nouvel emplacement.

Nous éditâmes une brochure, véritable livre blanc vantant les mérites du multisalle. Nous obtînmes le permis de construire. Comme la dérive financière de la filiale se poursuivait, je décidai de surseoir à la réalisation.

Le temps passa, l'eau coula sous les ponts du Lambro, et Gaumont ne vit jamais le fruit de son travail. Au mois de janvier 1985, Gaumont céda tous ses actifs italiens, y compris le permis de construire de l'Odéon. Celui-ci fut construit par les architectes italiens, qui ne reversèrent pas un centime d'honoraires à leurs homologues français. J'ai encore honte pour ceux qui se sont rendus coupables d'un tel forfait...

CHEZ CASTEL, À ROME
L'Open Gate

Alors que nous étions incapables de construire un multisalle digne de ce nom à Rome, nous nous retrouvâmes, en 1982, propriétaires d'une boîte de nuit « indispensable pour séduire les talents » : l'Open Gate. L'espace y était organisé intelligemment, avec un restaurant, un espace cocktail, un bar et une piste de danse. Le Tout-Rome s'y donnait rendez-vous, les clients d'âge mûr attablés au restaurant se mêlaient naturellement à la clientèle de jeunes gens branchés et de ravissantes jeunes femmes – au premier rang desquelles la fille d'Enrico Berlinguer. Quand, quelque temps plus tard, je décidai de vendre ce lieu dont l'image s'éloignait trop de celle de Gaumont, le seul acquéreur possible, le gérant, nous expliqua que la boîte ne gagnait pas d'argent et ne valait pas une lire. Le temps de la crédulité était révolu. Sous menace de fermeture, la boîte fut vendue au prix demandé.

Le résultat fut bien pire dans notre cœur de métier, les films. Je retiens un exemple, assez parlant.

LA PEAU

L'idée avait tout pour convaincre, au départ. Tous les ingrédients du succès étaient au rendez-vous : le roman qui servait de source au film, *La Peau*, avait été écrit par Curzio Malaparte, un des plus talentueux auteurs italiens ; c'était un grand livre, que porterait l'un des acteurs italiens les plus populaires, tant en Italie qu'en France ou ailleurs : Marcello Mastroianni ; Burt Lancaster, encore auréolé de l'aura du *Guépard*, devait nous ouvrir les marchés anglo-saxons.

Mais à l'arrivée, en 1981, la réalisation de Liliana Cavani ne mobilisa ni les sélectionneurs de festival, ni les critiques, ni les spectateurs, d'où qu'ils viennent. En relisant le roman, je n'aurais pas dû penser au film qu'on pouvait en tirer, mais l'appréhender au premier degré : il raconte que le 1er octobre 1943, les GI pensaient libérer Naples du joug des oppresseurs nazis. En remerciement, ils se firent voler leurs tanks, qu'ils durent ensuite racheter à prix d'or en pièces détachées. Y a-t-il métaphore plus parlante de la situation que nous connûmes en Italie ? Ce que nous disait le livre de Malaparte, en somme, c'est que les Italiens ne veulent de personne, et surtout pas de nos explications.

Nous avions devant nous des réalisateurs prétendant dire

non à Silvio Berlusconi, jurant que jamais leurs films ne seraient coupés sur le petit écran par des spots publicitaires. À l'époque, il suffisait de dire non. Sans même avoir le courage de nous le dire, ils cédèrent pour quelques milliards de lires (les milliards sont toujours impressionnants). Les organisations syndicales de producteurs, diffuseurs et exploitants que je vis et revis les unes après les autres me promirent toutes que la loi autorisant la division des salles en multisalles serait votée dans les mois qui viendraient. Les années passèrent...

Les résultats des films italiens, de réalisateurs renommés – *La Cité des femmes*, de Federico Fellini ; *Chronique d'une mort annoncée*, de Francesco Rosi ; *Identification d'une femme*, de Michelangelo Antonioni ; *La Nuit de Varennes*, d'Ettore Scola –, furent parfois légèrement inférieurs à nos prévisions pour le marché français. Quand *Libération* consacra sa Une à l'éreintement de *Chronique d'une mort annoncée* grâce à un mauvais jeu de mots[1], cela ne facilita pas le lancement du film...

En Italie, les chiffres furent d'une désespérante platitude. Le problème n'était pas que Federico Fellini nous qualifiait de « Mamma Gaumont », mais que Gaumont en Italie n'était qu'une vache à lait – alors même que les pouvoirs publics italiens ne tenaient pas leurs engagements. Une anecdote tardive en dira plus long qu'une triste énumération.

Je décidai de désengager Gaumont d'Italie et d'y céder tous les actifs. Un préaccord avait été trouvé avec l'Istituto

1. *Chronique d'une mort annoncée* est un film de Francesco Rosi, sélectionné à Cannes en 1987. Le titre couvrant toute la première page de *Libération* est « Chronique d'une merde annoncée »...

Luce, organisme public. Cyrille Chevrillon, le jeune contrôleur de gestion chargé du dossier, lequel m'accompagnait à la Mostra à la fin de l'été 1984, entendit le ministre de la Culture me dire : « Monsieur le président, nous sommes d'accord, venez me voir prochainement à Rome. » Sur le chemin du retour, Cyrille Chevrillon s'empressa de me dire : « Vous pouvez être content, c'est résolu ! » Je lui répondis : « En effet. Il vient de me dire qu'il ne donnera pas suite. » Cyrille Chevrillon insista. Hélas, j'avais raison ! Le temps m'avait permis de régler mon décodeur sur les fréquences italiennes : quand il veut conclure, un ministre paraphe un texte sur un coin de table, ou fixe un rendez-vous précis à court terme. Sinon, il trouve une formule et renvoie le possible entretien à « prochainement », soit aux calendes grecques.

J'avais tenté d'expliquer aux pouvoirs publics italiens ce qu'il fallait faire pour être la vestale de la flamme d'un des plus grands cinémas du monde, et j'avais échoué.

Quel était le problème du cinéma au début des années 80 ? Il avait perdu, et continuait de perdre, une frange très importante de ses spectateurs en salle. Dans le même temps, les chaînes de télévision qui diffusaient des films ne les rémunéraient pas à un prix qui permette de continuer à en produire. Il était donc nécessaire d'établir des rapports de qualité avec les chaînes de télévision pour changer cette situation. À l'époque, la tendance du cinéma était plutôt – notamment en France – de demander aux pouvoirs publics de réduire à son minimum le passage des films à la télévision. La France avait alors perdu un peu plus de la moitié de ses spectateurs par rapport à la fin des années 50. L'Italie en avait conservé beaucoup, mais notre pronostic, à Daniel et à moi, était qu'elle s'apprêtait à en perdre bien plus que nous à cause de l'inadaptation de ses structures. Silvio Berlusconi, qui n'avait ni la réputation ni le pouvoir qu'il devait acquérir par la suite, trouva le moyen d'acquérir des chaînes locales de télévision privée alors que la Rai disposait du monopole[1] de la télévision en Italie. L'irruption, totalement déréglementée, de télévisions privées diffusant des séries américaines à bas prix et du porno déstabilisa la Rai – partenaire historique du cinéma italien, lequel se trouva, dès lors, fort démuni. Les grands films italiens étaient alors tous des coproductions de la Rai, à commencer par *Padre padrone*, de Paolo et Vittorio Taviani, Palme d'or à Cannes en 1976. Cette offensive contribua à vider les salles de cinéma – pour la plupart, par ailleurs, dans un état épouvantable.

Avec la consolidation des rapports entre la Rai et la production cinématographique, la transformation rapide du parc de salles italien était la deuxième opération à réaliser pour assurer la guérison du malade.

Alors que nous financions les pertes italiennes, les responsables de la filiale continuaient à raconter n'importe quoi à Daniel, qui rentrait réconforté de chacun de ses déplacements. Face aux mauvais chiffres, on nous présentait des plans de redressement, lesquels, par définition, sont toujours bons. Le problème d'un plan de redressement, c'est qu'il ne se réalise pas du jour au lendemain. Il faut donc faire confiance au projet, jusqu'au moment où de nouveaux résultats tombent, pires que les précédents. Daniel avait un

1. La décision de la Cour constitutionnelle italienne d'autoriser les chaînes privées en Italie alors que la Rai dispose du monopole de la télévision reste à cet égard, pour le Français que je suis, incompréhensible.

immense talent pour circonvenir ceux qui annonçaient la catastrophe. Chaque fois, nous avions franchi le ravin, cela allait mieux, et chaque fois, trois mois plus tard, les résultats étaient pires que les estimations les plus pessimistes. Nous connûmes trois succès cependant. La construction par d'autres d'un multisalle, essentiellement conçu par les équipes françaises de la maison mère et l'accueil chaleureux, par le public italien, de deux films produits ailleurs : *Querelle* et *La Boum*.

Daniel s'était battu pour que *Querelle*, de Rainer Werner Fassbinder, soit distribué dans de bonnes conditions. Les responsables italiens suivirent, portés par l'odeur de soufre qui entourait le film. En revanche, ils ne voulurent rien entendre de *La Boum*, convaincus que ce film « ringard et franchouillard » n'attirerait pas un client. Ce fut une des rares fois où, concernant la distribution d'un film, je fis preuve d'autorité : j'imposai de sortir *La Boum* dans de bonnes conditions, après avoir rappelé que la société italienne était une filiale à 100 %... Le film avait attiré en France 4 millions de spectateurs. En Italie, il en attira plus de 7. Ce fut un triomphe, confirmé plus tard par la sortie de *La Boum 2*, qui permettra de masquer quelque temps les errements de la filiale...

L'équipe en place ne sut pas rebondir sur ces succès et, en novembre 1983, je pris la décision de la remplacer par Mario Anniballi et Giuseppe Pirola, qui dépendraient directement de moi. L'un était entré dans l'orbite de Gaumont aux États-Unis : après avoir été le directeur du bureau new-yorkais de la Rai, il était devenu le représentant de Gaumont au sein de Triumph[1]. Il me convaincra rapide-

1. Voir Annexe X, Gaumont, États-Unis, Triumph, page 406.

ment que les objectifs des deux partenaires n'étaient pas les mêmes et, à ce titre, bénéficiera de toute ma confiance. L'autre était un contrôleur de gestion réputé, qui travaillait pour un cabinet suisse recommandé par mon frère Jérôme.

La décision de tout céder n'était pas encore prise… mais elle allait venir très vite : d'une part, l'état d'esprit des équipes était détestable et ne permettait pas d'envisager une réforme culturelle profonde ; d'autre part, les autorités politiques se refusaient toujours à faire évoluer la législation.

RIZ AMER

Les pertes atteignirent 360 millions de francs. L'opération italienne avait été complètement folle. Daniel résuma notre pensée à la perfection dans le film qu'Isabelle Partiot-Pieri[1] lui a consacré : « L'Italie, allez visiter ses villes magnifiques, découvrir ses tableaux, mais, surtout, n'y investissez pas ! »

Avec le recul, que dire ? L'Italie a failli tuer Gaumont. La fermeture a montré qu'il n'était pas impossible d'avoir des engagements tenus et des chiffres fiables. Elle a surtout prouvé que les Italiens, à tous les niveaux, ne se souciaient pas de leur cinéma. Le départ de Gaumont ne suscita aucun mouvement. Notre échec ne mobilisa personne. Les syndicats professionnels, englués dans un immobilisme affligeant ; les politiques, qui cédèrent aux sirènes berlusconiennes ; et surtout ces admirables réalisateurs : personne n'a levé le petit doigt pour défendre LEUR cinéma.

Quand Gaumont s'investit en Italie, la fréquentation

1. *Toscan*, 2010.

italienne représentait le double de la française. Quarante ans plus tard, la fréquentation française équivaut à plus du double de l'italienne[1].

Pour autant, je pense que nous avons bien fait d'y aller. Daniel et moi avions la foi : dans l'investissement culturel ; dans un combat pour créer à côté du cinéma américain une force cinématographique européenne dotée d'un moteur franco-italien aux moyens certes inférieurs, mais raisonnables, adossée à une forte fréquentation et une grande créativité. Mais notre foi ne pouvait rien face au dogme et à la liturgie que seuls les Italiens contrôlaient. Nous n'avons pas réussi à relever le défi, certes, mais je m'en serais voulu de ne pas l'avoir tenté. Nous aurions pu également moins y perdre, mais le regard que je porte avec tristesse, et je crois avec lucidité, c'est que nous ne pouvions pas gagner…

J'EN VEUX À FEDERICO FELLINI…

J'en veux à Federico Fellini. Pas au cinéaste – c'était un génie ; pas à l'homme – il était d'une extrême courtoisie.

Cinecittà était *son* studio. À l'époque, il y disposait d'un petit appartement où il pouvait se reposer et travailler. Il nous y recevait toujours en tête à tête. En arrivant, nous pouvions croiser Giulietta Masina, son épouse, ou plus

1. Fréquentation cinématographique en millions de spectateurs :

	France	Italie	Ratio France/Italie
1975	182	514	0,35
1985	175	123	1,4
2019	213	98	2,2

fréquemment un prêtre – son confesseur, copie parfaite de celui de Luchino Visconti dans *Le Guépard.* Parfois Marcello Mastroianni, qui lui rendait une visite de courtoisie et évoquait avec Fellini un film – un ancien, l'actuel, le prochain... Sans vouloir faire de psychanalyse de café du commerce, je ne pense pas que Mastroianni soit le double de Fellini, comme certains l'ont prétendu. Je pense plutôt que Mastroianni représentait le séducteur impénitent que Fellini aurait rêvé être, sans jamais se l'autoriser. C'était un des rares comédiens que Federico respectait. Les autres, dans la plupart des cas, il ne leur donnait pas à lire le scénario : pendant le tournage, ils récitaient une suite de chiffres que le maestro transformait en dialogue au moment du montage... À la différence des autres, Mastroianni disait le texte qui avait été écrit spécialement pour lui, et parfois avec lui.

J'en veux au *citoyen* Fellini.

Au début des années 80, Federico Fellini était à Rome ce que Victor Hugo avait été à Paris un siècle plus tôt : un maître adoré, adulé, respecté. Il avait l'écoute de la critique, de la presse, du public et, par conséquent, des politiques. Fellini aurait pu sauver le cinéma italien, mobiliser ses confrères, la profession, les médias, l'opinion.

Ai-je passé assez de temps à tenter de le convaincre ? Sûrement pas, car j'imaginais que notre engagement se passait de commentaires. J'ai sous-estimé, en Italie plus qu'ailleurs, l'égocentrisme du créateur, préoccupé uniquement de la réalisation de ses films, et qui n'attachait aucune importance à l'état du secteur : une trop bonne santé aurait pu faire naître des concurrents... Je ne cherchais plus le Hugo de *Napoléon le Petit*, mais le Zola de « J'accuse ». Qu'importe, l'un ou l'autre, je n'ai trouvé personne. Ce fut un échec intellectuel, culturel et sentimental.

Au-delà de ses films, le souvenir le plus émouvant que je garde de Federico Fellini, c'est son enterrement[1].

Rome, le 3 novembre 1993. La place de la République était noire de monde. Une foule anonyme, silencieuse, se recueillait. La basilique Sainte-Marie-des-Anges-et-des-Martyrs était archicomble. Le cercueil arriva. De doux applaudissements s'élevèrent à l'unisson des notes de musique de Nino Rota en guise d'ultime hommage. Foule, émotion, silence, applaudissements discrets : l'hommage d'une profession, d'une ville, d'un pays et du monde à l'un de ses plus grands artistes. Fellini était un mythe vivant qui pouvait parler à qui il voulait en Italie, y compris au président de la République ou à celui du Conseil. Il leur a sans doute parlé. Sans doute pas de la défense du cinéma, ce qui est regrettable – pour le cinéma italien ; pour le cinéma mondial… Le cinéma italien me manque, *nous* manque.

LE BRÉSIL
Orfeu Negro

Comme la plupart de ses protagonistes ont disparu, et que les rares survivants sont amnésiques, l'aventure de Gaumont au Brésil ne peut être contée comme elle le mériterait. Il subsiste toutefois des documents, des bribes qui évoquent une utopie de plus, et un échec supplémentaire.

L'expérience commença deux jours avant mon intronisation chez Gaumont. Le 25 septembre 1974, je m'associai à

1. Voir Gilles Jacob, *La vie passera comme un rêve*, Robert Laffont, 2009, p. 45.

UGC et à son président d'alors, Jean-Charles Edeline. Pour renforcer la présence française au Brésil, celui-ci avait passé un accord avec Jean-Gabriel Albicocco. Connu pour avoir réalisé un film célèbre à l'époque – *La Fille aux yeux d'or*, avec Marie Laforêt –, Jean-Gabriel Albicocco s'était installé en 1972 au Brésil, dans l'espoir d'y réaliser une comédie musicale, *Polichinelle*. En attendant que ce projet se réalise, il se consacrait à la défense des intérêts du cinéma français dans ce pays. La seule activité concrète était la gestion et la programmation de la salle privée de l'hôtel Le Méridien. Elle était alors la seule vitrine que possédait le septième art français à Rio.

Deux ans plus tard, UGC se retira. Plus grave, TV Globo, le partenaire brésilien, fit de même quelques semaines plus tard.

Avec son physique à la Obélix, peu adapté aux climats chauds et humides, Jean-Gabriel Albicocco avait comme son modèle une énergie à déplacer les montagnes. Les discours de Daniel Toscan du Plantier devaient y contribuer, et Jean-Gabriel Albicocco fut au Brésil ce que Renzo Rossellini fut à l'Italie. Mais le Brésil et l'Italie étaient dans des situations fort différentes : là où le cinéma italien avait une présence très forte en son pays, au Brésil, le cinéma américain était omniprésent. Programmé dans toutes les salles, il laissait une portion congrue au cinéma national, et aucune aux autres films étrangers.

Dans sa défense et illustration du cinéma français, Daniel Toscan du Plantier accusait souvent les États-Unis d'être impérialistes. Des prises de parole qui lui attirèrent des ennuis lors du Festival d'Avoriaz, quelques jours après un tremblement de terre survenu à Los Angeles, qui avait fait, heureusement, peu de victimes. Fidèle à son caractère, toujours à la recherche du bon mot, Daniel lâcha, au micro, en guise de commentaire : « Dieu a choisi les siens… » Dans la bouche de Daniel, c'était de l'humour… un humour qui passera très mal aux États-Unis. Dans l'oreille de Gaby[1], c'était dire tout haut ce qu'il pensait tout bas. Les écrans brésiliens étaient affermés aux majors.

Gaby n'avait qu'une idée en tête : acquérir des salles pour y diffuser des films français. Il me convainquit.

À São Paulo, il trouva le Belas Artes, qu'il allait transformer en un complexe art & essai. L'histoire de sa naissance résume bien notre engagement, ainsi que l'amateurisme local. Le 1er juin 1983, l'ensemble de six salles est inauguré avec une capacité de 1 436 fauteuils. Vingt jours plus tard, la Commission de sécurité ferma les salles pour non-respect du permis de construire. Des travaux furent entrepris afin de ramener la capacité à celle prévue initialement, soit moins de 1 000 fauteuils, pour rouvrir avec toutes les autorisations le 27 octobre. Réduire de 40 % les capacités de six salles, ce n'est pas la même chose que de couper un film trop long – ni en termes de délais, ni en termes de coûts, ni en termes d'image. Refuser d'admettre qu'il existe des normes qui doivent être respectées, quand bien même on les trouverait absurdes, et penser qu'avec le fait accompli et le concours de quelques personnalités l'administration fermerait les yeux était une hérésie.

La décoration des salles n'était pas vraiment celle d'un exploitant… mais celle d'un artiste qui préférait les couleurs chatoyantes à celles qui ne sont pas salissantes. Le petit ensemble, unique représentant de son espèce dans

1. Gaby est le diminutif affectueux, donné par toutes et tous, à Paris comme à Rio, à Jean-Gabriel Albicocco.

toute l'Amérique du Sud, trouva néanmoins une belle aura et... des spectateurs. Pas assez, toutefois, pour lui permettre d'atteindre l'équilibre économique, compte tenu du coût des travaux et de sa faible capacité.

L'objet de ce multisalle moderne au cœur de la capitale économique du Brésil était d'offrir une vitrine au cinéma français. Sauf exception, les films français ne se vendaient pas au Brésil. Confier leur distribution sans à-valoir tombait donc sous le sens, Gaumont do Brasil assumant seule tous les risques de leur sortie.

Cet argumentaire simpliste a eu le même écho auprès de nos consœurs françaises que la baisse du taux de location de Calais[1], mais à Calais les majors américaines ont fini par accepter ma demande, alors que les films français disponibles pour le Brésil sont restés sur les étagères à Paris. Ce raisonnement, aussi absurde que primaire, tenait au fait que puisque la Gaumont en avait les moyens, elle pouvait payer, oubliant que Gaumont partie, la flamme de la petite bougie du cinéma français, aussi faible fût-elle, ne brille plus au Brésil.

Curieusement, l'hyperinflation[2] qui sévissait alors au Brésil ne fut pas la première cause de nos problèmes. Tout Français connaissant un minimum l'Histoire sait les ravages que fit l'hyperinflation en Allemagne. Mais pour un Français des années 80, la toucher du doigt était une autre affaire. Si à Paris nous y étions peu préparés, ce ne fut pas le sujet sur lequel Gaumont do Brasil réagit le moins bien.

Je me rendis plusieurs fois au Brésil pour tenter d'y

1. Voir p. 269.
2. De 1981 à 1985, le taux d'inflation brésilien est le suivant :
1981 et 1982 : 100 % ; 1983 : 138 % ; 1984 : 192 % ; 1985 : 226 %.

voir clair et mettre un peu d'ordre dans des comptes dont la lente remontée n'indiquait rien de bon. Je faillis être expulsé du pays.

Fin janvier 1984, je partis comme à mon habitude. À l'atterrissage à Rio, quand je passai le contrôle des douanes, la police m'emmena dans une chambre d'hôtel – proprette, mais spartiate. Je n'avais pas de visa. Depuis peu, les Français, pour assainir le bois de Boulogne, avaient instauré un visa pour les « Brésiliennes ». Dans la foulée, les Brésiliens avaient appliqué les mêmes règles aux Français. Je n'y avais pas prêté attention, pas plus qu'Air France. La compagnie nationale, tout comme les services officiels français, ne voulut pas se mêler de cette affaire : peu de temps auparavant, un incident semblable avait eu lieu[1] qui avait particulièrement irrité l'administration brésilienne.

Grâce à ses relations avec le ministère de la Justice, qu'il côtoyait fréquemment pour obtenir le visa de censure des films distribués, Jean-Gabriel Albicocco trouverait une solution, retardée par le décalage horaire entre Rio et Brasilia. Après avoir passé une bonne demi-journée dans ma chambrette, ce ne fut qu'en entendant le policier de service m'ouvrir la porte avec ces mots – « Vous êtes libre » – que je mesurai la réalité de ma situation.

Faute d'obtenir les résultats annoncés, je passai progressivement de l'enthousiasme du débutant au scepticisme du gestionnaire. Dans la recherche de l'arrêt des pertes, la cession des affaires brésiliennes fut programmée. Comme en Italie, je voulus faire cela proprement et cherchai l'occasion.

1. Je crois me souvenir que l'incident, qui a suscité quelques répercussions diplomatiques, s'est produit avec le frère de Jack Lang, dépourvu comme moi d'un visa en règle.

Le gouvernement brésilien nous la fournit. Pour des raisons que je m'explique aussi mal aujourd'hui qu'à l'époque, le gouvernement décida de « nationaliser les cinémas ». C'était l'occasion rêvée. Nous vendîmes tout à des Brésiliens le 9 juillet 1985. Le bilan fut moins lourd qu'ailleurs, même si les pertes cumulées s'élevèrent à 43,6 millions de francs[1].

LES ÉTATS-UNIS

Les lumières de la ville

J'aurais pu être un électeur votant contre Donald Trump. En effet, je suis né en France car ma mère ne voulait pas accoucher au Texas. Comme mes parents étaient alors officiellement résidents aux États-Unis, j'aurais pu choisir, à dix-huit ans, la nationalité américaine. La mobilisation, la guerre, le désir de mon grand-père de voir mon père rester à ses côtés quand il revint de captivité, le souhait de mon grand-père que Paris demeure un pôle important de Schlumberger firent qu'ils ne retourneraient pas vivre au pays du western après la guerre. En revanche, les États-Unis faisaient partie de nos racines culturelles.

Avant d'y vivre un an, en 1971, j'y étais souvent allé. J'ai continué ensuite à me rendre régulièrement dans la Mecque du cinéma occidental.

Je me souviens de l'appel que je reçus un dimanche soir de 1977. C'était un ami vivant à New York depuis plus

1. Les pertes sont les suivantes (en millions de francs) :
1983 : 12,8 ; 1984 : 10,3 ; 1985 : 20,5.

de vingt ans : « Nicolas, je viens de voir *Cousin Cousine*. Je pense que c'est un gentil film français, mais les Américains éclatent de rire, notamment quand Marthe/Marie-Christine Barrault, de retour d'un week-end passé avec son amant, déclare à son mari : "Si tu dis un mot, je m'en vais et tu ne me verras plus." »

Pour lui comme pour moi, il n'y avait pas de quoi rire. Pour un Américain, en revanche, une réplique pareille entre une femme et son mari était si inenvisageable qu'elle en devenait comique.

Fort de ce succès new-yorkais, le film fit une jolie carrière aux États-Unis. Récupérer les sommes fut un autre sujet.

Avant la sortie, l'équipe du film, et en premier lieu le réalisateur, s'était déplacée dans les grandes villes universitaires américaines. Personne ayant pignon sur rue ne s'était alors intéressé au film pour le prendre en distribution. Il avait donc été vendu médiocrement à un petit distributeur, lequel, malgré le succès (dont le moins qu'on puisse dire est qu'il n'en était guère responsable), avait refusé de nous reverser la part qui nous revenait de droit. Quelques déplacements personnels, quelques rencontres musclées avec des avocats, des menaces de procès nous permirent de récupérer la portion congrue. De cette expérience, nous conçûmes l'envie de créer notre propre structure de distribution : nous ne voulions plus voir des escrocs s'approprier l'essentiel de nos recettes, et nous souhaitions tirer les leçons de ces événements.

Pour Daniel, le succès de *Cousin Cousine* était « normal ». Compte tenu de l'amour des Américains pour la « culture française », il en déduisait que si nos films n'étaient pas vus, c'était tout simplement parce qu'ils n'avaient pas l'opportunité de les voir. Le problème n'était pas les films, mais les structures. Pour s'en convaincre, il suffisait de voir leurs musées, leurs théâtres, leurs opéras... ils étaient pleins à craquer et présentaient les meilleures œuvres du monde entier. Nous avions omis un détail qui change tout. Musées, théâtres et opéras ne vivent pas simplement du public : ils sont en dehors du marché, et sont soutenus par des mécènes.

GAUMONT-NEW YORKER FILMS[1]

L'ours et le renard

Au milieu des années 70, la diffusion du cinéma étranger aux États-Unis était dominée par Dan Rugoff, qui possédait un réseau significatif de salles art & essai à Manhattan. Daniel et moi le vîmes plusieurs fois, sans parvenir à un accord.

Il existait néanmoins un homme plus raffiné, dont les choix artistiques étaient plus pointus. Les circonstances l'avaient transformé en exploitant et en distributeur. C'était Dan Talbot, fondateur, propriétaire et patron de New Yorker Films. Daniel le rencontra grâce à Yves Gasser, le producteur de *La Dentellière*, de Claude Goretta.

Quand Daniel voulait aboutir, il parvenait à ses fins, quitte à être peu regardant sur les clauses du contrat. Il était en effet convaincu que c'est en marchant qu'on avance... Dan était un indépendant dans l'âme, qui voyait en Gaumont une major mondiale. Il obtint le contrat idéal :

1. Les informations sur Gaumont-New Yorker Films et le Funeral Parlor sont dues au travail et à la mémoire de Rosine Handelman, fidèle représentante de Gaumont depuis l'ouverture de son bureau à New York en septembre 1978.

exclusivité sur tous les films Gaumont, assortie d'un droit de veto sur ceux qui ne lui plaisaient pas, alors même que les frais de sortie étaient payés par Gaumont...

Gaumont et New Yorker Films ont sorti quelques jolis titres[1], mais les clauses trop favorables du contrat furent un ver dans le fruit. Daniel reprochait à Dan sa frilosité, que celui-ci appelait « prudence ». L'utilisation de son droit de veto pour *Le Passé simple* de Michel Drach et, plus grave à l'égard de Daniel, pour *Les Sœurs Brontë* d'André Téchiné, passa très mal. L'ambition de Daniel pour le marché américain ainsi que les propositions d'une major nous conduisirent à mettre un terme à ce partenariat en 1981.

TRIUMPH

Pas sûr...

Début des années 80. Le cinéma européen était à la mode aux États-Unis. Universal, avec UA Classics, montrait la voie et rencontrait un incontestable succès d'estime, qui semblait accompagné de rentabilité.

Fortes de cet exemple, Gaumont et Columbia décidèrent de s'associer en 1981 pour assurer, aux États-Unis, la distribution dans les meilleures conditions de films étrangers – européens d'abord, français surtout. L'engagement fut pris au plus haut niveau par le président de Columbia, Frank Price.

La structure était modeste, et l'objectif était d'atteindre des succès américains avec des coûts européens. L'ambition était sans limite, comme en atteste le nom que nous

1. Voir Annexe X, Gaumont, États-Unis, New Yorker Films, p. 405.

avions retenu : Triumph. C'est l'inverse qui se produisit. Malgré un marketing et une publicité confiés directement au responsable du secteur chez Columbia, lequel ne savait pas dépenser peu, les spectateurs ne furent pas au rendez-vous. Avec des résultats négatifs, grâce à Mario Anniballi la filiale fut fermée début 1986.

Pour autant, et bien que Triumph n'ait été active que quatre ans, son bilan n'était pas exclusivement négatif. Au-delà d'apprendre à Gaumont qu'une bonne structure ne suffisait pas pour atteindre le public américain, l'accord passé par Columbia avec HBO, dont bénéficia Triumph, permit à tous les films Gaumont de l'époque d'être diffusés sur le câble.

TÉLÉFRANCE[1]

Une utopie de plus…

Téléfrance fut créée en 1976, à New York, par Jean-Claude Baker[2]. C'était un personnage étrange, plein de charme et d'entregent. Il avait pris ce nom et décidé de faire croire qu'il était un des enfants adoptifs de Joséphine Baker.

Ayant observé la présence sur le câble américain de programmes en allemand, espagnol et chinois, Jean-Claude Baker s'en était inspiré et avait décidé de présenter des programmes de télévision en français sous le nom de « Téléfrance ». Il négocia un contrat avec deux réseaux câblés, qui

1. Les informations sur Téléfrance sont dues à Jean Vallier, successeur de Jean-Claude Baker.

2. Jean-Claude Baker, devenu propriétaire et animateur d'un restaurant branché de New York, Chez Joséphine, est mort le 15 janvier 2015.

lui assurait deux heures de diffusion le jeudi et le dimanche. Près de 200 000 foyers pouvaient recevoir ces programmes.

L'indicatif qu'il choisit fut *La Marseillaise*, jouée au violon par Stéphane Grappelli. Il présentait lui-même les programmes, un doux mélange de variétés (avec Maurice Chevalier, Joséphine Baker, Charles Aznavour), de séries (*Madame le juge*, avec Simone Signoret) ou de documentaires – autant d'émissions qu'il parvenait à se procurer, parfois sans en avoir les droits… Comme l'approvisionnement et la réception des cassettes étaient très irréguliers, il n'était pas à l'abri d'incidents : il lui arrivait de remplacer à la dernière minute un épisode manquant de la série *Le Temps des cathédrales* par un spectacle du Crazy Horse Saloon ! Il était très populaire auprès des téléspectateurs new-yorkais, et reçut un trophée[1] pour un show sur Joséphine Baker.

Il avait néanmoins les plus grandes difficultés à trouver la publicité indispensable pour équilibrer ses coûts. En septembre 1977, ayant appris que le Premier ministre français était en visite à la Maison-Blanche, il se rendit à Washington. Il plaida si bien sa cause que Raymond Barre lui promit de soutenir Téléfrance.

Convaincus que le câble était un canal de diffusion approprié pour les programmes français aux États-Unis, nous nous associâmes à la Sofirad[2] et Europe 1, et prîmes la moitié du capital de Téléfrance, maison mère

1. Cable Television Ace.

2. La Sofirad (Société financière de radiodiffusion) détient les participations de l'État dans RMC (Radio Monte-Carlo), Sud Radio et Europe n° 1. Elle se dégage de ses participations au milieu des années 80 et est mise en dissolution en 1999.

de Téléfrance-USA. À l'automne 1980, Téléfrance disposait d'une diffusion nationale de trois heures par jour aux heures de grande écoute. Alors qu'à l'Élysée François Mitterrand succédait à Valéry Giscard d'Estaing, à la Sofirad, Michel Caste remplaça Xavier Gouyou-Beauchamps ; chez Téléfrance, Jean Vallier prit la place de Jean-Claude Baker.

Pour des raisons qui, près de quarante ans plus tard, m'échappent toujours et me semblent tenir de la basse vengeance politique, la Sofirad n'eut alors plus qu'une seule idée : se dégager de Téléfrance[1]. Or Téléfrance, dont le seul intérêt pour Gaumont était de développer l'appétence du public nord-américain pour la création cinématographique et audiovisuelle française, avait un impérieux besoin des pouvoirs publics. D'une part, pour assurer l'approvisionnement en programmes (alors dans les seules mains de l'audiovisuel public) ; d'autre part, pour convaincre les grandes sociétés françaises dans le giron de l'État de faire un peu de publicité sur Téléfrance (c'était l'époque des nationalisations).

Le bilan est éloquent : en 1981, Téléfrance engrangea 600 000 dollars et s'approchait de l'équilibre économique. L'année suivante, 130 000 dollars…

Malgré ces difficultés, Téléfrance gagna une audience satisfaisante avec plus de 600 000 spectateurs quotidiens.

1. Je pense que Michel Caste, nouveau président de la Sofirad, était convaincu que Téléfrance était une combine giscardienne… La présence en son conseil de Guy de Brantes, frère de Mme Valéry Giscard d'Estaing et à l'époque responsable d'Hermès à New York, me semble un argument bien ténu.

Après avoir rédigé cette page, je lis cette réflexion dans le livre d'André Rousselet : « Trois mois plus tard on se demandera et François Mitterrand lui-même se demandera, sans pousser très loin les investigations, comment on a pu décider de mettre quelqu'un d'aussi peu qualifié pour le poste à la tête de la Sofirad », André Rousselet, *À mi-parcours*, Kero, 2015, p. 401.

Rien n'y fit, les nouveaux responsables politiques ne croyaient pas aux chiffres, et en septembre 1983, dans le désintérêt le plus total – voire le désamour – de Paris, Téléfrance quitta les ondes américaines. Gaumont supporta l'essentiel de la perte[1], et l'immense amertume d'avoir fait le plus difficile : trouver les téléspectateurs...

RCA-COLUMBIA

Success story

Dans les années 80, les ventes et, dans les pays anglo-saxons, la location de vidéocassettes se situaient à un très bon niveau. Leur qualité était pourtant relativement médiocre : le matériel offrant la meilleure qualité, le Betamax, fut supplanté par le VHS, standard utilisé par les équipements dont la capacité était, à l'origine, la seule capable d'enregistrer la totalité d'un match de football américain.

RCA introduisit alors un disque numérique de taille légèrement inférieure à celle du microsillon. Pour vendre leurs lecteurs, Herb Schlosser, leur responsable, se rapprocha de quelques détenteurs de catalogues. Aux États-Unis, il acheta la totalité des droits des films de Columbia, alors propriété de Coca-Cola, pour une durée de dix ans et 90 millions de dollars[2]. En Allemagne, il négocia avec Leo Kirch. En France, avec Gaumont.

Par la suite, en France, Gaumont et Columbia auront, de 1982 à 2007, une fructueuse association sous le nom

1. Le montant des pertes réalisées par Téléfrance s'élève à 60 millions de francs (conseil d'administration du 29 septembre 1983).

2. Les 90 millions de dollars seront payés en un an, et les neuf années suivantes du contrat ne seront que des bénéfices.

Gaumont-Columbia-Tristar Home Video, dans la distribution audiovisuelle et, de 2004 à 2007, dans la distribution des films.

LE FUNERAL PARLOR

Sous ce titre peu engageant, dont la meilleure traduction française est sans doute « Salle des adieux », se cache une des plus belles affaires que j'ai réalisées pour Gaumont.

Aux États-Unis, l'immobilier est une marchandise (*commodity*) comme une autre. Seuls les critères financiers immédiats, à commencer par la rentabilité à court terme, en déterminent la valeur.

Je me souviens qu'à l'époque d'une des nombreuses crises pétrolières, je me trouvais à Houston, dans un taxi. Alors que nous roulions, nous passâmes devant une tour qui venait d'être achevée. Le taxi me dit alors : « Si vous avez 10 millions de dollars, cette tour est à vous. » Deux ans plus tard, la tour avait repris sa valeur initiale, légèrement supérieure à son coût de construction, soit plus de 100 millions de dollars.

Le Français que je suis aime la pierre, et sait qu'au-delà des évolutions d'une conjoncture économique fluctuante, un bon emplacement reste un bon emplacement, et prend de la valeur avec le temps.

Gaumont créa une filiale à New York à l'automne 1977. En plus des accords de distribution avec New Yorker Films, nous nous associâmes à Dan Talbot dans l'exploitation d'un petit cinéma, le Cinema Studio, sis 1966 Broadway, à deux pas de Columbus Circle.

Nous allions financer l'extension du cinéma d'une à deux salles, puis acquérir progressivement (mais, dans la culture française, en très peu de temps) l'ensemble d'un prestigieux pâté de maisons.

En quelques années, le puzzle fut assemblé, Gaumont avait acheté tout le *block*, dont une chapelle funéraire, le Funeral Parlor, au carrefour de Broadway et de Columbus Avenue, bordé au nord par la 67e Rue. Il restait à reloger quelques locataires, mais déjà plus de la moitié des appartements avaient été libérés. Le rêve, l'utopie allaient pouvoir commencer à prendre corps.

L'idée n'était pas d'édifier une tour Gaumont à New York, mais de construire en plein Manhattan un vaste multisalle, confortable et bien situé. À l'époque, c'était une idée très novatrice. Je pensais que l'apport du terrain à un promoteur, qui construirait ensuite le projet le plus rentable, devait financer intégralement un ensemble cinématographique exceptionnel et un appartement au dernier étage avec une vue imprenable sur New York.

La situation européenne ne permettra pas à cette utopie de prendre corps. L'acquisition des différentes pièces du puzzle, effectuée de 1977 à 1981, se chiffrera à 4,6 millions de dollars. La vente, réalisée en avril 1985 à ABC, à 19 millions de dollars.

Je n'ose imaginer sa valeur aujourd'hui.

Notre aventure américaine ne pouvait s'arrêter sur une vente immobilière, fût-ce une belle opération financière. Si nos plus grands succès cinématographiques en France ont connu un succès limité aux États-Unis (mis à part les films anglophones de Luc Besson et quelques exceptions francophones telles que *Le Grand Blond avec une chaussure noire* ou *Cousin Cousine*), avec quelques échecs inattendus comme *Le Grand Bleu*, *Les Visiteurs*, *La Boum*, en 2021, près de la moitié du chiffre d'affaires de Gaumont est réalisée aux États-Unis par des séries comme *Lupin* ou *Narcos*, diffusées par des plateformes, à commencer par Netflix.

DU MONT PALATIN AU PETIT LIRÉ

Notre débâcle internationale me conduisit à me séparer de nombreux actifs : Erato et Ramsay, qui avaient pourtant bénéficié d'une chance incroyable, mais dont le destin fut triste, et *Le Point*.

ERATO, QUI N'EST PAS LA MUSE DE LA MUSIQUE...

Il y a une cinquantaine d'années, Erato était un exceptionnel label français de musique classique. À la différence de Decca et de Deutsche Grammophon, Erato s'était spécialisée dans l'édition des petits ensembles de musique de chambre, ou dans celle de solistes d'une exceptionnelle qualité : elle ne disposait pas des moyens nécessaires à l'enregistrement d'orchestres symphoniques dirigés par Karajan ou Furtwängler, contrairement à ses redoutables concurrentes.

En décembre 1980, Gaumont acheta les trois quarts du capital d'Erato, et je décidai d'en nommer Daniel président.

Ce catalogue de grande qualité bénéficia du changement de technologie : c'était le moment où les mélomanes recomposaient et élargissaient leur ancienne collection de vinyles après l'apparition des CD.

Je connaissais l'appétence de Daniel pour la musique. Pour lui offrir une jolie fleur après qu'il eut quitté Gaumont, je décidai de lui céder la société pour 1 franc. Le passif comptable était alors égal à l'actif, mais la marque était connue des mélomanes du monde entier.

Le changement de distributeur à un moment crucial de l'évolution du marché, couplé à une politique mal maîtrisée d'investissements, ne permettra malheureusement pas à la société de dégager les marges qui auraient pu, ou dû, lui assurer sa pérennité.

Erato sera vendue à Warner Music qui, après l'avoir fermée en 2001, relancera le label en 2013. Ils étaient conscients de sa notoriété.

RAMSAY

Autant en emporte Ramsay

Achetée début 1981, la maison d'édition Ramsay publia l'un des plus grands succès de la littérature française d'après-guerre : *La Bicyclette bleue*, de Régine Deforges. Pourtant, elle ne parvint jamais à trouver un équilibre économique pérenne.

La Bicyclette bleue valut au cabinet de Georges Kiejman d'exercer ses talents. Ce roman était-il un plagiat d'*Autant en emporte le vent* ? Le tribunal de grande instance de Paris estimera que oui, en décembre 1989, avant d'être désavoué par la cour d'appel un an plus tard. En février 1992, la Cour de cassation renvoya l'affaire devant la cour d'appel de Versailles : celle-ci décidera en décembre 1993 qu'il n'y avait pas contrefaçon. Entre-temps, la société avait été revendue aux Éditions Régine Deforges, qui déposèrent leur bilan en 1992.

LE POINT VERS LA ROYALE

Claude Perdriel, le fondateur du *Nouvel Observateur*, le dirait mieux que moi : « Vous avez l'indépendance de la presse dans le sang. Conrad Schlumberger avait soutenu *L'Humanité* ; votre père, successivement *L'Express* et *Le Nouvel Observateur* ; votre frère Jérôme, *Libération.* »

En septembre 1981, Claude Imbert, Olivier Chevrillon et Jacques Duquesne débarquèrent dans mon bureau pour me lâcher d'emblée : « Nous cherchons dix actionnaires qui prendraient chacun 10 % du *Point*, nous avons pensé à vous. » Ils me racontèrent qu'après le rachat d'Hachette, et donc du *Point* (filiale d'Hachette), par Matra, Jean-Luc Lagardère les avait invités à dîner pour leur dire : « Maintenant, un pour tous, tous pour un. » Cette maxime gasconne avait plusieurs interprétations, dont une semblait plus évidente : s'ils comprenaient bien, elle signifiait que *Le Point* devait se mettre au service de Matra en faisant un bon papier sur un pays prospect de la société d'armement – par exemple l'Arabie saoudite, pour une vente de missiles... Pour les membres fondateurs du *Point*, qui avaient quitté *L'Express* et Jean-Jacques Servan-Schreiber pour sauvegarder leur indépendance, c'était hors de question. Ils retournèrent donc voir le Gascon pour lui dire que leur indépendance n'était pas négociable, et obtinrent le droit de racheter le titre, leur titre, sous réserve que le prix demandé, 160 millions, soit réglé avant la fin de l'année[1].

Ma réponse fut sensiblement la suivante : « Je ne suis pas intéressé, comme entrepreneur, par un investissement dans un journal et n'ai aucun désir d'en être le propriétaire – à la différence d'autres qui pensent, selon le cas, que c'est un pouvoir ou un statut... Je ne crois pas plus à une quelconque synergie entre le cinéma et la presse. Votre proposition, la division du capital en dix parts égales, est une fausse bonne solution, même pour vous, car, en cas de crise, personne n'aura la possibilité de trancher. Vous venez me voir parce que vous pensez d'une part que je n'interviendrai pas dans la rédaction du journal, et vous avez raison, et d'autre part parce que je suis éventuellement énervé par la reprise de la plus ancienne maison d'édition, Hachette, par un marchand de canons. Si vous ne trouvez pas d'autre solution, comme Gaumont ne va pas trop mal, je suis prêt à vous accompagner sous deux réserves : la possibilité de faire un montage financier intelligent[2] et la majorité, à hauteur de 51 %, pour Gaumont. Je vous fais confiance pour trouver des partenaires de qualité pour les 49 % restants. »

Les fondateurs ne trouvèrent pas d'alternative et convainquirent d'autres actionnaires : *Le Télégramme*, *Sud Ouest*, le groupe Ringier, *Le Républicain Lorrain*, *Les Échos*...

Quelques décennies ont passé depuis. Un tel tour de table serait-il possible aujourd'hui ? Des hommes et une

1. Jean-Luc Lagardère confie la négociation à Daniel Filipacchi, très malheureux de cette situation, car, responsable du groupe de presse, il pense que Jean-Luc Lagardère et les fondateurs du *Point* auraient pu, auraient dû s'entendre. La négociation sera finalisée au début de 1982.

2. Voir Annexe VI, Gaumont, Les filiales, *Le Point*, p. 398.

femme – pas n'importe laquelle – devinrent ainsi administrateurs du plus jeune des hebdomadaires français. Jacqueline Beytout avait transformé *Les Échos* pour en faire LE journal économique français. Michael Ringier était le patron du premier groupe de presse suisse francophone. Jean-François Lemoine était sorti de l'ombre de sa mère et avait fait de *Sud Ouest* l'un des meilleurs journaux de la presse quotidienne régionale – loin derrière *Ouest-France*, mais loin devant tous ses autres confrères. *Le Télégramme*, le résistant du Finistère, faisait face à *Ouest-France*. Gaumont, enfin, qui n'avait pas été encore déstabilisée par Jack Lang[1] ni meurtrie par sa campagne d'Italie, et dont l'ambition culturelle était reconnue. Un actionnariat dont on n'osait rêver dans les salles de rédaction.

Non seulement il n'y eut, comme prévu, aucune synergie entre Gaumont et *Le Point*, mais il n'y en eut guère plus entre les membres de la presse quotidienne régionale et l'hebdomadaire parisien. En revanche, la présence d'un actionnaire majoritaire permit de résoudre rapidement et comme il le fallait la crise de management qui eut lieu lorsque les relations entre Claude Imbert et Olivier Chevrillon se mirent à virer à l'aigre. Celui-ci fut remplacé, sans aucune réaction extérieure ni aucun problème interne, par Jacques Duquesne, un autre fondateur.

Quelques années plus tard, le successeur de Jacques Duquesne, Bernard Wouts[2], vint me voir pour savoir si j'étais prêt à signer une Charte des journalistes. Je lui répondis que je n'avais aucun problème avec cela, sous

1. Voir p. 226, Une décennie de soufre.
2. Bernard Wouts est jusqu'en 1990 administrateur général du *Monde*.

réserve qu'elle soit réciproque[1]. Le sujet ne sera plus jamais soulevé.

Comme prévu, Gaumont n'apporta rien au *Point*, et réciproquement. Ce n'est pas tout à fait exact : après mon départ, et sans critiquer mes successeurs, les responsables du *Point* m'ont souvent remercié de l'exceptionnelle sérénité rédactionnelle dont ils avaient bénéficié, et je n'ai aucune raison de ne pas les croire… Je ne dois pas être du genre à me laisser intimider sur certains sujets, car il n'y eut qu'une tentative d'intervention. Un jour, un ami très proche de François Mitterrand me contacta pour me sensibiliser aux articles de Jean-Marie Pontaut. Je lui opposai l'indépendance des journalistes, et nous en restâmes là. La rédaction, comme l'intéressé, le découvrira en lisant ces lignes…

Quant à moi, ce partenariat me permit de nouer des relations étroites avec la Royale, grâce à Jean Schmitt[2], alors directeur adjoint de la rédaction et responsable des relations avec les armées.

À la fin d'une conférence de rédaction, Jean Schmitt, sans doute sensible à mes réactions sur les sujets touchant à la défense nationale, et à la marine en particulier, me

1. Une couverture du *Point* contestant la décision de François Mitterrand de refuser aux bombardiers américains le survol du territoire français pour aller bombarder la Libye de Kadhafi m'avait beaucoup énervé. Serait-on américain et plus puissant, on peut poser la question à un allié avant d'agir comme en terrain conquis.

Quarante ans plus tard, la France a pu observer la même désinvolture dans la vente des sous-marins nucléaires à l'Australie.

2. Jean Schmitt devient directeur exécutif du *Point* de 1990 à 1995 et directeur de la rédaction de l'été 1996 à décembre 2000. Il est par ailleurs lieutenant de vaisseau sorti du rang et il accomplit régulièrement de courtes périodes sous l'uniforme. Il est mort le 29 mars 2005.

demanda si j'étais intéressé par l'embarquement à bord d'un SNLE, un sous-marin nucléaire lanceur d'engins. Je m'entendis lui répondre : « Quand vous voulez, sauf si un conseil d'administration est programmé. » Les mois défilèrent, et je commençais à ne plus y croire. Un jour, il me fut demandé si je pouvais être le lendemain soir dans un hôtel à Brest pour y passer la nuit et rester quelque temps à disposition. Très excité, je partis immédiatement pour Brest.

J'allais passer quarante-huit heures immergé[1].

Ce premier séjour dans les profondeurs sera suivi par d'autres, en surface. Avant d'être invité une journée à bord du *Charles-de-Gaulle*, j'eus la chance d'être catapulté et d'apponter sur le porte-avions *Foch* en Méditerranée ; de joindre, en compagnie de Serge Moati, Rotterdam à Brest sur la frégate antiaérienne *La Motte-Picquet* ; et de passer une semaine en compagnie de la flotte omanaise sur le bâtiment amphibie Orage, ancêtre des Mistral vendus et rachetés à la Russie, avec des galons de lieutenant de vaisseau prêtés pour l'occasion.

Grâce au *Point*, j'ai fréquenté des marins d'exception et des journalistes de qualité.

DANIEL : LA SÉPARATION
28 février 1985

Daniel et moi, nous n'en avons jamais reparlé. Il s'est largement exprimé, tant en public qu'en privé, et moi jamais,

1. Voir Annexe XIII, Quarante-huit heures à bord de *l'Inflexible*, p. 431.

à l'exception de quelques mots laconiques dans un rapport annuel de Gaumont que personne n'a lu.

Cette rupture professionnelle brutale a été traumatisante pour Daniel, je n'ai aucun doute là-dessus.

Nous essayions depuis quelques mois de remettre de l'ordre chez Gaumont. Paul Lepercq me demandait depuis un certain temps de me séparer de Daniel. Ils s'étaient croisés à l'aéroport de Venise et, devant un parterre de passagers médusés, Paul avait violemment apostrophé Daniel. Cette anecdote, Daniel me l'avait rapportée.

Le résultat des décisions de restructuration prises fin 1984 se faisait attendre, et la nouvelle position de Daniel, dont la liberté d'investissement était sérieusement encadrée, n'était pas limpide pour tout le monde. J'évoquai la transformation de Gaumont devant mon frère Jérôme. Il me tint sensiblement ces propos : « François Mitterrand a changé de politique avec Pierre Mauroy, mais pour être crédible, il a dû changer de Premier ministre. »

La comparaison était flatteuse. Elle était aussi parlante.

Paul Lepercq commençait à bouillir. La veille du conseil d'administration de Gaumont, il vint me voir toutes affaires cessantes. Il m'informa que le lendemain, il demanderait au conseil la démission de Toscan. C'était précis, court, brutal. Je tentai de le convaincre de patienter, les réformes étaient en court, d'autres allaient suivre... Il n'en avait cure. Je n'avais aucun doute sur sa détermination, et ne pouvais accepter qu'un débat public s'engage sur le sujet. Ce n'était pas mon calendrier, mais je devais garder l'initiative. C'était moi qui avais engagé Daniel, et il était mon ami. Il m'appartenait de lui parler, seul à seul.

Il devait être neuf heures du matin. Le conseil allait avoir lieu une heure plus tard. Je dis à Daniel : « Notre changement de politique n'est pas suffisamment visible. L'un des deux membres de l'équipe de direction doit s'effacer. » Tout était dit. Daniel quitta Gaumont. Il fut immédiatement entouré, et c'était très bien ainsi. Il déjeuna avec quelqu'un qui, six mois plus tôt, ne pouvait pas l'encadrer : André Rousselet. Les deux hommes se séduisirent mutuellement très vite, et Rousselet confia à Daniel une émission de cinéma sur Canal+.

Daniel était entouré. J'étais seul.

Pour mes amis et relations les plus proches (à l'exception de ma famille, de Pierre Billard et de Jean-Luc Godard, qui tous deux m'adressèrent une lettre amicale de soutien), pour les politiques, politicards et politiciens, j'avais tous les torts, j'étais celui qui avait décidé de se séparer, j'étais, par définition, le seul responsable...

Ma décision était une décision de gestion. Elle n'affectait en rien les sentiments que je portais à Daniel. Je comprends qu'il en fut différemment pour lui, même si je n'appréciais que modérément les commentaires qu'il donna à la presse.

Marie, mon épouse, fit tout pour que nous nous revoyions le plus vite possible. Comme dix ans plus tôt avec Jean-Pierre Rassam, elle ne voulait ni perdre l'amitié de Daniel, ni me laisser porter tous les torts. Sans relâche, jusqu'à pas d'heure, elle parla, expliqua et, surtout – son immense talent –, écouta. Daniel et moi n'étions pas des belliqueux. Nous étions trop proches l'un de l'autre, et avons fait le reste du trajet. Daniel en parlera en ces termes : « Et plus que tout peut-être résistait à l'épreuve l'amitié ; et d'abord celle qui nous liait, Nicolas Seydoux et moi, depuis tant d'années, qui avait fait Gaumont, qui avait rendu possible la mise en chantier de centaines de films. Tout cela était ininflammable. L'amitié, l'estime, les films, notre patrimoine matériel certes, notre patrimoine spirituel à nous tous en France qui avions décidé de faire survivre le cinéma envers et contre tout, par-dessus les crises et les échecs, cette crise et cet échec-là qui auraient pu être mortels[1]. »

Ces lignes datent de 1992.

Nous nous sommes retrouvés affectivement, et fort heureusement, bien avant, Erato, dont il était le président, prenant une petite participation dans TV6, au moment de sa création.

Élu président d'Unifrance[2] en 1988, Daniel se démena pour le cinéma français. Lui qui chez Gaumont avait plutôt défendu un cinéma contre un autre, chercha, à la tête d'Unifrance, à faire cohabiter le mieux possible ces deux frères séparés par la Nouvelle Vague : le cinéma d'auteur et le cinéma populaire[3].

Il ouvrit des pays – les États-Unis, le Japon, le Mexique[4] –, se battit pour que le cinéma français ait partout la place qui lui revenait : la troisième, derrière le cinéma domestique et le cinéma américain.

Daniel m'invitait à toutes les importantes manifestations qu'il organisait, et auxquelles je me rendais sans hésitation, allant jusqu'à abandonner un très beau voyage de décennie d'anniversaire familial pour ne pas manquer à ma parole.

1. Daniel Toscan du Plantier, *Bouleversifiant*, Seuil, 1992, p. 55.

2. Unifrance est l'association responsable de la promotion internationale du cinéma français.

3. Je n'aime pas ce que sous-entend cette distinction, à croire que le cinéma populaire n'a pas d'auteur…

4. Daniel crée entre autres aux États-Unis, en Floride, le Festival de Sarasota, au Japon celui de Yokohama, au Mexique ceux de Mexico et d'Acapulco.

Ainsi, j'accompagnai Jean Reno et Patricia Velásquez, qui présentaient *Le Jaguar* de Francis Veber. C'était à la fin novembre 1996, à Acapulco, dans un hôtel improbable pour Américains en quête de dépaysement contrôlé. Rien de plus kitsch, avec ses bungalows roses et violets et des mini-piscines en forme de haricots. Dans celle de Daniel, au moment de mon départ, j'aperçus Sophie, sa femme, à laquelle je fis un petit signe amical. Elle me répondit par un sourire.

Trois semaines plus tard, le 23 décembre, Sophie était assassinée. Daniel en fut brisé, cassé, anéanti. « On lit ces drames dans les journaux, jamais on ne pense que cela peut vous arriver », disait-il. Ses enfants, ses amis et surtout, un peu plus tard, sa nouvelle épouse, Mélita, l'arracheront à son désespoir. La vie, disait-il, doit prendre le pas sur la mort…

Six ans plus tard, le 11 février 2003, Maurice Pialat nous quitta. Maurice, l'aîné de seize ans, dont Daniel avait dit « Si Maurice le veut, nous vieillirons ensemble[1]. » Il ne pouvait imaginer si bien dire : quatre semaines plus tard, Marie et moi, pour dîner, nous avions invité Daniel et Mélita, les Siguier et un autre ami. Daniel, calme et posé, sortit de son petit carnet Hermès, bien culotté par le temps car il ne le quittait jamais depuis qu'il l'avait reçu de Marie quelque quarante ans plus tôt, un morceau de papier sur lequel il avait retranscrit deux vers de Phèdre :

Dans le fond des forêts votre image me suit
La lumière du jour, les ombres de la nuit.

1. Daniel Toscan du Plantier, *Bouleversifiant*, *op. cit.*, p. 74.

Leur sens, au vouvoiement près, éclaire ma vie depuis 2003.

Il partait le lendemain pour Berlin. Sans arrêt dans les avions, il commençait à en avoir assez de voyager. De festival en festival, il se fatiguait de répéter les mêmes choses, de prononcer les mêmes allocutions, de voir souvent, trop souvent, les mêmes visages. Comme à son habitude, il était un peu las. Je n'y pris pas garde. J'avais toujours connu Daniel fatigué. Il avait toujours mal quelque part. Les médecins ont un nom pour ce type de comportement.

Nous étions samedi.

Le mardi, en fin de matinée, les appels se succédèrent. Marie, d'abord, prévenue par David : « Daniel est mort. » David, ensuite : « Papa est mort. » Pour Marie et moi, l'urgence – prévenir et entourer Mélita – nous interdit de laisser s'épancher nos sentiments. La stupéfaction, l'incompréhension, d'abord. Lui, que je voyais depuis quarante ans comme un « malade imaginaire » qui devait tous nous enterrer, partait avant nous. Combien de fois avions-nous plaisanté sur sa femme encore jeune qui le pousserait dans sa petite voiture, sur les discours qu'il devrait prononcer à notre enterrement… Trop tôt, beaucoup trop tôt, mais au sommet de son art, dans ce qu'il faisait mieux que personne : la défense et la promotion de la culture française dans le reste du monde. Daniel rêvait d'être président du Festival de Cannes. Il a pointé la tête trop tôt, il le serait sans doute encore…

Il me manque, mais j'ai la chance d'avoir eu un ami hors du commun. Parce que c'était lui, parce que c'était moi.

8

Le monde du silence

1er mars 1985. J'étais seul. Chez Gaumont, c'était « le monde du silence » : chacun se taisait, inquiet du tohu-bohu qui régnait à l'extérieur.

« GAUMONT MARCHE À L'OMBRE », titrait *Libération*[1] en lettres capitales occupant toute sa Une. Au-delà de me blesser profondément, l'étalage public de problèmes internes affaiblissait la société. Mais ce que je ne mesurais pas, c'étaient certaines conséquences plus affectives. Des années plus tard, Sidonie Dumas, ma fille, me confia : « J'avais honte de m'appeler Seydoux quand je lisais le journal dans le métro... »

1. « GAUMONT MARCHE À L'OMBRE » s'étale en majuscules d'imprimerie sur toute la première page de *Libération*, juste sous le titre du journal daté du 1er mars 1985. *Marche à l'ombre* est un film de Michel Blanc sorti le 17 octobre 1984, soit quatre mois et demi avant le départ de Daniel de Gaumont, qui distribuait le film. Comme celui-ci a attiré plus de 6 millions de spectateurs, le titre est très grand public et... racoleur.

D'autres journaux sont au diapason de *Libération*, comme *Le Nouvel Économiste* du 11 mars 1985 dont le titre de l'article est « Gaumont : péril en la demeure ». *Péril en la demeure* est un film de Michel Deville sorti le 13 février 1985, soit quinze jours avant le départ de Daniel de Gaumont, qui a coproduit et distribué le film. Il a retenu l'attention de près de 1,7 million de spectateurs.

Le Matin, au moment de la création de Gaumont Studio, titrait, le 26 décembre 1984 : « Cent ans de crise chez Gaumont ».

Ballottée dans la tempête, la Marguerite Gaumont donnait l'impression de sombrer aux yeux de certains. Elle perdit plusieurs pétales avec le départ simultané de trois de ses principaux officiers supérieurs : Daniel Toscan du Plantier, Christian Fechner et Denis Chateau. Ce n'était pas un épiphénomène qu'on aurait pu résumer à un changement de management : ces départs transformaient profondément une société qui, la veille encore, réunissait en son sein de grands talents aux goûts variés et complémentaires. Au milieu de cette vaste plaine devenue soudainement désertique demeurait une oasis : celle d'Alain Poiré.

Tout cela ne fit que renforcer ma conviction : je devais redresser Gaumont, et vite.

Ceux qui, matin, midi et soir, taillaient Daniel en pièces devinrent du jour au lendemain ses meilleurs soutiens. J'avais prévu un départ, les autres furent des surprises. À l'époque, je ne me les expliquais pas. Je ne me les explique toujours pas aujourd'hui.

Interrogé sur le sujet, Denis Chateau ne fut pas loquace. Je n'avais aucune raison de chercher des explications qu'il se refusait à donner. Il n'était pas solidaire de la politique de Daniel, mais sa présence l'arrangeait bien. Denis et moi, nous avions vécu une exceptionnelle période d'expansion du circuit depuis mon arrivée en 1974, jusqu'en 1982, veille de la dissolution du GIE Gaumont-Pathé.

La fréquentation nationale, comme celle de Gaumont, atteignait des plafonds inédits depuis quinze ans. L'année 1982, avec 201,9 millions de spectateurs, fut la meilleure pour la fréquentation cinématographique depuis 1968. Pour la première fois, le chiffre d'affaires consolidé de Gaumont dépassait le milliard de francs, passant de 715 millions de francs à 1 304 millions de francs.

Alain Poiré, Gérard Oury et Jean-Paul Belmondo produisaient *L'As des as*, dont le premier jour d'exploitation fut un triomphe[1]. Récemment engagé, Patrice Ledoux semblait à même de contrôler les demandes non budgétées du talentueux et exigeant Francesco Rosi : il tournait alors *Carmen* en Espagne, et il fallait démonter les antennes de télévision qui encombraient les abords des arènes…

J'écrivais alors dans le rapport annuel de Gaumont[2] : « De tels éléments devraient rendre très optimiste le responsable de Gaumont. (…) Mais d'autres considérations viennent compléter ce tableau trop serein. L'interdiction de la programmation commune des circuits Gaumont et Pathé (…) au moment où tous s'accordent sur la nécessité pour la France de se redéployer à l'étranger apparaît pour le moins inattendue. Le deuxième sujet d'inquiétude concerne l'attitude des chaînes de télévision nationale dont le budget consacré aux programmes va en se rétrécissant de plus en plus… »

1. Sorti le 27 octobre 1982, *L'As des as* réalise alors le meilleur résultat enregistré pour un film à Paris et dans sa périphérie.
2. Gaumont, rapport annuel 1982, « Réflexions sur le passé et l'avenir ».

UNE DÉCENNIE DE SOUFRE

1983-1992

En 1982 : 202 millions de spectateurs. En 1992 : 116 millions. La pire des années[1] pour le secteur en général, et pour Gaumont en particulier.

Cette érosion brutale de la fréquentation nationale était due à la libéralisation très rapide du statut des chaînes de télévision. En trente mois[2], de novembre 1984 à avril 1987, furent successivement créées Canal+, La Cinq, TV6 (remplacée par M6). Dans le même temps, la chaîne la plus regardée par les Français, la Une, était privatisée.

Même si cette transformation ne se fit pas, comme en Italie, dans une totale dérégulation, elle retint de plus en plus de Français devant leur téléviseur. À la différence du service public, les chaînes privées ne vivent que de la publicité, donc de l'audience qu'elles sont à même de capter. Il en va de même avec Canal+, dont l'appétence pour les programmes est la seule raison qui pousse un foyer à s'abonner.

Mais, pour Gaumont, ce fut pire encore : le groupement de programmation qu'elle avait en commun avec Pathé depuis plus de dix ans fut interdit. En 1970, les deux sociétés avaient créé un groupement d'intérêt économique (GIE)

1. Ce triste record a hélas été battu en 2020 et 2021, avec une fréquentation respective de 65,1 et 96 millions de spectateurs. Toutefois, ces deux années ne peuvent être considérées comme représentatives, avec la pandémie de coronavirus : toutes les salles de cinéma ont été fermées dans le monde entier pendant sensiblement la moitié du temps, en France pendant trois cents jours.

2. Canal+ : 4 novembre 1984 ; La Cinq : 20 février 1986 ; TV6 : 1er mars 1986, remplacée par M6 le 1er mars 1987 ; privatisation de la Une : 6 avril 1987.

de programmation. L'une comme l'autre confiaient la programmation de l'ensemble de leurs salles à ce GIE. Doté d'une personnalité morale, il pouvait s'étoffer en trouvant des adhérents. Ceux-ci payaient une redevance permettant aux deux fondateurs de bénéficier d'une équipe de programmation gratuite et de grande qualité. Le président du GIE Gaumont-Pathé était le directeur général de Pathé : Pierre Vercel. Le directeur général était le responsable de la programmation de Gaumont : Denis Chateau.

Le nombre de salles programmées avait doublé de 1971 à 1975, et s'élevait à 700 en 1982. Le cœur de cette augmentation avait été le circuit Gaumont, passé de 73 à 211 écrans durant cette période. À l'époque, il y avait 4 700 écrans sur la France entière.

Entre 1975 et 1982, la fréquentation nationale augmenta significativement, pour l'essentiel grâce à Gaumont, à qui tout semblait réussir. Comme le GIE tournait bien, je m'en occupais peu. Ce fut une erreur. Je mesurais les problèmes que posait le GIE à Gaumont, pas à ses consœurs.

Le programmateur du GIE choisissait certains films. Les distributeurs et producteurs dont les films n'étaient pas choisis trouvaient les décisions injustes... Réciproquement, le programmateur acceptait ou refusait que certains cinémas, qu'il estimait concurrents de ceux qu'il programmait, diffusent le même film que celui qu'il avait choisi... Ainsi, cette programmation de qualité, due au seul Denis Chateau, ne plaisait pas à certains, qui ne supportaient pas de ne pas avoir, selon leur statut, accès aux films ou aux salles.

Au-delà des chiffres, que ne regardaient que les intéressés, les déclarations ininterrompues du flamboyant Toscan, si elles faisaient sourire certains, en agaçaient beaucoup.

Personne n'imaginait que nous nous trouvions alors au sommet de la courbe, à la fin d'un cycle de reconquête des spectateurs. Comme affaiblir le plus fort est un sport national, Gaumont représentait une cible idéale. En France, les gros font peur. La France aime les PME et l'artisanat, sans aller néanmoins jusqu'à les soutenir. Total est dans la ligne de mire, quand ce n'est pas Peugeot, Publicis, sans parler des banques... Mais ces sociétés étaient des acteurs mondiaux, alors même que Gaumont peinait à s'internationaliser. Comparée à ses homologues françaises, Gaumont était sans doute un peu plus importante. Mais à l'aune des chaînes de télévision, et a fortiori des Studios américains, c'était une naine... Dans le secteur culturel, c'est affreux à dire, mais seul *small is beautiful*...

Je pensais avoir des amis et des soutiens, n'être pas trop mal vu du président de la République et du gouvernement socialiste. Je me trompais. Je sous-estimais l'énervement provoqué par Gaumont et l'agressivité de concurrents aigris[1] gavant les responsables politiques d'informations erronées. Comme on ne pouvait empêcher Gaumont d'investir dans les salles, dans les films ou à l'étranger, on attaqua le point juridiquement faible : la programmation commune des salles de Gaumont et de Pathé. C'est ainsi qu'un lobbying intelligent convainquit le Parti socialiste que le GIE Gaumont-Pathé nuisait à la diversité de la diffusion du cinéma en France.

Les deux circuits étaient très complémentaires. J'espérais, bien naïvement, que le gouvernement allait nous pousser à fusionner, sujet sur lequel je n'arrivais pas à convaincre l'actionnaire de Pathé de se décider. J'entretenais sans doute

1. À l'exception notable de Guy Verrecchia, président d'UGC.

aussi l'idée que Pathé craignait la séparation. Il ne me venait pas à l'esprit que Pathé aille s'associer à la famille Edeline, en délicatesse avec UGC, et que Pierre Edeline, l'autre programmateur incontournable de l'époque, devienne le programmateur de l'ensemble Pathé Edeline & Associés.

FAUTE DE FUSION, C'EST LA SÉPARATION

Quelles que soient les qualités qui lui furent reconnues dans l'exercice de ses fonctions, je me suis opposé durement à Jack Lang. Je me suis battu pour sauver seul[1] le GIE. J'ai perdu.

Jack Lang me reçut plusieurs fois. Si je ne me souviens pas des termes exacts de notre dernier échange, je suis certain de leur sens. Pour la énième fois, je lui avais exposé les raisons pour lesquelles cette séparation me semblait une erreur : Gaumont était le premier producteur européen, engagé dans de grands films populaires, des films d'auteur internationaux, des premiers films ; elle investissait aux États-Unis, en Italie, au Brésil. Si jamais sa préoccupation était de redevenir le premier circuit français, cette ambitieuse politique internationale devrait être abandonnée. Jack

1. À titre d'exemple, on peut lire, sous la plume de Marie-Christine de Montbrial : « Soutenant la gauche de Mitterrand, comme Chateau et bien des responsables du cinéma, il [René Bonnell] fut le seul de la Maison [Gaumont] à user de son influence en 1981 auprès de Jack Lang, le ministre de la Culture, pour pousser l'idée qu'il fallait casser le GIE Gaumont-Pathé », Marie-Christine de Montbrial, *Cadavres exquis dans le 7ᵉ art*, Jacques-Marie Laffont, 2015, p. 355.

La lecture du *Film français* daté du 9 avril 1982, dans lequel un certain nombre de « personnalités cinématographiques » sont interrogées, prouve à l'envi qu'à l'exception, bien naturelle, de son président Pierre Vercel, qui qualifie la dissolution de « diktat », personne ne soutient le GIE Gaumont-Pathé.

Lang m'écouta fort courtoisement, mais sa conviction était faite : « Monsieur le président, vous avez peut-être raison, mais vous devez comprendre que c'est une décision politique. » Je lui répondis : « Je pense que c'est une erreur. Pire, une faute. Mais le démocrate que je suis la respecte. » L'entretien était clos. Ce sera terrible pour Gaumont…

Vingt ans plus tard, en septembre 2002, au cours du second Festival de Marrakech, Jack Lang reconnaîtra devant Daniel Toscan du Plantier cette erreur. Il ajoutera : « Vous vous en êtes quand même sortis… »

Entre 1983 et 1991, le chiffre d'affaires de Gaumont augmenta de 8 %, alors même que l'inflation était de 37 % et que l'accroissement du prix moyen des places était de 49 %…

Quant aux 22,5 millions de spectateurs accueillis dans les salles Gaumont en 1982, ils n'étaient plus que 13,6 une décennie plus tard, malgré une part de marché ayant augmenté d'un petit 0,5 %.

Je ne peux attribuer cette baisse de fréquentation à la seule dissolution du GIE (votée le 29 juillet 1982) et à Jack Lang. Il n'en demeure pas moins que la décennie 1983-1992 fut dramatique pour Gaumont. Elle explique sans doute pour partie le départ en 1985 de Denis Chateau, qui vit la belle construction dont il était le « maire du palais » voler en éclats.

Le début de cette décennie fut heureusement marqué par la sortie de deux films produits par Alain Poiré : *La Chèvre* et *L'As des as*.

SALUT L'ARTISTE
ALAIN POIRÉ (II)

LE TIERCÉ GAGNANT
Alain Poiré, Gérard Oury, Jean-Paul Belmondo

La sortie, en 1982, d'un film de Gérard Oury dont l'interprète principal était Jean-Paul Belmondo ne passa pas inaperçue.

L'As des as fut un triomphe, et les trois principaux intéressés furent aux anges, même si le film suscita une polémique en raison de sa sortie quasi simultanée avec *Une chambre en ville*, de Jacques Demy, auquel la critique française fit un accueil unanime. Le film de Jacques Demy fut un échec commercial, alors que celui de Gérard Oury remporta un immense succès. Pour la première et, je l'espère, la dernière fois, vingt-trois critiques de cinéma signèrent un texte dans *Télérama*, le 10 novembre 1982 : ils y comparaient les résultats des deux films et déploraient que le « public potentiel » du film de Demy ait été détourné par « l'écrasement informatif et publicitaire des films préconçus pour le succès ».

Jean-Paul Belmondo réagira dans une « Lettre ouverte aux coupeurs de têtes » : « Gérard Oury doit rougir de honte d'avoir "préconçu son film pour le succès". Jacques Demy a-t-il préconçu le sien pour l'échec ? Lorsqu'en 1974 j'ai produit *Stavisky* d'Alain Resnais et que le film n'a fait que 375 000 entrées, je n'ai pas pleurniché en accusant James Bond de m'avoir volé mes spectateurs. [...] Oublions donc cette agitation stérile et gardons seulement en mémoire cette phrase de Bernanos : “Attention, les ratés ne vous rateront pas !” »

JEAN-PAUL BELMONDO
Le gentleman du cinéma français

En 1982, Jean-Paul Belmondo avait déjà un très beau parcours chez Gaumont.

Je n’avais alors pas encore eu la chance de connaître l’homme, mais j’éprouvais une immense admiration pour le comédien, qui rappelait le Marlon Brandon de *Sur les quais* dans *À bout de souffle*, le Gérard Philipe de *Fanfan la Tulipe* dans *Les Mariés de l’an II*, le Steve McQueen de *Bullitt* dans *Cent Mille Dollars au soleil*. Il était tout aussi remarquable face à Jean Gabin dans *Un singe en hiver*…

Le dernier film que Gérard Oury avait tourné avec Louis de Funès, *Les Aventures de Rabbi Jacob*, datait de 1973. Depuis, ses films ne rencontraient plus la même audience. La filmographie de Gérard me semblait limpide : pour traduire des scenarii plus sophistiqués qu’ils n’en avaient l’air, il avait besoin que d’immenses comédiens s’en emparent et les habitent. Du *Corniaud* à *La Grande Vadrouille*, en passant par *La Folie des grandeurs*, Gérard Oury avait trouvé en Louis de Funès un interprète idéal pour son imaginaire. Il ne l’avait pas remplacé. Il était en partie irremplaçable.

Qui pouvait prendre la relève ? Un nom s’imposa à moi : Jean-Paul Belmondo. Gérard avait déjà tourné avec lui *Le Cerveau*, sorti en 1969. Je fis part de mon idée à Alain Poiré.

Jean-Paul Belmondo était un personnage à part dans le paysage du cinéma français. Son physique de boxeur déglingué cadrait mal avec le brillant élève du Conservatoire, fils de membre de l'Institut. Contemporain d'Alain Delon, il partageait alors avec lui le statut de superstar masculine du cinéma français. Après avoir tourné dans de très nombreux films, « Bébel » avait décidé de se faire rare et de ne tourner qu'un film par an, en privilégiant les rôles de héros audacieux au grand cœur. Cette stratégie lui avait réussi et, à l'époque, la sortie d'un film de « Bébel » était un événement.

Jean-Paul Belmondo s'engagea également, avec courage et détermination, dans tous les combats visant à défendre les intérêts du cinéma français.

L'As des as est un film mythique. Après avoir battu le record du nombre d'entrées Paris-périphérie du premier jour, il sera acheté par Canal+ à un prix exceptionnel et confidentiel. La jeune chaîne misait en effet sur ce film pour frapper un grand coup lors de son lancement et marquer durablement les esprits.

Jean-Paul Belmondo a depuis reçu les honneurs qui lui étaient dus. Une Palme d'honneur à Cannes en 2011, un triomphe lors de la projection d'*Un singe en hiver* au Festival Lumière de 2013, où il fut applaudi par plus de 4 000 invités, et enfin, en 2016, un Lion d'or d'honneur décerné par la Mostra à Venise, après une émouvante allocution de Sophie Marceau.

Au cours de ces cérémonies, les équipes de Gaumont vécurent des moments d'une rare émotion. À Venise, c'était incroyable : avec Sidonie Dumas, ma fille, devenue directrice générale de Gaumont, nous avons déambulé dans les ruelles derrière sa chaise roulante que poussait son fils Paul. Les passantes, qu'elles soient jeunes ou âgées, le dévisageaient, le reconnaissaient, tentaient de se faire photographier avec lui. Lui, tout sourire, acceptait ; il enlevait ses lunettes de soleil et prenait la pose à leur côté. Il avait beau être diminué, son charisme, son charme, sa prestance étaient tels qu'ils en gommaient le reste… « *L'Homme de Rio* » n'était pas « *À bout de souffle* » – bien au contraire…

En l'élevant à la dignité de grand officier de la Légion d'honneur en 2019, Emmanuel Macron avait ouvert la voie protocolaire aux obsèques nationales qui lui furent rendues dans la cour des Invalides le 9 septembre 2021, comme un hommage émouvant de la Nation à l'un de ses plus glorieux saltimbanques.

GÉRARD OURY

Une paire d'as dans les vingt premiers succès

Gérard Oury partage avec James Cameron, le réalisateur d'*Avatar* et de *Titanic*, un privilège : celui d'avoir deux films, *La Grande Vadrouille* et *Le Corniaud*, dans les vingt premiers succès du cinéma en France depuis 1945.

Si *L'As des as* fut l'occasion qui me permit de me rapprocher véritablement de Jean-Paul Belmondo, ce n'est pas de ce film que date ma proximité avec Gérard Oury.

Je l'avais rencontré en 1968 à New York et j'ignorais alors les liens d'amitié qui l'unissaient à Alain Poiré. Comment aurais-je pu le savoir ? Les plus grands succès de Gérard s'étaient alors faits en dehors de Gaumont.

Alain Poiré s'en est expliqué ainsi[1] : « Quand Gérard a eu l'idée du *Corniaud*, (...) j'ai tout de suite accepté de faire le film. Mais sur ces entrefaites, le grand producteur Robert Dorfman a proposé des conditions époustouflantes pour l'obtenir. (...) Je ne peux rien te proposer de semblable, ai-je dû dire, (...) je ne puis aller au-delà de ce que je t'ai proposé. Les dépassements n'ont pas cessé. Dorfman a vraiment dû jongler pour achever ce *Corniaud*. Aussi après l'énorme succès qu'ils ont remporté ensemble, Gérard a-t-il trouvé de la plus élémentaire correction de faire avec lui le second Bourvil-de Funès, *La Grande Vadrouille*[2]. »

Quant à *Rabbi Jacob*, l'explication qu'il m'en a donnée est légèrement différente de celle que l'on trouve dans son livre : *Rabbi Jacob* devait être produit par Gaumont. Alain Poiré/Gaumont proposait à Gérard Oury un pourcentage sur les bénéfices rarissime pour l'époque : 25 %.

Mais un producteur indépendant, Bertrand Javal, promettait un intéressement de 50 %. Alain Poiré eut beau expliquer à Gérard que 25 % avec Gaumont représenterait une somme bien plus intéressante que 50 % avec Bertrand Javal, Gérard ne put résister à cette offre alléchante.

Bertrand Javal ne versera jamais à Gérard ce qui lui était dû. Par décision de justice, Gérard récupérera ensuite la totalité des droits du film. Alain Poiré avait raison : Gérard aurait touché bien plus en travaillant avec Gaumont. Mais comme la turpitude de ce producteur avait dépassé tout ce qu'on pouvait imaginer, Gérard finit par tout récupérer...

Danièle Thompson, à l'époque fidèle associée de son

1. Alain Poiré, *200 Films au soleil*, *op.cit.*, p. 156.

2. *La Grande Vadrouille* et *Le Corniaud* ont été distribués par AMLF, le principal distributeur français concurrent de Gaumont, avec une garantie des exploitants, à commencer par celle du GIE Gaumont-Pathé.

père, Gérard Oury, prit son indépendance de scénariste chez Gaumont avec *Cousin Cousine*. Elle signera ensuite les scenarii des *Boum*, inspirés par la vie d'une jeune mère héritière de Mai 68, aux prises avec une adolescente du début des années 80. De succès en succès, de *Boum* en *Boum* à *L'Étudiante*[1], l'adolescente Sophie Marceau devint une vedette.

ZIMBABWE-BOTSWANA
Les Géants de la Terre

À la fin du printemps 1991, nous fîmes un beau voyage. Nous ne fîmes pas de film. Il en est sans doute mieux ainsi.

Gérard Oury avait un nouveau projet dont je viens de relire le scénario : *Les Géants de la Terre*. Comme son titre pouvait le laisser entendre, le sujet en était les éléphants. Alain Poiré, son épouse Yvette, Gérard, Marc Monnet (assistant de Gérard sur *Le Cerveau*) et moi partîmes à la recherche des éléphants et de leurs compagnons de jeu. Nous eûmes la chance de les voir dans les meilleures conditions.

Le bon moment d'un film exotique, ce sont les repérages : on cherche la plus belle bête, le plus beau site, la plus belle lumière. On dispose de temps, ce bien si rare, inconnu sur les tournages… Les autorités du pays rêvent de vous attirer pour un tournage synonyme de créations d'emplois, d'animation, de retombées médiatiques… et mettent tous leurs moyens à votre disposition.

En voyage, personne n'était plus facile qu'Yvette, toujours prête, toujours allante. Alain était pareil à Paul

1. *La Boum* sort en 1980 ; *La Boum 2* en 1982 ; *L'Étudiante* en 1988.

Lepercq, un voyageur sans bagages, toujours alerte. Pour Gérard, c'était plus complexe : il était volontiers accompagné d'un dégradé de valises Vuitton, à l'image de Jean-Pierre Darras, qu'il avait dirigé dans *La Carapate*[1].

À Harare, « capitale bien connue du Zimbabwe », l'ancienne Rhodésie, le pilote nous recommanda de voyager léger, avec un sac souple : le monomoteur de service ne devait pas être alourdi pour pouvoir se poser sur des mini-pistes en latérite entre les gazelles et les éléphants. Nous attendions à l'aéroport. Navré, le pilote nous annonça qu'il ne pourrait charger tous nos bagages. Nous nous observâmes avec étonnement, car chacun avait assuré respecter les consignes. En nous dirigeant vers le tarmac, nous découvrîmes quatre volumineuses valises Samsonite et, aussitôt, les regards suspicieux se tournèrent vers Gérard. Elles n'appartenaient à aucun d'entre nous : les boys de l'hôtel, trop zélés, s'en étaient emparés, les ayant aperçues dans le couloir. Nous prévînmes la réception de cette méprise, et décollâmes dans la foulée… avec un Gérard lavé de tout soupçon.

Alors que nous suivions le Zambèze, le garde était très précis : « Certains des troncs que vous voyez sont des crocodiles assoupis. Tout le monde peut s'y laisser prendre. Il y a quelques mois, un de mes collègues inattentif a été attrapé à la jambe et entraîné vers le fleuve. Il n'a dû son salut qu'à sa présence d'esprit. Il a balancé son poing dans l'œil du crocodile qui, surpris par la douleur, a ouvert la gueule et lâché sa proie. Quoi qu'il arrive, marchez derrière

1. *La Carapate* est un film de Gérard Oury sorti le 11 octobre 1978. Dans un plan du film, Jean-Pierre Darras est entouré d'une collection complète de bagages Vuitton…

moi. Les éléphants et les lions, quand ils se manifestent, c'est pour marquer leur territoire, c'est presque toujours une fausse charge. Les buffles, ils chargent, protégez-vous derrière un arbre. Les plus dangereux, ce sont les braconniers : ils tirent, fuyez. »

FRANCIS VEBER
Le génie du muet

Neuf mois avant la sortie de *L'As des as*, les spectateurs français avaient été nombreux à aller voir *La Chèvre*, le premier des très grands succès populaires que réalisera Francis Veber.

Francis Veber est le plus étonnant des personnages. Je ne prétends pas être l'un de ses intimes, mais je crois néanmoins que nous avons l'un pour l'autre de l'amitié et du respect – deux sentiments qui, de mon point de vue, ne peuvent être dissociés.

Frustré de voir que certains de ces scenarii n'étaient pas portés à l'écran comme il l'entendait, Francis Veber se lança dans la réalisation. Son premier film, *Le Jouet*, ne fut pas produit par Alain Poiré, malgré leurs liens étroits. « Comme *Le Jouet* fait 1,4 million d'entrées, score honorable mais décevant en comparaison de mes résultats quand j'écrivais pour les autres, je suis retourné au scénario[1]. » Après avoir écrit *Coup de tête* pour Jean-Jacques Annaud et signé deux *Cage aux folles* qui font un triomphe, Francis Veber repassa à la réalisation avec *La Chèvre*[2].

1. Francis Veber, *Que ça reste entre nous*, *op. cit.*, p. 176.
2. *La Chèvre* est sorti le 9 décembre 1981.

Lino Ventura devait en être l'interprète principal. Malgré le peu de considération que lui inspiraient la plupart des agents, Alain Poiré les estimait indispensables. Comme Lino n'en avait pas, Alain devait s'adresser directement à lui. Il lui proposa un salaire de 1 million de francs. « Tu m'insultes », répondit Ventura.

C'est ainsi que Gérard Depardieu fut engagé.

Le tournage se prolongeait au Mexique au-delà de Noël. Pour les fêtes, Gérard souhaita faire venir sa femme et ses deux enfants aux frais de la production, ce que lui refusa Alain.

Le film fut un très grand succès. Pour les en remercier, Alain invita le trio chez Taillevent où, en lieu et place du petit bordeaux léger proposé par Alain, Gérard commanda successivement deux bouteilles de Petrus. Surtout, Gérard ne voulut plus travailler avec Alain, ce qui conduisit Pierre Richard et Francis Veber à poursuivre leur partenariat sans Gaumont pour *Les Compères* et *Les Fugitifs*.

Une fois sa trilogie terminée, Francis reviendra chez Gaumont pour réaliser *Le Jaguar*.

Entre-temps, connaissant les immenses talents de cet orfèvre du scénario, je tenterai, en vain, de l'impliquer dans *Camille Claudel*[1].

Avec Christian Fechner, nous avions décidé de coproduire ce film. Les comédiens en étaient Isabelle Adjani, alors au sommet de sa beauté et de son art, et Gérard Depardieu, en pleine ascension. Je trouvai le scénario de Bruno Nuytten, largement revu par Isabelle Adjani, de qualité, mais il était un peu long et manquait de rythme.

1. *Camille Claudel* est sorti le 7 décembre 1988.

Francis Veber me paraissait la personne idéale pour le fortifier. Je ne voulais pas appeler Francis sans l'accord de Christian, qui me le donna. À l'autre bout du fil, Francis me dit : « Ici, à Los Angeles, tout cela sent bon. » Malheureusement, Bruno et Isabelle s'opposèrent à cet apport. Ils craignaient sans doute que leur œuvre en soit pervertie. C'était peut-être oublier qu'un scénario est une mécanique sophistiquée dont peu d'artisans ont percé les mystères.

Francis Veber retoucha en toute discrétion un certain nombre de scenarii, dont celui du *Grand Bleu*, pour le plus grand profit du film et de Luc Besson.

À l'automne 1995, il tourne *Le Jaguar* en Amazonie, à quelque 200 kilomètres à vol d'oiseau de Manaus, « paradis perdu » sur les bords de l'Amazone. Cette région d'explorateurs est déconseillée aux canotiers du bois de Boulogne comme aux rameurs d'appartement. Un soir, au crépuscule, je vis un jeune technicien brésilien en short sous les sunlights. Il était entouré d'un tel voile d'insectes sombres qu'il fallut augmenter l'intensité lumineuse. C'était un spectacle étonnant et quelque peu inquiétant. « Ils ne piquent pas les Brésiliens ! » me répliqua le technicien comme pour calmer mon inquiétude. Le lendemain, le malheureux avait doublé de volume.

Francis n'aimait que son confort. Lui-même comme la production avaient les moyens de le lui offrir. Quand il n'était pas derrière la caméra, Francis était malheureux comme les pierres. Il s'enfermait dans sa maison de location – cossue selon les standards locaux, mais bien éloignés de ceux d'Hollywood, où il résidait. Pour ne pas entendre les bossas-novas du coin, qu'il avait en horreur, il écoutait du Mozart, un casque vissé sur les oreilles. Il n'avait pas d'excuse, il avait vécu le même calvaire au Mexique lors du tournage de *La Chèvre*. Je lui en fis la réflexion. Il partageait mon point de vue, mais c'était un perfectionniste qui croyait à ses idées, qui ne pouvaient pas toutes s'exprimer à l'Hôtel de Paris de Monte-Carlo ou dans un palace parisien.

Il a été à un doigt, un seul, de ne connaître que des succès. De la part de quelqu'un qui déprime quand il en a un, c'est friser le masochisme. Heureusement pour son moral et pour la morale, il y eut une exception : *L'Emmerdeur.* Il en parle mieux que personne : « Quand j'ai commis l'erreur de vouloir remplacer dans un remake Brel et Ventura par les excellents acteurs que sont Patrick Timsit et Richard Berry, je me suis normalement planté[1]. Outre le fait que les réactions du public et de la critique m'ont donné l'impression d'avoir fait de la profanation de sépulture, j'ai reçu une leçon que je ne suis pas près d'oublier : il y a certains cultes qu'il vaut mieux respecter[2]. »

Je vécus une des pires hontes de ma vie quelques années plus tard, en sa compagnie. Là encore, je souhaite lui laisser la parole[3] : « Certains cinéastes croulent sous les récompenses. (...) Moi de ce côté-là, ça va. (...) Je vis une existence paisible d'homme peu honoré. Et puis un jour mon agent m'annonce que je suis lauréat du prix Cinéma Expo International. (...) C'est une récompense sérieuse attribuée par les producteurs et les distributeurs au cinéaste qui avait fait entrer le plus de spectateurs dans les salles cette année-là. En cette année-là, en Europe, c'était moi avec *Le Dîner.* Il y avait un deuxième lauréat, américain celui-là, James Cameron. C'était plutôt

1. *L'Emmerdeur,* réalisé par Édouard Molinaro et interprété par Jacques Brel et Lino Ventura, sort en 1973 ; en 2008, dans un remake, Francis Veber dirige lui-même Patrick Timsit et Richard Berry.

2. Francis Veber, *Que ça reste entre nous, op. cit.*, p. 146.

3. *Ibid.*, p. 307.

flatteur. (...) Nous sommes arrivés à Amsterdam dans une gigantesque kermesse où il n'y avait quasiment que des Américains. (...) Nicolas a lancé ma démo, les premières images du film sont apparues sur l'écran, mais sans le son. Un incident technique nous ramenait du cinéma futuriste de Cameron aux premiers temps du muet. Le présentateur a eu l'air navré, on allait remédier au problème et, pour faire patienter le public, il me demanda de venir dire quelques mots.

« Je suis rarement fier de moi, mais je trouve qu'en la circonstance, j'ai eu une inspiration brillante. Je me suis retrouvé devant ces Américains qui se demandaient à juste titre ce que je foutais là, et je me suis mis à faire un discours mais sans le son. Je bougeais les lèvres, je ponctuais avec les mains, mais j'étais aussi muet que l'avait été ma démo un instant plus tôt.

« La salle s'est mise à rire, j'ai pris mon trophée et nous nous sommes enfuis comme des voleurs, Nicolas et moi, vers l'aéroport. »

1er MARS 1985
Je suis seul

Daniel, directeur général, parti, c'était ma volonté. Denis Chateau, directeur de la programmation, c'était son choix. Et Christian Fechner ?

S'il était encore là pour parler, il se tairait comme il le fit à l'époque, ou presque. Christian avait une passion : la magie. Certains illusionnistes, comme un des plus célèbres de notre époque, Éric Antoine, sont des extravertis. Ce n'était pas le cas de Christian, il était même à l'opposé : il écoutait, longuement, et parlait, rarement. À côté de lui, j'avais le bagout d'un bateleur de tréteaux. C'était le seul producteur à n'être presque jamais venu chez Gaumont. Je le voyais souvent dans ses bureaux en fin de journée, toujours en tête à tête.

Je pense qu'il n'y eut qu'une seule raison à son retrait : il ne voulait pas être tenu pour responsable du départ de Daniel. Personne de sensé n'aurait pu le penser, mais Radio Champs-Élysées[1] avait une grande force d'influence, y compris sur Christian Fechner. Je le croyais plus imperméable au qu'en-dira-t-on.

Les Spécialistes, film de Patrice Leconte avec Bernard Giraudeau et Gérard Lanvin qu'il venait de produire, et qui était distribué par Gaumont, avait apporté quelques biscuits à l'équipage au début du mois de mars 1985. Il avait attiré plus de 5 millions de spectateurs. Malgré l'arrêt de Gaumont Production, Christian et moi continuerons à nous voir régulièrement et, dans les mois qui suivront, Christian m'accompagnera dans l'aventure de TV6.

TV6[2]

La petite chaîne qui n'eut pas la chance de pouvoir grandir

À la mi-janvier 1985, François Mitterrand annonça son intention de créer un espace de liberté supplémentaire au

1. Installée au Fouquet's, Radio Champs-Élysées est l'émetteur officieux du cinéma, composé de tous ceux qui n'y font rien pour critiquer tous ceux qui y font quelque chose. La station est moins active depuis deux décennies.

2. TV6 est la chaîne de télévision dont la vie a été la plus brève dans une démocratie. La première émission date du 1er mars 1986 ; la dernière, exactement un an plus tard, du 28 février 1987.

sein de la télévision. Quatre mois plus tard, Jean-Denis Bredin préconisa l'ouverture de l'espace audiovisuel avec deux chaînes de télévision privées, gratuites et financées par la publicité, l'une généraliste, l'autre musicale.

Depuis des mois, le Tout-Paris parlait d'une cinquième chaîne généraliste. Je pensais que Gaumont ne devait pas postuler pour une telle chaîne. Nous possédions l'un des premiers catalogues de films français, et les chaînes de télévision nous les achetaient de manière récurrente. Devenir l'un de leurs concurrents revenait à priver le catalogue Gaumont de leurs achats. En revanche, l'idée d'une chaîne musicale était bien plus intéressante. Lors d'une réception à l'Élysée, Jean-Claude Colliard, alors directeur de cabinet du Président, me confirma que les dossiers n'étaient pas encore bouclés. Je me rapprochai de Maurice Lévy et nous montâmes un tour de table indiscutable : la première société de publicité française, rejointe par Gilbert Gros, proche de Publicis, la première société de cinéma, Gaumont, une radio jeune, NRJ, et des sociétés d'édition musicale incontournables, Virgin, Polygram, CBS et Erato.

Maurice Lévy serait président, et je proposai Christian Fechner comme directeur général ; il avait pris une petite participation. La prestation de Christian ne serait pas celle que Maurice Lévy attendait de lui. À bien y repenser, Christian était avant tout un indépendant : il ne souhaitait se soumettre à aucune contrainte, que ce soit au sein de Gaumont Production ou de TV6. Trop solitaire, il n'était pas le d'Artagnan dont la chaîne avait besoin. Il sera rapidement remplacé par Maurice Lévy, qui mettra tout son talent et toute son énergie dans l'aventure. Il en aura besoin, devant faire face à un lourd handicap : son patron et principal actionnaire, Marcel Bleustein-Blanchet. Entré à reculons dans un projet auquel il ne croyait pas, celui-ci était persuadé qu'il allait perdre de l'argent – sa pire hantise. Il trouvait par ailleurs que Maurice consacrait trop de temps à TV6 et pas assez à Publicis.

Cette attitude aura de lourdes conséquences lors de la réattribution pipée des fréquences, moins d'un an plus tard.

Au même moment, « l'oasis Alain Poiré » ne connaissait pas sa meilleure période de production[1].

L'avantage des déserts, c'est qu'aucun arbre ne vient y cacher la forêt. Il m'appartenait de faire face. Le sujet n'était pas Radio Champs-Élysées, mais Gaumont. Quand j'étais arrivé, en 1974, je n'avais aucune responsabilité dans la situation dont j'héritais. Dix ans plus tard, les pertes cumulées des deux exercices précédents s'élevaient à 535 millions de francs. C'était beaucoup. C'était inacceptable. C'était inexcusable. Je m'étais trompé, et j'aurais dû comprendre plus tôt, et plus vite, l'ampleur de la situation. Contrairement à ce que chacun croit, les réformes étaient en cours depuis plus d'un an, et l'assèchement des principales sources de pertes était réalisé. Les « grandes aventures » étrangères étaient réglées, à l'exception du Brésil qui le serait au début de l'été.

Il me fallait reconstruire. Je devais m'occuper du moral

1. Les productions d'Alain Poiré sur la période sont les suivantes :

1984 : *La Septième Cible,* de Claude Pinoteau, sorti le 19 décembre 1984.

1985 : Rien.

1986 : *Jean de Florette,* sorti le 27 août 1986 ; *Manon des sources,* sorti le 19 novembre 1986, réalisés par Claude Berri et coproduits avec lui, distribués par AMLF, principal concurrent de Gaumont dans la distribution de films français. *Je hais les acteurs,* de Gérard Krawczyk, sorti le 10 septembre 1986 ; *Twist again à Moscou,* de Jean-Marie Poiré, coproduit avec Claude Berri, sorti le 22 octobre 1986.

de Gaumont, prendre la parole, écouter : en un mot, sortir du monde du silence et regagner la surface. Semaine après semaine, service après service, cinéma après cinéma, je vis tous les salariés lors de petits déjeuners. L'objectif : expliquer que Gaumont n'était pas morte.

Dans le même temps, je devais trouver un nouveau responsable. Sa première mission serait la reconquête de l'image et de la santé financière de Gaumont. L'alternative était simple : soit se tourner vers l'extérieur, soit trouver la personne idoine au sein de Gaumont. Je reçus des propositions non sollicitées. Je les écartai, d'abord parce que aucune d'entre elles ne m'emballait, ensuite parce que je pense, en règle générale, que les bons candidats doivent être trouvés en interne. Ils connaissent la maison, le métier et leurs interlocuteurs habituels. Le besoin permanent de faire appel à des chasseurs de têtes est d'abord une faillite du recrutement interne des cadres. C'est également un mauvais signal pour les salariés de la société : c'est leur dire qu'on ne leur fait pas confiance pour occuper de hautes responsabilités, ce qui ne favorise pas la motivation. Rien n'est plus valorisant que la promotion interne, elle crée une saine émulation.

Le départ de Christian Fechner et de Denis Chateau présentait un immense avantage : si je devais choisir une promotion interne, un seul choix était possible. Je voulais sortir du monde du silence, et j'ai eu de la chance, Gaumont avait en son sein un cap-hornier.

PATRICE LEDOUX
Le cap-hornier

Patrice Ledoux était entré chez Gaumont un peu plus de trois ans auparavant. Il venait de la deuxième chaîne de télévision où, travaillant avec Jacques Chancel, il était responsable de la production des opéras. Il fut engagé chez Gaumont pour suivre la production de *Carmen*, et montra à cette occasion qu'il savait produire, contenir des risques majeurs de dépassement sans nuire à la qualité d'un film et sans se brouiller avec le réalisateur, Francesco Rosi. Il fut ensuite, pendant six mois, dans le cadre de la nouvelle organisation mise en place, « coordinateur de la politique film ». A posteriori, ce titre me fait frémir. Comment donc avais-je pu avoir une telle idée ?

Depuis le 1er janvier 1985, il était « directeur du circuit », fonction qu'il n'aura pas le temps de marquer de son empreinte. Il était volontaire, déterminé, loyal et précis, et assumait les responsabilités sans attribuer les difficultés, quelles qu'elles soient, à toutes les têtes de Turc de service. Enfin, ce Breton avait fait le tour du monde à la voile et passé le cap Horn sur un bateau d'une dizaine de mètres, ce qui m'impressionna sans doute plus que je ne voulais me l'avouer... Au sein du conseil d'administration, il disposait d'un soutien qui ne se démentira jamais, celui de Paul Lepercq.

Le 14 mars 1985, deux semaines après le départ de Daniel, Patrice Ledoux était nommé directeur délégué. Alain Poiré ne dépendait pas plus de lui que de son prédécesseur. Même si hiérarchiquement les salles de cinéma lui étaient rattachées, il s'en occuperait peu. Il se consacra à ce qu'il aime : la production et la distribution.

Dans un secteur qui ne vit que de succès, il allait réussir en peu de temps trois jolis coups, de quoi légitimer de façon magistrale ses nouvelles responsabilités : *37°2 le matin*, *Subway* et *L'Opération Corned-Beef*, signés de jeunes réalisateurs, Jean-Jacques Beineix, Luc Besson et Jean-Marie Poiré.

JEAN-JACQUES BEINEIX

Le torturé courageux

Jean-Jacques Beineix a réalisé quatre films chez Gaumont. Malgré les résultats décevants de *La Lune dans le caniveau*, sorti en 1983, Patrice croyait en *37°2 le matin*. Le film fut un grand succès, dans lequel éclata le talent d'une jeune actrice alors inconnue : Béatrice Dalle. À l'écran, elle était plus crédible que quiconque dans la violence du désespoir comme dans la sensualité la plus assumée…

Nous produisîmes le film suivant, *Roselyne et les lions*. Il faut toujours se méfier des adages, car c'est en sortant des sentiers battus que le cinéma est grand, mais parfois ils se révèlent exacts : « Les films de cirque n'attirent pas les spectateurs[1] car, sous le chapiteau, le public est motivé par le danger que court le dompteur, alors qu'au cinéma, il sait qu'il ne court aucun risque. »

J'assistai à l'une des scènes que Jean-Jacques tournait dans la cage avec le lion. Celui-ci avait beau être dressé, et le dompteur pas très éloigné, je frissonnais d'autant plus que, juste avant d'entrer dans la cage, Jean-Jacques m'avait

1. L'exception à cet adage est *Sous le plus grand chapiteau du monde*. Il est vrai que ce n'est pas un film sur le cirque, mais un film policier dont le décor est le cirque.

dit : « Je ne suis pas taillé comme Luc [Besson] pour porter une caméra à l'épaule... » Comme tous les hommes courageux, il masqua son appréhension. Je n'étais pas plus à l'aise que lui, et sentais monter une violente poussée d'adrénaline. Malheureusement, nous ne saurons pas la communiquer aux spectateurs : ils boudèrent le film.

Nous tournerons encore *IP5*, dont la sortie se fera au sein d'un environnement compliqué... Certains n'hésitèrent pas à accuser Jean-Jacques Beineix d'avoir « tué Yves Montand » en lui faisant prendre un bain dans un étang glacé. Cette polémique scandaleuse n'arrangea pas le moral de quelqu'un d'aussi sensible, pour ne pas dire torturé. Il rêva longtemps de faire un « film impossible » qu'il n'aura pas l'occasion ni la possibilité de réaliser : Jean-Jacques nous a quittés discrètement le 13 janvier 2022.

LUC BESSON

L'audacieux récompensé

Subway, sorti le 10 avril 1985, est un film coproduit par Gaumont. Patrice Ledoux s'en est expliqué dans un entretien : « Denis Chateau et Pierre-Ange Le Pogam[1] étaient de véritables “fouille-talents”. Tous deux aimaient se rendre dans les festivals et découvrir le travail de la jeune génération. Ils avaient repéré Luc Besson, un jeune réalisateur très prometteur, lors du Festival d'Avoriaz, et

1. Pierre-Ange Le Pogam est entré chez Gaumont en 1981 pour terminer directeur général adjoint chargé du marketing et de la distribution. Il est responsable du lancement original de nombreux films, dont *Le Grand Bleu*.

À l'occasion du centenaire de Gaumont, en 1995, il a organisé une fête mémorable à l'Hôpital éphémère, attirant plus de 5 000 personnes. Il a quitté Gaumont en 2000 pour fonder Europacorp avec Luc Besson.

souhaitaient me le faire connaître pour l'aider à financer son long-métrage, *Subway*[1], coproduit par François Ruggieri. Lorsque Luc Besson se présente, je lui demande aussitôt combien il lui manque pour réaliser son film. Pris de court, Luc me demande comment je sais qu'il a besoin d'aide. Je lui réponds qu'il serait sur un plateau de tournage s'il n'avait pas besoin d'argent. Cet acte de confiance scelle la collaboration de Luc Besson avec Gaumont pour une quinzaine d'années. »

Cette coopération allait se poursuivre jusqu'à *Jeanne d'Arc*, sorti en 1999. Son point d'orgue en fut *Le Grand Bleu*.

LE GRAND BLEU

Ou comment le ciel peut être gris
à Cannes et étoilé ailleurs…

Patrice croyait au *Grand Bleu* : « C'est un film sur lequel on va voir ce qu'on va voir… Warren Beatty est enthousiaste, et le film sera largement financé par les préventes internationales. »

Des acteurs prestigieux – Mickey Rourke, Christophe Lambert, Gérard Lanvin –, un moment pressentis, déclineront le premier rôle quand ils comprendront que pour le tenir, il leur serait demandé non seulement de savoir nager, mais aussi de plonger en apnée jusqu'à une certaine profondeur – je dirais même : une profondeur certaine…

Le temps passa. Les partenaires, dans un premier temps,

1. *Subway*, sorti le 10 avril 1985, attire dans les salles 2,9 millions de spectateurs.

les comédiens connus, ensuite, fondirent comme neige au soleil. Patrice démêla remarquablement un écheveau juridique complexe avec Warren Beatty qui, à l'américaine, voulait faire *son* film, alors que Luc voulait faire le *sien*. Une fois de plus, nous étions seuls. Je décidai de plonger. Luc Besson m'en sera reconnaissant de nombreuses années.

Luc Besson dit aimablement de moi que j'aime la mer. C'est exact, elle me fascine. Il oublie d'ajouter : « en amateur et à condition de ne pas être dedans ». Je ne fais que de la navigation côtière, nage comme un caillou et déteste avoir la tête sous l'eau. Pourtant, en avril 1990, à l'occasion du tournage d'*Atlantis*, Luc Besson m'a mis la tête sous l'eau, dans la mer Rouge, un paradis pour plongeurs sous-marins. Je crois avoir épuisé en dix minutes une bouteille dont l'autonomie, pour un plongeur normal, est d'une heure...

Ce n'était donc pas mon amour du « Bleu », terme que je découvrais alors, qui me poussa à croire au sujet. C'est l'amour d'un autre pour un monde dont j'ignorais tout. Le scénario respirait la sincérité et la passion. Ce n'était pas une fiction écrite pour faire plaisir à qui que ce soit, c'était l'ambition d'exprimer une envie irrésistible, une quête d'absolu, une recherche de pureté. Je suis resté très fleur bleue. Les héros de mon enfance, de Tintin à d'Artagnan, de Fanfan la Tulipe au capitaine de Boëldieu, de Bayard au général Leclerc, continuent à meubler mon univers, même si, depuis, ils ont été rejoints par d'autres. Jacques, le héros du *Grand Bleu*, ne sauve pas la veuve et l'orphelin. C'est un héros de l'inutile qui aspire à la plénitude.

Je respectais et admirais cette tentative de transmettre ces sentiments au plus grand nombre. En 1988, lors de la sortie du film, Luc eut de la peine à les faire partager aux journalistes. Trente-cinq ans plus tard, j'éprouve la même difficulté. Les mots manquent parce que le « Bleu » est « le monde du silence », un univers où le langage est celui des signes, un monde de liberté où le corps est en apesanteur, débarrassé des contraintes physiques. C'est une démarche spirituelle qui passe par une mise à contribution totale du corps. Si le goût des records est du domaine du compréhensible et du raisonnable – c'est la démarche de tous les grands exploits sportifs –, celui de la « delphinisation » appartient à l'âme seule.

Le film ne fut pas compris par les adultes. À l'issue de l'avant-première cannoise, l'ambiance dans la salle n'était pas aussi glacée qu'on a pu le dire. Mais, au cours du dîner officiel qui suivit, l'un de mes amis, homme d'intelligence et de culture, me lâcha : « Nicolas, comment pouvez-vous destiner aux jeunes un film dans lequel il y a trois suicides ? » Nous n'avions pas vu le même film... Le lendemain, David, le fils de Daniel Toscan du Plantier, alors étudiant à Grenoble, m'appela pour me dire à quel point il avait adoré le film. Il l'avait vu la veille avec des amis, et il s'apprêtait à retourner le voir. Le bouche-à-oreille positif était parti, la génération *Grand Bleu*[1] était née.

Le jeune homme[2], comme l'homme jeune, a souvent envie de se surpasser. C'est cela que des millions d'adolescents trouvèrent dans le film. Quelques parents intelligents cherchèrent alors à comprendre l'enthousiasme de leurs enfants. Je pense que beaucoup, après avoir vu

1. *Le Grand Bleu* a donné naissance à une autre sirène, Sidonie Dumas, qui, devenue stagiaire sur le film, n'aura plus d'autre désir que de s'intégrer à la production cinématographique.

2. Le terme « homme » doit être pris dans le sens général d'« être humain » qui, bien évidemment, inclut les femmes.

Le Grand Bleu, se sont sentis plus proches d'eux. Nos sociétés, confites dans leur principe de précaution, ont de plus en plus de peine à offrir des espaces de liberté. La mer est l'un des derniers.

Le succès sera tel que nous déciderons d'éditer une version longue du film, qui durait déjà plus de deux heures. Celle-ci, avec une demi-heure supplémentaire, attira 3 millions de spectateurs… Certains mots s'affadissent avec le temps, parmi eux « sincérité ». *Le Grand Bleu* est le film qui représente le mieux Luc. C'est la raison pour laquelle, après le refus des vedettes qui étaient pressenties, je me suis convaincu que lui seul pouvait tenir le rôle. Fort de cette confiance, il a finalement trouvé son double. C'est le film de sa vie. Ses jeunes spectateurs ne s'y sont pas trompés. Il leur a offert le film de leur vie.

Aussi paradoxal que cela puisse paraître, *Le Grand Bleu* a sorti Gaumont du « monde du silence ». Chez Gaumont, *Le Grand Bleu* a restauré « la vista ».

Pendant une bonne décennie, Gaumont permettra à Luc de faire ses films – ils apporteront des recettes à Gaumont, conforteront la renommée de la société comme celle de Luc.

Nikita transforma la carrière, jusque-là un peu hachée, d'Anne Parillaud : elle obtint le César de la meilleure actrice en 1991. Ce film recèle pour moi l'une des scènes les plus violentes du cinéma mondial, quand Nikita enfonce un simple crayon bien taillé dans la main du policier qui l'interroge.

Les films se suivaient, ne se ressemblaient pas et étaient tous de grands succès. Pourtant, nous allions nous séparer.

De temps à autre, Luc avait envie de produire des films,

et Gaumont participait à leur financement. N'en déplaise à Luc, ceux-ci étaient des échecs : ils ne plaisaient ni aux sélectionneurs des festivals, ni aux critiques, ni au public... Patrice et moi voulions mettre un terme à ces coproductions. Nous voulions produire tous les films que Luc réalisait, et ne voulions plus être associés à ses simples productions.

C'est ainsi qu'en 1998 nous ne fûmes pas partenaires de *Taxi.* Celui-ci me fut proposé comme un film de Gérard Pirès produit par Luc Besson. Je ne fus pas attentif au fait que Luc avait écrit le scénario, que je n'ai jamais lu ; je ne savais pas que Luc avait fait lui-même le casting ; je n'imaginais pas que Gérard Pirès se blesserait le premier jour du tournage et que Luc le remplacerait au pied levé durant les dix premiers jours, donnant le rythme initial du film, et enfin que Luc monterait lui-même le film... Ce n'était plus un film produit par Luc, c'était un film de Luc, mais sans son nom... ni le nôtre.

À partir de là, le processus de séparation fut engagé, malgré différentes tentatives de rapprochement. Avec mes encouragements, Luc créa Europacorp.

Maintenant qu'il réside aux États-Unis, nous nous voyons moins souvent, mais il est proche par la pensée.

Luc Besson fit de Jean Reno la vedette du *Bleu.* Jean-Marie Poiré en fit un seigneur du Moyen Âge. Il a toute sa place entre l'un et l'autre...

JEAN RENO
D'Enzo à Montmirail

Alain Poiré, qui eut la chance de côtoyer de près les plus grands comédiens français, eut un jour ce joli mot à propos de Jean Reno : « C'est le seul avec André Bourvil qui ne soit pas prétentieux. »

Je rencontrai Jean grâce à Luc Besson, sur le tournage du *Grand Bleu*. Avec et pour Gaumont, il tourna quelques films qui offrent une jolie galerie de portraits, de Léon, chez Luc Besson, à Montmirail, chez Jean-Marie Poiré ; de Campana, chez Francis Veber, à Sheinbaum, chez Roselyne Bosch, en passant par Niémans, chez Mathieu Kassovitz, ou Ange Léoni, chez Alain Berberian.

Jean est un homme de parole. À la différence de certains de ses jeunes collègues, il n'hésite pas à accompagner les films dans leur promotion aux quatre coins du monde. Cela lui réussit : Jean est devenu une vedette au Japon, pays où nous nous sommes retrouvés, comme à Acapulco ou ailleurs…

Après le tournage de *L'Enquête corse*, il a été sur le point de s'y acheter une maison pour étendre son oliveraie provençale. Les conditions lui ont semblé un peu complexes, et, finalement, il n'a pas donné suite. J'espère que ses plantations, situées au pied des Baux, seront épargnées par le ver de l'olive, car son huile est une des meilleures qui soient.

UN POIRÉ PEUT EN CACHER UN AUTRE

Jean-Marie Poiré, l'un des grands auteurs et réalisateurs français de comédies, eut pendant longtemps des rapports complexes avec Gaumont. C'est un enfant de la balle, qui a hérité de son père Alain le goût de la comédie. Il pensait néanmoins que ce même père lui offrait « des salaires de misère » pour le travail qu'il faisait.

Il fut assistant réalisateur sur *Oscar* (1967) d'Édouard Molinaro et écrivit de nombreux scenarii, notamment pour Michel Audiard, Robert Lamoureux... Ensuite, Jean-Marie réalisa ses deux premiers films, produits avec son père : *Les Petits Câlins* (1977) et *Retour en force* (1980). Ils ne connurent pas un grand succès... Il se rapprocha alors de Josiane Balasko et de la troupe du Splendid, avec qui il tourna trois films : *Les hommes préfèrent les grosses* (1981), *Le Père Noël est une ordure* (1982) et *Papy fait de la résistance* (1983). Les deux derniers, au-delà de leur succès, devinrent de véritables mythes. Puis il tourna de nouveau avec son père ; ce fut *Twist again à Moscou*, coproduit avec Claude Berri (1986).

C'est avec *L'Opération Corned-Beef*, produit par Alain Terzian et sorti le 6 février 1991, que Jean-Marie Poiré revint dans l'orbite de Gaumont. Sidonie Dumas, alors stagiaire chez Alain Terzian, croyait beaucoup au film. Elle sera, plus tard, une des premières lectrices du scénario des *Visiteurs*, qui l'enthousiasmera. Elle ne sera pas seule : ce film attirera des millions de Français dans les cinémas.

1993 fut, après 1992, la pire année en France pour la fréquentation cinématographique. Qu'aurait-elle été sans *Les Visiteurs* ? Celui-ci contribua à plus de 10 % de la fréquentation nationale[1] ! Après quatre mois d'exploitation, le film atteignit 7,8 millions d'entrées. Durant les trois mois

1. *Les Visiteurs* ont attiré 13,782 millions de spectateurs et la fréquentation nationale s'élève à 132,72 millions.

suivants, dont deux d'été, il attira en moyenne plus de 230 000 spectateurs chaque semaine.

Pour Jean-Marie, ce n'était plus un succès, c'était un triomphe. En revanche, *Les Visiteurs* ne rencontra pas son public aux États-Unis.

Nous étions en Floride, à Sarasota, au festival du film français organisé par Daniel Toscan du Plantier. Pour y parvenir, nous nous trouvions dans l'une des voitures les moins confortables, les moins commodes et les plus vulgaires que je connaisse, la limousine, *limo* en américain, noire à New York, blanche dans le Sud. Avec seulement deux portes arrière, une hauteur sous plafond comparable à celle d'une quelconque voiture européenne, elle prétend accueillir six à huit passagers qui doivent ramper pour gagner leurs places dans une ambiance funèbre avec des décors en faux acajou, des lumières tamisées pour film porno et une température glacée provoquée par un air conditionné meurtrier. Dehors, il faisait près de quarante degrés.

Jacques Toubon, ministre de la Culture à l'époque, et Alain Terzian, le producteur du film, étaient très en verve : *Les Visiteurs* devait rencontrer un grand succès aux États-Unis, nous devions engager les plus grands comédiens pour le doublage... Mon expérience du sujet me conduisait à une précaution et une réserve plus grandes, même si j'étais convaincu qu'il fallait donner toutes ses chances au film. Nous engageâmes une personnalité célèbre qui aimait le film, et qui nous semblait à même de transmettre son enthousiasme à ses concitoyens : Mel Brooks. Malgré cela, nous échouerons...

La promotion des films à l'étranger peut réserver quelques surprises. Avec l'équipe, nous nous retrouvâmes à Tokyo, dans un restaurant, pour déguster un admirable bœuf de

Kobé. Jean-Marie Poiré est aussi grand et souple que moi, et nous souffrions le martyre à devoir être assis en tailleur face à la table basse. Christian Clavier, fin observateur, prolongea notre supplice en commandant un dessert en forme de chaussure à talon. Ce mets était d'une couleur verte improbable, et aucun d'entre nous ne parvint à en avaler le moindre morceau. Deux jours plus tard, avant de partir pour la Corée, ils me feront cadeau d'un gâteau semblable. C'est aujourd'hui notre signe de ralliement. Je l'ai retrouvé vingt ans après, à Prague, pendant le tournage des *Visiteurs : la Révolution*.

À l'époque des *Visiteurs*, les effets spéciaux numériques étaient en plein développement. Jean-Marie les avait d'ailleurs utilisés très habilement pour transformer les visages de ses héros. Il m'avait alors dit : « Ce qui est formidable maintenant, c'est que le scénariste peut se laisser aller. On peut écrire "New York disparaît sous les eaux" et le réaliser… »

À partir de là, Jean-Marie produisit tous ses films avec Gaumont, à l'exception de *Ma femme s'appelle Maurice*, sorti en 2002. Les quatre *Visiteurs* attireront, en France seule, plus de 25 millions de spectateurs entre 1993 et 2016 ; *Les Anges gardiens*, sorti en 1995, près de 6 millions.

Pendant que les films tournaient dans les salles, de profondes modifications allaient affecter une partie de ceux dans lesquels ils étaient projetés : les cinémas Gaumont.

PATHÉ

De l'interdiction du concubinage
au mariage de raison

Après la rupture imposée par les pouvoirs publics en 1983, les cinémas Gaumont retrouvèrent leur fiancée, les cinémas Pathé, en 1991. Après une période d'incertitude, ils finirent par se marier en 2000.

Le rachat de Pathé par Jérôme Seydoux en 1990 ne faisait pas partie d'une grande stratégie familiale sur laquelle nous aurions gardé le secret pendant longtemps. J'avais essayé à plusieurs reprises de fusionner les cinémas Gaumont et Pathé, en vain.

Le président de Pathé s'appelait alors Pierre Vercel, et s'il m'avait donné plusieurs fois son accord en croyant avoir convaincu son actionnaire, celui-ci renâclait chaque fois à la dernière minute et finit par vendre le tout, et fort bien, à un escroc : Giancarlo Parretti. Quand Parretti commença à avoir de sérieuses difficultés, Guy Verrecchia et moi étudiâmes la possibilité d'un rachat commun, dans l'esprit de ce que nous avions fait avec Parafrance[1].

Mon frère Jérôme nous prit de court et fit, surtout, une offre que nous ne voulions pas suivre, n'étant ni l'un ni l'autre intéressés par la marque Pathé. Chacun d'entre nous estimait en effet que sa propre marque, UGC ou Gaumont, se suffisait à elle-même.

Peu après le rachat de Pathé, Jérôme me proposa d'étudier un rapprochement des circuits. Pour envisager leur éventuelle fusion, nous demandâmes un rendez-vous à Jack Lang en septembre 1990. Celui-ci reconnut le bien-fondé des analyses économiques, mais souligna qu'il ne lui était pas possible de revenir sur une loi portant son nom qu'il avait lui-même fait

1. En 1986, les Siritzky font face à des difficultés et doivent se séparer de leur circuit. Guy Verrecchia et moi réglons le problème en moins de temps qu'il ne faut pour le dire.

Pour éviter toute bronca médiatique, nous pensons qu'il est sage de proposer Saint-Germain à Marin Karmitz. UGC reprend les cinémas des Boulevards et de la porte Maillot, et Gaumont les cinq salles des Variétés d'Angers et les sept salles de Montparnasse.

voter par le Parlement. En revanche, toute opération s'inscrivant dans le cadre de la loi et permettant une rationalisation des investissements avait son accord de principe.

Dans ce cadre contraint, la discussion aboutit fin 1991 à un échange limité de salles : Gaumont se renforça à Toulouse et à Paris, où elle reprit toutes les salles de Pathé à l'exception du Wepler ; Pathé reprit les salles Gaumont de Caen, Grenoble, Nancy, Nice, Toulon et la majorité du capital de celles d'Aix-en-Provence.

À la suite de cet échange, Gaumont redéfinit sa stratégie de travaux : les anciennes salles de Pathé étaient dans un état épouvantable. Si, à Paris, Le Marignan, L'Impérial, Le Français et Le Hautefeuille, malgré des études tous azimuts, ne pouvaient être que rafraîchis, comme les Nouveautés de Toulouse, en revanche, à Montparnasse, la fusion du Pathé et du Gaumont pouvait devenir un très bel ensemble…

Au cours de cet échange de salles, Christian Babusiaux, l'inamovible (1984-1997) directeur de la Concurrence, de la Consommation et de la Répression des fraudes, m'expliqua que l'importance et la santé économique du secteur n'étaient pas en cause dans l'appréciation d'une concentration par sa direction. Par conséquent, même si le cinéma, petit secteur économique, était en crise, Gaumont, qui n'était pas présente dans le quartier de Saint-Germain-des-Prés, devait se défaire du Hautefeuille. De cet échange de vues, je compris que désormais Gaumont ne pourrait se développer que par croissance interne, et que tout rapprochement avec un acteur significatif du secteur lui était interdit.

Cette appréciation ne sera pas pour rien dans mon absence de motivation concernant un éventuel rapprochement entre

Gaumont et CGR et dans mes réserves, en 2000, au début des négociations entre Gaumont et Pathé sur l'éventuelle fusion des deux circuits de cinémas. Jérôme aura une meilleure appréciation de la situation.

LA RECONQUÊTE

Ou comment chacun veut montrer qu'il est le meilleur (1993-2000)

La dernière minidécennie du siècle fut paradoxalement une période de concurrence acharnée. Dans une économie normale, la situation exécrable du marché aurait dû contribuer au rapprochement des opérateurs. Mais au contraire : ceux-ci investirent massivement pour se réinventer. Personne ne voulait être marginalisé. Les multiplexes fleurirent massivement dans tous les coins de France, pour le plus grand bien des spectateurs et du cinéma.

LE MULTIPLEXE

Le grand complexe

En juin 1993, Pathé ouvrit le premier multiplexe français dans la banlieue toulonnaise. Une fièvre de construction s'empara très vite des opérateurs : un autre multiplexe suivit la même année et, huit ans plus tard, 82 multiplexes étaient ouverts, représentant plus de 1 000 écrans. 20 furent construits en 1999, et 18 en 2000 – jamais de tels chiffres n'avaient été atteints.

Le multiplexe est le prolongement du complexe. Il en diffère, et ce n'est pas là une simple nuance, par le nombre de salles, leur capacité, le volume des espaces d'accueil et des parkings. Quitte à assumer le paradoxe, même les petites salles des multiplexes sont grandes : elles offrent une excellente épure de visibilité, et leurs écrans sont très larges. Les espaces d'accueil sont vastes, lumineux et conviviaux : ils permettent à une famille ou à des amis qui n'aiment pas le même genre de film de voir des films différents, puis de se retrouver après les projections dans un cadre agréable où ils pourront acheter des boissons, du pop-corn ou des bonbons.

Si la recherche de ces volumes très importants ne pose pas de problème dans les « champs de betteraves », c'est en revanche un cauchemar en centre-ville. Peu de maires le comprirent, à commencer par ceux de Paris, où rien ne fut fait pour encourager la construction ou la rénovation des cinémas. Malgré les efforts exceptionnels des principaux acteurs, la fréquentation parisienne passa, en quarante ans, de 22 % du marché français à 10 % en 2019.

À titre d'exemple, le pifomètre donnait en 1975 un ratio de un mètre carré par fauteuil pour la construction d'un complexe. Quarante ans plus tard, pour un des derniers-nés des multiplexes Gaumont-Pathé, le ratio est de 4. En 2022, les nouveaux sièges installés à Montparnasse utilisaient le gradinage précédent en supprimant une rangée sur deux pour leur permettre d'être totalement inclinables. Le multiplexe est dévoreur d'espace, et surtout de volumes, car la taille des écrans est plus souvent limitée par la hauteur de la salle que par sa largeur.

La course aux investissements fut d'autant plus intense que nous étions tous convaincus de la fin prochaine du libéralisme concernant les permis de construire. Pour encadrer leur implantation, Philippe Douste-Blazy s'attaqua aux nouveaux « porte-avions du cinéma américain[1] » et fit voter une loi en juillet 1996 qui encadrait leur construction et les soumettait à autorisation administrative préalable.

En prévision de cette réglementation toujours plus contraignante, les principaux opérateurs, à commencer par Gaumont, déposèrent de nombreux permis de construire et se livrèrent une guerre acharnée dans les zones de chalandise sous-équipées.

La politique de Gaumont était simple et ambitieuse : conserver les agglomérations dans lesquelles elle était le premier acteur et partir à la reconquête des déserts cinématographiques.

Quand la vague des multiplexes commença à déferler, je pensais détenir l'argument décisif pour obtenir les autorisations qu'on nous réclamait : Gaumont était en général très bien implantée en centre-ville. Elle était donc la seule à pouvoir offrir un double pôle cinématographique, celui du centre et celui de la périphérie. Le maire, intelligent, soucieux de la pérennité de son centre-ville, éventuellement cinéphile, comprendrait l'intérêt de cette situation de monopole local...

Je butai néanmoins sur différents obstacles.

À Bordeaux, Jacques Chaban-Delmas n'avait plus le

1. Philippe Douste-Blazy n'avait rien compris. Le multiplexe qui reçoit au monde le plus grand nombre de spectateurs, UGC Ciné Cité Les Halles, est le cinéma le plus demandé par les distributeurs de films art & essai...

poids politique nécessaire pour convaincre la communauté urbaine de la qualité de notre projet. À Lille ou Rennes, les préoccupations électoralistes des maires les poussèrent à ne pas s'opposer à des projets périphériques nuisant gravement à l'attractivité de leur centre-ville. À Mulhouse, le projet proposé par la concurrence était si attrayant économiquement que le maire ne put que racheter notre complexe pour garder un emplacement en centre-ville. À Metz, le maire ne put s'opposer à un projet créé dans la périphérie immédiate.

Je rencontrai heureusement des maires courageux, qui, eux, comprirent que l'intérêt de leur agglomération n'était pas forcément contradictoire avec celui de Gaumont. À titre d'exemple, ceux de villes du Nord sinistrées, ou celui d'une grande agglomération prospère : Toulouse.

TOULOUSE

La Ville rose sourit à Gaumont

Toulouse est un modèle en ce qui concerne la politique d'implantation réussie de Gaumont. À la fin des années 2010, les cinémas Gaumont-Pathé y ont deux emplacements de grande qualité[1], avec de grandes salles de belle capacité et des espaces d'accueil conviviaux. L'un, le Gaumont-Labège, se situe à la périphérie sud-est ; l'autre, le Gaumont-Wilson, sur la place homonyme, à quelques encablures de la place du Capitole. Ce sont, en termes de fréquentation, les deux premiers cinémas de l'agglomération, avec près de 1,2 million de spectateurs chacun, à la

1. Le Gaumont-Labège, qui totalise 16 salles d'une capacité totale de 3 700 fauteuils, est inauguré le 4 décembre 1996.

Le Gaumont-Wilson totalise 15 salles d'une capacité totale de 3 500 fauteuils.

fin des années 2010. Ce succès est le fruit d'une politique à long terme, audacieuse, déterminée et persévérante.

Le Gaumont-Wilson est le plus ancien emplacement du circuit. Acquis en 1922, il devint le Gaumont-Palace. Le 16 novembre 1973, un ensemble de trois salles fut inauguré, avant d'être porté à cinq salles en 1978 et à huit en 1985. Le 18 novembre 1992, après l'acquisition notamment du magasin d'exposition Renault sur la place Wilson, l'ensemble de huit salles, totalement transformé avec deux Gaumontrama[1], fut inauguré.

Premier exploitant de Toulouse, Gaumont était convaincue que les habitants de la périphérie de cette ville jeune, dynamique et à forte population étudiante étaient mal desservis. La construction des multiplexes était soumise à l'autorisation de la Commission départementale d'équipement cinématographique. Un multiplexe à la périphérie ne pouvait être bien accueilli que s'il ne déstabilisait pas les autres cinémas du centre, notamment les salles art & essai. Nous devions obtenir l'accord de nos confrères et concurrents d'Utopia, très influents auprès des délégations culturelles départementales. Comme Gaumont respectait leur travail et leur spécificité, je décidai de faire une entorse à notre politique habituelle spécifiquement pour Toulouse, et renonçai à la programmation des versions originales des films étrangers. À la surprise générale, ils nous apportèrent leur soutien pour l'implantation du multisalle.

1. Les Gaumontrama, lancés en 1986, sont des salles de prestige dotées d'un écran panoramique d'une largeur minimum de 12 mètres, un son stéréophonique Dolby et d'une capacité supérieure à 400 fauteuils particulièrement confortables. Un modèle haut de gamme de Renault Espace portera ce nom.

Dominique Baudis, maire de Toulouse de 1983 à 2001, mit quelque temps avant d'être convaincu que le projet de multisalle à Labège était une bonne idée pour l'agglomération toulousaine. Il craignait que nous ne fermions rapidement les salles du centre-ville. Je m'engageai oralement à les laisser ouvertes.

La Mairie était propriétaire des murs d'une école hôtelière jouxtant le Gaumont-Wilson. Nous l'achetâmes[1] dans la perspective d'une expansion de ce cinéma, avant l'inauguration de Labège.

Quelque temps plus tard, la Mairie s'inquiéta de ce que nous puissions vendre l'ensemble immobilier, au demeurant le plus beau du centre-ville de Toulouse. Je ne sais pas quelle aimable langue de vipère fit cette suggestion.

Mais l'éthique demeurait. J'avais pris des engagements oraux lors de l'inauguration du Gaumont-Labège. Pour autant, je n'avais pas l'intention de les prendre par écrit, ne serait-ce que pour ne pas laisser supposer que ma parole n'avait pas de valeur... Dix-huit mois plus tard, en mai 1998, le permis de construire du Gaumont-Wilson fut déposé pour la construction de cinq salles supplémentaires. Le nouvel ensemble de treize salles fut inauguré le 2 juin 2003.

Je souhaitais pour cette inauguration la présence de Dominique Baudis et me renseignai sur ses disponibilités. « Vous allez inviter Philippe Douste-Blazy[2], me dit-il,

1. L'accord de principe est donné avant l'été 1996 et la signature a lieu au mois de novembre.

2. Philippe Douste-Blazy est maire de Toulouse alors que Dominique Baudis est soupçonné de viol et proxénétisme en bande organisée par la police toulousaine dans l'affaire Patrice Alègre. Dominique Baudis est scandalisé que son successeur ait cru à la rumeur, l'ait laissée courir et ne l'ait informé de rien. Le visage défait, il intervient au cours du journal télévisé de 20 heures, le dimanche 18 mai 2003, « pour lutter contre le poison de la rumeur et dénoncer une effarante machination ». Il sera ultérieurement lavé de tout soupçon.

et il sera assis à côté de moi. Comme je ne pourrai pas m'empêcher de lui mettre mon poing dans la gueule, abstenez-vous de m'inviter, mais je serai avec vous par la pensée et souhaite le plus grand succès à votre salle. »

Dans le Nord, Gaumont a cru que des agglomérations détruites par la crise et dépourvues de cinémas de qualité pouvaient retrouver une animation culturelle digne de leur histoire.

Calais et Valenciennes ont prouvé, chacune à sa façon, que le raisonnement était juste. Mais pour réussir, il fallait quelques adaptations.

CALAIS
23 MARS 1995
Un multisalle dans un champ de betteraves

Je ne sais où j'ai rangé la photo, mais se retrouver seul, à la nuit tombée, en léger surplomb d'un champ de betteraves donnant sur le terminal ferroviaire du tunnel sous la Manche n'était pas très favorable aux grands emballements. Le tunnel sous la Manche n'était pas encore en service, mais tous ses feux de signalisation étaient allumés et restaient désespérément bloqués au rouge. De quoi faire reculer les superstitieux. Envisager, au milieu de nulle part, un grand centre commercial à l'entrée duquel douze salles Gaumont attireraient chaque année des centaines de milliers de spectateurs nécessitait une bonne dose d'imagination et un minimum de déraison. Dire que je rentrai perplexe de cet aller-retour en solitaire est un euphémisme.

Dans cette humidité hivernale, « Waterloo, morne plaine » s'imposait à moi[1]...

Après avoir analysé en détail la fréquentation des grandes agglomérations, il m'apparaissait évident qu'à l'exception de Lille, le nord de la France était gravement sous-équipé.

Les habitants de la région furent au rendez-vous, mais nous firent toucher du doigt un sujet que nous avions mal analysé : si nous avions apprécié à sa juste valeur l'ampleur du chômage qui frappait la région, nous avions, en revanche, sous-estimé la faiblesse du niveau de vie de ceux qui avaient un emploi. Le centre commercial à côté duquel nous étions installés le confirmait : dans ces villes meurtries par la crise économique, le panier de la ménagère était inférieur de 20 % à celui des habitants de villes françaises de taille comparable. Nous devions baisser le prix des places. La fréquentation remonta, mais l'équilibre économique fut sérieusement compromis.

La chaîne économique de la remontée de la recette du spectateur au film est étrange et complexe. Dans la plupart des métiers, le détaillant achète le produit à un prix déterminé qu'il revend au client à un prix en général supérieur[2]. Dans le cinéma, depuis que Charles Pathé en a eu l'idée qui s'est généralisée dans le monde, le film n'est pas vendu mais loué à l'exploitant qui fixe souverainement le prix du billet. Le sujet majeur de controverse entre distributeurs et exploitants est le taux de location.

1. La défaite de Waterloo intervient à la veille de l'été, le 18 juin 1815. Mais le souvenir laissé par les livres d'histoire est celui de « Waterloo, morne plaine » enveloppée d'un brouillard qui ne se dissipe pas...

2. Sauf exception, la vente à perte est interdite en France.

J'entrepris les distributeurs : « Avant l'arrivée de Gaumont, l'agglomération calaisienne comptait moins de 150 000 spectateurs. Aujourd'hui, elle en a cinq fois plus[1], la recette des distributeurs a augmenté dans les mêmes proportions. Nous sommes les seuls responsables de cette amélioration mais elle nous coûte. Réduisez le taux de location les premières années pour qu'au moins nous soyons à l'équilibre. »

Le raisonnement était tellement imparable qu'il les laissa de marbre.

Grâce à un respect réciproque et à force d'entretiens amicaux, Daniel Goldman, inamovible président du Syndicat franco-américain de la cinématographie, finira par me dire : « Collectivement, je ne peux rien vous donner, mais, individuellement, je suis d'accord pour faire un effort pendant trois ans. » Sans en faire état, j'obtiendrai l'accord des autres grands distributeurs pour avoir à Calais un taux de location de faveur pendant les premières années de la montée en puissance du multisalle.

Peu de temps avant l'inauguration de Calais, j'ai tenté de revoir l'équilibre économique entre la salle et le film. La profession cherchait depuis des mois le moyen de sortir de la guerre des prix qui faisait rage entre les salles de cinéma. Après Bordeaux, la situation nantaise m'inquiétait particulièrement. Gaumont était bien implantée en centre-ville. À la périphérie, Pathé et UGC avaient ouvert presque simultanément, sur le même centre commercial de Saint-Herblain, deux multiplexes comparables qui se faisaient face, et n'avaient d'autre possibilité, pour attirer le chaland,

1. La fréquentation moyenne des trois années précédant l'arrivée de Gaumont (1992-1994) s'élève à moins de 150 000 spectateurs par an. Celle des trois suivant l'implantation (1996-1998) s'élève à 755 000 spectateurs.

que de se livrer une intense guerre de prix. Celle-ci, dramatique pour l'exploitant, dont le nombre de spectateurs augmentait peu, l'était tout autant pour le distributeur, qui voyait sa recette fondre comme neige au soleil.

Avec Georges Kiejman, nous cherchâmes une parade : proposer le film à l'exploitant en contrepartie d'un prix unique par spectateur. L'exploitant fixerait le prix de place qu'il souhaiterait et le distributeur encaisserait toujours la même somme par ticket vendu, multipliée par le nombre de spectateurs.

Élisa, réalisé par Jean Becker, dont la vedette principale était Vanessa Paradis, devait sortir le 1er février 1995.

Chez Gaumont, tout était prêt. Cette initiative, jugée révolutionnaire à l'époque, présentait un immense mérite : elle irritait tout le monde.

La SACD[1] estima que la rémunération des auteurs au pourcentage n'était pas respectée alors que pour le livre ou le disque, le prix de vente au détaillant est fixé par l'éditeur.

Les distributeurs qui voulaient se préserver des prix trop bas ne voulaient en aucun cas se priver du bénéfice de prix élevés.

Les exploitants ne voulaient pas prendre le risque de baisser leur prix tout en versant à leurs fournisseurs une redevance raisonnable.

La conclusion s'imposait, chacun hurlait pour dénoncer un système dont il s'accommodait fort bien.

Quant aux pouvoirs publics, la levée de boucliers des différents protagonistes les conduisit à ne prendre aucune décision.

Une seule personne, qui, à juste titre, ne fit pas état de

1. La SACD est la Société des auteurs et compositeurs dramatiques, fondée en 1777 par Beaumarchais.

son soutien publiquement, trouva l'initiative intéressante : Guy Verrecchia.

Des années plus tard, le Conseil de la concurrence trouvera ce système pertinent, et l'Espagne l'adoptera. En France, les professionnels sont toujours contre...

VALENCIENNES
19 JUIN 1996
Un multisalle dans une friche industrielle

Valenciennes était une ville gravement sous-équipée. Le taux de chômage y était particulièrement élevé.

Jean-Louis Borloo était passionné par sa ville et se démenait pour lui redonner un peu de son lustre d'antan. Il avait obtenu l'installation de Toyota et souhaitait une véritable implantation culturelle. Valenciennes regorgeait de friches industrielles. Il nous fit visiter les nombreux sites qui lui semblaient susceptibles d'accueillir un multiplexe. Nous tombâmes d'accord sur un lieu. Des travaux de voirie et de restauration des immeubles voisins s'imposaient. Il s'engagea à les faire réaliser avant l'ouverture du multisalle, ce qui sera accompli.

En dehors d'une solide colonne vertébrale de salariés Gaumont expérimentés et chevronnés, nous nous engageâmes à embaucher localement des jeunes sans emploi. À la première réunion de formation, personne, ou presque, ne fut à l'heure. Souvent eux-mêmes enfants de chômeurs, ils n'avaient pas l'habitude de l'heure précise. Ils se donnaient rendez-vous dans la matinée, ou plus fréquemment dans l'après-midi ou la soirée, sans fixer d'heure.

Nous les formâmes et, après une année d'ouverture du cinéma, un sur deux était tout à fait au niveau requis, pourcentage comparable à celui obtenu par la marine nationale, qui fournit également un gros effort de recrutement auprès des jeunes défavorisés.

Quant à la fréquentation de l'agglomération, elle passa de 300 000 spectateurs en 1994 à 970 000 en 1997...

Au-delà de ces trois agglomérations, cette politique fut un succès[1] à Amiens, Angers, au Havre, à Hénin-Beaumont[2], à Montpellier, Nantes, Rennes, Reims, Rouen et Saint-Étienne. En outre, Gaumont s'introduisit dans la périphérie parisienne où elle était totalement absente, chez Euro Disney, à Melun-Sénart[3] et à Saint-Denis.

Si cette politique donnait des résultats, elle nécessitait des investissements très importants. La transaction Gaumont-Pathé a coûté 70 millions de francs à Gaumont en 1992 ;

1. L'évolution au cours de la période est la suivante :

	31 décembre 1992	31 décembre 2000
Emplacements	38	46
Écrans	208	344
Fréquentation du circuit (en millions de spectateurs)	14,25	22,22
Fréquentation nationale	116	166
Pourcentage de la fréquentation nationale	12,3 %	13,4 %

2. Hénin-Beaumont, qui compte 12 salles et 2 400 fauteuils, est inauguré en 1999. En 2000, l'ensemble attire 650 000 spectateurs, fréquentation qu'il a sensiblement retrouvée en 2014 sous l'enseigne Cinéville, ayant dû être cédé après la fusion des circuits Gaumont et Pathé.

3. Melun-Sénart est un ensemble de 16 salles d'une capacité de 3 500 fauteuils, inauguré après la fusion le 28 août 2002. Après les trois premières années de plein exercice, le multisalle a attiré au cours des cinq années suivantes une moyenne annuelle supérieure à 1,5 million de spectateurs.

en 1993-1994, Gaumont investissait en moyenne 70 millions de francs par an dans son circuit de salles. Dans les six années qui suivirent, le montant s'éleva à trois fois plus, soit 225 millions de francs par an, sensiblement l'investissement de deux beaux multiplexes.

IMAX

Le coût d'avoir eu raison trop tôt

Les cinémas cherchaient à attirer plus et mieux les spectateurs. La fréquentation augmentait, mais pas autant que nous pouvions l'espérer au vu des investissements accomplis. Jean-Louis Renoux, directeur du circuit, était très séduit par une nouvelle technologie, l'IMAX. La société IMAX fabriquait deux types d'équipements. Pour les grandes salles sphériques, semi-sphériques ou traditionnelles, un projecteur de la taille d'une camionnette, refroidi par eau, qui utilisait une pellicule 70 mm horizontale, gage d'une image exceptionnelle, perçue en relief grâce à des lunettes actives offrant un son stéréophonique de grande qualité. Elle proposait également des salles dynamiques, plateformes de 18 personnes montées sur des vérins hydrauliques oscillant de droite à gauche et d'avant en arrière, permettant de ressentir les émotions physiques éprouvées par les héros des films, qu'ils soient plongeurs sous-marins ou pilotes de chasse.

La concurrence était, paraît-il, très chaude au cours de cet été 1996. Nous souhaitions l'exclusivité pour la France[1].

1. L'accord est signé le 30 septembre 1996. Nous installons des IMAX dynamiques (IMAX Ridefilm) à Anvers, Archamps, Montpellier, Toulouse-Labège et Valenciennes, et des IMAX « classiques » à Montpellier et à Disney Village.

Celle-ci avait un prix : s'engager sur un nombre minimal de commandes pour une certaine durée.

Les premières réactions du public furent excellentes, mais le succès ne s'installa pas dans la durée. Malgré les promesses d'IMAX, le renouvellement des films ne se fit pas. Pour les IMAX 3D comme pour les IMAX dynamiques, la clientèle, séduite au départ, se lassa vite. L'évaluation de celui de Montpellier donna lieu, après la fusion des cinémas Gaumont et Pathé au sein d'EuroPalaces, à une discussion tendue avec Eduardo Malone[1], son président.

Une vingtaine d'années plus tard, IMAX est redevenue la perle qui attire les spectateurs avides de sensations fortes.

2000

Le siècle n'est pas né que le ciel s'assombrit…

L'année 2000 se présentait bien.

En peu de temps, la situation se dégrada.

Le 14 janvier, Alain Poiré, alité depuis quelque temps, nous quitta.

Deux films majeurs, *Vatel* et *Les Visiteurs en Amérique*, furent de sérieux échecs.

1. Eduardo Malone est à l'époque le bras droit de Jérôme Seydoux. Il le restera jusqu'en 2010, date à laquelle il a pris sa retraite opérationnelle. Il est président de Chargeurs, coprésident de Pathé et président d'EuroPalaces. Dans ce cadre, je n'ai eu qu'à me louer de lui, même si nous avons eu une ou deux explications tendues. Tendues mais franches et loyales. Il a tenu ses engagements, et l'attribution du nom Gaumont à l'ancien Paramount-Opéra, racheté en novembre 2007, n'a pas été facile à faire accepter par son actionnaire majoritaire… Cette attitude n'était pas seulement adoptée pour m'être agréable : elle permettait la banalisation sous le même nom, celui du Gaumont-Opéra, de toutes les salles du quartier.

Enfin, les cinémas Gaumont, déstabilisés par le lancement de la carte UGC Illimité, fusionnèrent avec les cinémas Pathé.

Au décès d'Alain Poiré, son épouse, Yvette, et ses fils, Philippe et Jean-Marie, me demandèrent de dire trois mots lors de la messe que présidait Mgr di Falco, évêque auxiliaire de Paris. L'émotion l'emporta alors. Aujourd'hui, je mesure encore mieux le chemin parcouru par Alain. Ce n'est pas un chemin, c'est l'allée de Versailles, bordée de films. Comme les chênes plantés par Le Nôtre, certains de ses films sont de plus en plus appréciés avec le temps, ces films populaires que la critique bien souvent méprisa au moment de leur sortie et que de jeunes générations découvrent maintenant avec ravissement. Ces films qui ont distrait en leur temps les grands-parents font aujourd'hui pleurer de rire les petits-enfants.

Alain Poiré n'a pas produit toutes les grandes comédies cinématographiques françaises, mais il est celui qui en a produit le plus. Son secret, c'est qu'il a su durer. Pour durer, il faut d'abord connaître le succès. Alain Poiré n'a pas produit que des succès, heureusement. Mais il en a produit plus que ses confrères, ayant sensiblement attiré en France plus de 300 millions de spectateurs dans les salles.

À plusieurs reprises, Jean-Marie Poiré a évoqué devant moi son père « qui a fait la fortune de Gaumont ». Ce n'est pas tout à fait inexact, mais cette relation n'était pas à sens unique. Si Gaumont n'a pas fait la fortune d'Alain Poiré, elle lui a permis de vivre convenablement. Mais ce n'est pas mon sujet. Le sujet, c'est qu'en dehors de la période un peu troublée qui avait précédé mon arrivée, Gaumont a offert à Alain Poiré une totale quiétude pour s'occuper de ses talents[1]. Il l'évoquait lui-même ainsi : « Disposant de l'infrastructure Gaumont, je suis débarrassé de toutes les contraintes financières qui prennent tellement de temps aux producteurs, je puis travailler à l'américaine, en m'intégrant à l'équipe artistique. Je cherche à faire un film grand public en réunissant toujours les meilleurs éléments disponibles. La Gaumont est ma maîtresse, la Marguerite est ma fleur bleue[2]. »

« Salut l'artiste », lui répond-elle par ma voix. Tu as été mon oasis quand le désert brûlait.

Sélectionné pour faire l'ouverture du Festival de Cannes en 2000, *Vatel*, le film de Roland Joffé avec Gérard Depardieu, Uma Thurman et Tim Roth, fut un échec. La sortie des *Visiteurs en Amérique*, dont le tournage avait été un cauchemar, prévue pour la fin de l'année, fut reportée à l'année suivante sans que les perspectives d'équilibre économique s'améliorent...

Pour la deuxième fois sous ma direction, Gaumont tomba gravement malade, avec un déficit de 437 millions de francs, un endettement de 1,67 milliard de francs, pour un chiffre d'affaires de 1,56 milliard de francs, en retrait de 300 millions de francs sur celui de l'année précédente.

Enfin, Gaumont fut déstabilisée par le lancement de la carte UGC Illimité.

1. Source Albumes 1972. Le texte est en réalité de 1975, sous le titre : « Alain Poiré, un producteur heureux, déclare : "Ce sont les films ennuyeux qui font la crise du cinéma" ».

2. Alain Poiré, *200 Films au soleil*, *op. cit.*, p. 406.

Au début de l'année 2000, Gaumont pensait lancer une carte d'abonnement. Tout était prêt. J'hésitais sur le prix. Nous avions deux propositions : deux cartes de dix places. L'une, chère, à 500 francs, valable un an, prioritaire, qui aurait permis de ne pas faire la queue. La seconde, valable un mois, sur le prix définitif de laquelle j'hésitais, aurait été à un tarif significativement réduit.

Je savais que mes confrères avaient le même type de réflexion et je pensais sage d'attendre leur prix avant de fixer le nôtre. Il ne me venait pas à l'idée qu'ils pouvaient lancer une carte illimitée et prioritaire…

J'avais souvent eu l'occasion de parler de prix avec Guy Verrecchia et je l'avais toujours entendu abonder dans mon sens, notamment quand je lui disais : « On ne peut lutter contre une télévision gratuite pour le téléspectateur par la baisse des prix, car celle-ci est sans limite, mais par la qualité, qui a un coût donc un prix de place rémunérateur. »

En mars 2000, pour un prix mensuel de 98 francs sous réserve d'un engagement annuel, la carte UGC permettait de voir autant de films que le souhaitait l'abonné ET de ne pas faire la queue.

Dire que je n'appréciais pas cette formule est un euphémisme. La carte additionnait l'avantage d'un tarif réduit et la priorité dans la file d'attente, ce qui me semblait une erreur et mettait définitivement au vestiaire notre carte prioritaire. La carte favorisait les très grands ensembles cinématographiques, souvent à moitié vides, et que ne possédait pas Gaumont. Elle offrait des tarifs avantageux à ceux qui vont beaucoup au cinéma, les incitant à y aller encore plus. Je pensais qu'il fallait attirer ceux qui n'y allaient pas souvent.

Comme la profession et comme moi, les pouvoirs publics

étaient opposés à la carte – sans doute pas pour les mêmes raisons. Ils annoncèrent vouloir l'interdire[1]. Je les crus, ce fut une grave erreur.

Crédule et naïf, face à leurs affirmations, je ne lançai le Pass Gaumont qu'au mois de septembre, en association avec MK2, le circuit de Marin Karmitz. Commercialisé six mois après la carte UGC, le Pass apparaîtra longtemps à la traîne derrière sa concurrente.

La carte UGC fut un grand succès, et Gaumont, en quelques semaines, particulièrement à Paris, perdit de nombreux spectateurs.

En province, les face-à-face UGC-Gaumont étaient rares, et Gaumont avait en général une meilleure position. À Paris, les multiplexes UGC qui bénéficiaient d'une capacité non occupée se remplissaient, Bercy et Les Halles passèrent de 3,65 millions de spectateurs en 1999 à près de 6 millions en 2001 et, en deux ans, la part de marché d'UGC sur Paris augmenta de plus de 5 %, alors qu'elle restait sensiblement la même en province.

Les abonnements étaient une bonne idée… J'ai mal vécu celle de mon principal concurrent. Je pense néanmoins que l'incapacité des pouvoirs publics à interdire la carte UGC eut un grand rôle dans leur non-opposition à la fusion des circuits Gaumont et Pathé.

1. La vente de la carte sera d'ailleurs suspendue par UGC, du 29 mai au 26 juillet 2000, à la suite de la saisine, par la ministre de la Culture et de la Communication, du Conseil de la concurrence.

LE MARIAGE DES CINÉMAS GAUMONT ET PATHÉ

La naissance d'EuroPalaces ne me laissa pas que de bons souvenirs. Elle fut le fruit de trois négociations : avec Pathé, les pouvoirs publics et le comité d'entreprise. J'échouai sur la troisième.

La fusion avec le circuit Pathé au sein d'une société nouvelle où Gaumont était minoritaire n'était pas un mariage d'amour. C'était un mariage de raison que je poursuivais depuis des années, et dont le bien-fondé était évident : il n'y avait pas la place, en France, pour quatre circuits nationaux. En premier lieu, il fallait sauver l'emploi des salariés qui travaillaient chez Gaumont.

J'espérais la parité entre les deux sociétés. L'importance du passif apporté par les salles Gaumont et repris par la nouvelle entité, qui s'élevait à 1,24 milliard de francs, interdisait cette hypothèse. Je pensais, même si ce n'était que symbolique, que la fameuse minorité de blocage était un minimum. Pour y parvenir, un habile montage financier sur la filiale néerlandaise sera trouvé[1].

Enfin Eduardo Malone vint me voir et me dit que quel que soit le pourcentage de Gaumont, je gérerais la filiale à parité. « Faites-moi confiance. » Je la lui ai accordée. Il a tenu parole.

L'aboutissement des négociations avec Pathé à la fin de la première décade de décembre 2000 conduisit à chercher d'autres accords : celui des conseils de Gaumont et

1. EuroPalaces ne prend que 51 % de Pathé NV, dont Pathé conserve 49 %. En 2013, Pathé revend aux Cinémas Gaumont-Pathé cette participation.

de Pathé, qui approuvèrent sans hésitation l'opération ; celui des pouvoirs publics et celui des comités d'entreprise.

Par ailleurs, il n'était pas indifférent de ne pas échouer sur la communication et les éventuelles réactions de nos partenaires.

Pour, autant que faire se peut, éviter les commentaires médiatiques trop désagréables susceptibles de faire changer d'avis les responsables politiques, nous constituâmes une *task force* limitée et de grande qualité avec Maurice Lévy et Georges Kiejman.

L'un comme l'autre faisaient partie du cercle restreint de ceux que j'ai associés à mes décisions délicates.

Maurice Lévy était un ancien compagnon de route. S'il ne fit pas partie du voyage organisé par Marcel Bleustein-Blanchet à Osaka en 1970, ni ne participa en 1974 aux discussions d'un éventuel rapprochement entre Publicis et Gaumont, je le croisais régulièrement pour échanger quelques mots dans les bureaux de Publicis. Une fois administrateur de cette dernière, je fus à même d'apprécier les exposés du directeur général qu'il était devenu en 1976. Après la vente des actions de Publicis, nous nous verrons souvent, notamment au cours de la courte aventure de TV6.

Maurice Lévy a été associé à toutes les décisions susceptibles d'entraîner une communication publique, et je ne peux que m'en féliciter. Toujours disponible, toujours efficace, toujours attentif, toujours aimable, avec un sens de l'humour que je souhaite à beaucoup.

Je ne sais pas quand, où ni comment j'ai rencontré Georges Kiejman.

Ce dont je suis sûr, c'est que nos relations sont anciennes. Pendant plusieurs décennies il a été l'avocat de Gaumont et nous avons cherché ensemble des solutions originales à des problèmes complexes, du départ de Daniel Toscan du Plantier (1985) aux procès de *La Bicyclette bleue* (1989-1993), de la suppression du taux de location dans les salles (*Élisa*, 1995) à la fusion des circuits (2001).

Au-delà du remarquable pénaliste, de l'ancien ministre bien introduit, c'était un spécialiste du droit d'auteur et un passionné de cinéma. Outre nos rencontres professionnelles, j'ai toujours eu plaisir à déjeuner tranquillement avec lui.

Aucune fuite n'avait eu lieu. Comme nous espérions boucler l'affaire avant la fin de l'année, le calendrier de la fusion était serré. Il fallait tout gérer dans le bon ordre, sachant que les responsables politiques et leurs conseillers ont souvent de la peine à tenir leur langue et qu'ils devaient pourtant être sondés avant que le projet ne soit présenté aux comités d'entreprise et aux conseils d'administration.

Nous nous partageâmes les tâches.

Dans la matinée du mardi 12 décembre 2000, Jérôme rencontra la ministre de la Culture, Catherine Tasca, dont il pensait qu'elle ne serait pas opposée au projet. Il avait raison.

Georges Kiejman et moi-même vîmes le ministre de l'Économie, Laurent Fabius, et son directeur adjoint de cabinet. Laurent Fabius resta un sphinx et nous remercia de l'avoir prévenu, comme tous ceux que nous rencontrerons au cours de la journée.

Dans l'après-midi, je vis Roch-Olivier Maistre[1] à l'Élysée, qui ne sembla pas trop surpris par l'information, puis

1. Roch-Olivier Maistre est à l'époque conseiller pour l'éducation et la culture de Jacques Chirac, président de la République. Il sera mon intermédiaire influent pour obtenir la promotion de Jack Valenti dans l'ordre de la Légion d'honneur.

David Kessler[1], à Matignon qui ne se manifesta pas particulièrement.

Le mercredi 13 décembre, je rencontrai Marin Karmitz. Même s'il estimait avoir été, en son temps, l'auteur de la dissolution du GIE Gaumont-Pathé, « parce que asphyxié par sa programmation », il était devenu l'associé de Gaumont sur le Pass et je pensais important de le tenir informé. Il ne sembla pas trop surpris, trouva l'opération logique, fut flatté que je lui en parle avant tout le monde et évoqua surtout l'avenir de MK2. Six jours plus tard, nous déjeunions avec Eduardo Malone, qui séduisit Marin avec une jolie phrase du style « comme vous, je suis d'origine étrangère, il faut que la vie vaille la peine d'être vécue et pour cela il ne suffit pas d'avoir une vie familiale agréable… ».

Le jeudi 21 décembre, je vis à mon tour Catherine Tasca, qui tint sensiblement ces propos : « Je suis contre les concentrations par principe, mais je comprends très bien la logique de votre alliance. J'ai cru comprendre que le ministre de l'Économie n'était pas contre, mais je vais lui demander de saisir la direction de la Concurrence de façon à être sûre qu'il n'y ait pas de problème. J'encadrerai l'analyse en précisant que de mon point de vue il n'y en a pas. »

Le mardi 20 février 2001, nous obtenions l'accord de la direction de la Concurrence, et avions officiellement toutes les autorisations le jeudi 22 février 2001 dans la soirée.

Pouvoirs publics, profession, médias ou grand public… tous étaient favorables, neutres ou indifférents. Il n'en alla pas de même du comité d'entreprise de Gaumont[2]. Les

1. David Kessler est à l'époque conseiller pour la culture et la communication de Lionel Jospin, Premier ministre.

2. Le comité d'entreprise de Pathé a immédiatement donné un avis favorable au rapprochement des deux circuits.

négociations avec celui-ci furent difficiles et pour tout dire un échec : je ne parvins même pas à lui faire formuler un avis, et me retrouvai assigné devant les tribunaux.

Conformément à la loi, j'exposai le projet au comité d'entreprise le 14 décembre. J'étais tendu. Je mesurais l'importance de la décision pour les salariés. Je les connaissais, je crois qu'ils me connaissaient, et j'espérais les convaincre que la fusion était la garantie de leur emploi.

Nous nous revîmes une semaine plus tard. Je n'avais pas avancé d'un centimètre.

Trois semaines plus tard, je pensais sage de faire venir le responsable de la future société, Eduardo Malone. Curieusement, alors que la discussion devait porter sur l'ensemble des salariés, elle se concentra sur le sort des seuls directeurs.

Les circuits Gaumont et Pathé étaient gérés différemment : l'un était centralisé, l'autre décentralisé avec des sociétés distinctes pour chaque emplacement. Le rôle et les responsabilités de tous les salariés étaient les mêmes, à l'exception du directeur, véritable petit chef d'entreprise chez Pathé. Certains directeurs Gaumont craignaient cette évolution, avaient peur de ne pas être à la hauteur et de perdre leur emploi. Certains membres du comité d'entreprise allaient tout faire pour alimenter cette inquiétude.

Le 11 janvier 2001, le comité d'entreprise refusa de se prononcer sur le projet[1] et lança le « droit d'alerte ». Je fus

1. La loi prévoit que le projet doit recueillir l'avis du comité d'entreprise. L'idée du législateur est d'obliger la direction à présenter le projet pour recueillir un avis. La jurisprudence a interprété littéralement le texte. Si, dûment informé, le comité d'entreprise ne se prononce pas, cela signifie qu'il n'a pas émis d'avis… Toutefois, le refus systématique d'avis, après une période prolongée, est considéré comme un avis négatif. Cette position est absurde car elle transforme des partenaires en protagonistes. Une société ne peut être dirigée qu'avec les salariés, pas contre eux… Beaucoup d'autres pays l'ont compris…

ensuite accusé de « délit d'entrave à l'exercice du droit syndical » et de « traitement discriminatoire[1] », accusations qui n'avaient aucun rapport avec la fusion des circuits, et dont je serai lavé par le tribunal de Nanterre, qui classera l'affaire le 19 novembre 2001.

Nous nous revîmes tous les mois jusqu'en mai, dans un climat de plus en plus délétère. J'étais miné, rongé. Je fus accusé de « manœuvres ».

Devenir actionnaire minoritaire d'un circuit dans lequel je m'étais totalement investi pendant un quart de siècle était un déchirement personnel, mais j'avais mis mon ego dans ma poche.

Les représentants du comité d'entreprise étaient dans l'ensemble raisonnables, mais ils furent entraînés dans une spirale infernale par une jeune femme talentueuse dont à aucun moment je ne parviendrai à ébranler l'ascendant qu'elle avait pris sur ses collègues.

Quelles étaient les autres possibilités ?

Poursuivre une guerre fratricide au profit des banquiers et des bétonneurs, et espérer que *Le Grand Bleu*, *Le Dîner de cons*, *Les Visiteurs* et *Intouchables* paieraient les sacs de ciment et les intérêts ? Et si ces succès faisaient défaut, conserver les meilleurs emplacements et se séparer de tous les autres pour se désendetter fortement et dégager une marge suffisante au prix de nombreuses suppressions

1. Le premier chef d'accusation est « le délit d'entrave à l'exercice du droit syndical parce que les heures de trajet ne sont pas payées normalement, parce que les heures de délégation sont payées avec retard, ne sont pas payées en heures supplémentaires, sont inscrites sur les fiches de salaire et n'incluent pas la prime de confiserie ». Le second concerne « le traitement discriminatoire réservé à une salariée » dont l'ascension professionnelle a été exemplaire et le salaire multiplié par 2,5 en six ans…

d'emplois ? Les salariés, alors, auraient pu se mettre en grève, et Gaumont déposer son bilan ? Ils étaient probablement convaincus que Gaumont ne pouvait pas faire faillite. C'était à mon avis une erreur.

Une vingtaine d'années plus tard, je n'ai pas changé d'avis. Les Cinémas Gaumont-Pathé ont tenu leurs engagements. De nouveaux emplacements ont été créés, et grâce à eux de nouveaux emplois et de nouvelles perspectives ont été offerts aux salariés.

J'ai appris qu'un leader décidé, en l'occurrence une leader, pouvait transformer l'attitude d'hommes et de femmes apparemment lucides et éclairés en moutons sans état d'âme ni mémoire.

Les épreuves forment, dit-on, et j'en suis convaincu, mais le premier semestre de l'année 2001 a été un cauchemar qui m'aurait détruit si quelques-uns, à commencer par Marie, mon épouse, n'avaient été là.

Je n'ai pas pu, pas su convaincre le comité d'entreprise. Mon viatique avant, pendant et après cette épreuve est fondé sur la confiance en la nature humaine et le respect de l'autre. Dire qu'il a été mis à mal est un doux euphémisme.

Parmi les explications à cette opposition systématique, il y en a une bien sympathique, donnée par un ancien secrétaire du comité d'entreprise, alors affilié à la CGT : « Vous récoltez d'avoir trop donné, vous les avez trop gâtés, ils vous aiment tant qu'ils ne veulent pas vous quitter. » C'est celle que je préfère retenir, même si c'est donner un sens spécifique au verbe « aimer »...

Gaumont ne gérait plus de cinémas ; Luc Besson avait pris son indépendance et créé sa société ; à l'exception du

Placard de Francis Veber, œuvre posthume d'Alain Poiré, produite opérationnellement par Patrice Ledoux, les grands films populaires ne trouvaient pas leur public, alors que d'autres, moins ambitieux commercialement, enregistraient des pertes considérables.

Je devais à nouveau envisager de changer de capitaine.

9

Le passage de témoin : Sidonie Dumas

« L'habituel défaut de l'homme est de ne pas prévoir l'orage par beau temps. »

Machiavel

Avril 1998. Gaumont allait bien. Le 24 mars, j'avais fait part de mes réflexions dans le rapport annuel 1997 :

1997 restera pour Gaumont l'année du *Cinquième Élément*, qui marque pour la société sa première tentative de produire un film aux ambitions mondiales et dont le succès justifie toutes les espérances qu'il portait. *Le Cinquième Élément* est sorti dans tous les pays du monde et, à quelques exceptions près, il était les premières semaines de sa sortie celui qui attirait le plus de spectateurs. Il a été vu par plus de 50 millions de spectateurs, dont 14 aux États-Unis, 7,5 en France, 3 en Allemagne et en Corée, 2 en Grande-Bretagne et plus de 1 million dans des pays aussi différents que le Mexique, l'Espagne, l'Italie, l'Australie, la Malaisie, le Japon, le Brésil ou la Colombie. Gaumont est fière d'avoir pu accompagner Luc Besson dans ses ambitions mondialistes pour lui permettre de signer le plus grand succès international d'un film français. De 1996 à 1997, Gaumont a réalisé un chiffre d'affaires en augmentation de 48 % et le résultat courant augmente de 30 %...

Le 1er avril 1998 – cela ne s'invente pas –, je concluais un séminaire réunissant les cadres de Gaumont par ces termes : « J'ai bientôt soixante ans, je me dois de réfléchir à l'avenir. Le cinéma est une activité où, à un bout de la chaîne, les clients sont jeunes, les spectateurs dont la moyenne d'âge est inférieure à vingt-cinq ans et où, à l'autre bout, les talents, qu'il faut séduire pour remplacer ceux qui nous sont fidèles depuis longtemps, sont également jeunes. »

Gérard Schoumaker, ancien secrétaire CGT du comité d'entreprise, intervint pour me demander si j'envisageais de quitter Gaumont. Je répondis que ce n'était pas mon intention mais que je réfléchissais à la façon dont je pourrais me dégager de mes responsabilités opérationnelles.

Quelques heures plus tard, dans la salle d'embarquement de l'aéroport, Alain Poiré me dit : « Tu ne vas pas prendre ta retraite ? Regarde André Rousselet : il n'est plus rien. » Je lui répondis : « Il a bien eu raison de quitter Canal+ à son apogée. »

Deux philosophies de vie. Faire cette déclaration en public avait un immense avantage : ce qui n'était jusque-là qu'une conviction intime devint un engagement contracté devant des tiers, et à l'égard de Gaumont. Je suis convaincu qu'« on » est apte à passer la main jusqu'aux alentours de soixante-dix ans : si à cet âge aucune décision n'a été prise, alors « on » restera en poste jusqu'à la fin de sa vie. À l'époque, j'avais un seul exemple positif de cette situation : Marcel Dassault. J'en connais un autre depuis, celui de mon frère aîné, Jérôme. À près de quatre-vingt-dix ans, il mène Pathé vers des sommets toujours plus hauts.

Les autres exemples que j'avais étaient négatifs, voire tristes, à l'exemple de Marcel Boussac. Autocrate perfectionniste et paternaliste, il avait engagé Christian Dior en 1946, alors qu'il était le leader mondial de l'industrie cotonnière. Une quinzaine d'années plus tard, en 1960, à l'âge de soixante et onze ans, Marcel Boussac était classé par le *Sunday Times* comme l'un des six hommes les plus riches du monde. Le 30 mai 1978, il dut déposer le bilan de son groupe, racheté par les frères Willot, contraints six ans plus tard de le vendre à Bernard Arnault. Après des réorganisations brutales, celui-ci construira LVMH à partir de ce groupe…

En 1998, je n'avais pas de programme successoral en tête, excepté celui que j'avais esquissé en cas de mort ou d'incapacité : Marie, mon épouse, deviendrait présidente non exécutive, et Patrice Ledoux directeur général.

L'éventail des options était limité. L'évolution la plus simple, la plus vraisemblable, la plus attendue par tous serait de devenir président non exécutif et de nommer Patrice Ledoux directeur général, ce qui assurerait une transition en douceur. Elle avait le défaut de ne pas préparer l'avenir : Patrice n'avait que cinq ans de moins que moi.

Le souvenir d'une succession réussie chez Schlumberger, lors de laquelle j'avais entendu mon père dire : « Il faut savoir sauter une génération », me poussa à étudier cette solution.

La lumière survint durant la trêve des confiseurs de Noël 2003 : pour réussir la transition, les responsables anciens devaient s'effacer, et permettre ainsi aux nouveaux entrants de faire leurs preuves. Je pensais être capable d'abandonner mes responsabilités opérationnelles, de ne pas râloter sur d'éventuelles imperfections et de veiller aux risques majeurs. Il devait en être de même de Patrice Ledoux : il ne devait faire partie ni de la future direction, ni du futur conseil. En revanche, s'il l'acceptait, comme il me l'avait proposé un jour, il pouvait continuer à produire pour Gaumont.

À partir de là, tout fut clair.

Chez Gaumont, trois jeunes, chacun dans leur domaine, me semblaient se faire progressivement une place au soleil : Sidonie Dumas, Franck Chorot et Christophe Riandée. Respectivement dans la production, la distribution et la gestion.

À la différence de son père, ma fille Sidonie est une enfant de la balle. Elle avait été adolescente en même temps que Vic, l'héroïne de *La Boum*, dont le scénario l'avait captivée. Elle avait dévoré les tomes de *La Bicyclette bleue*, tout en regrettant que Léa ressemble trop à Scarlett et que ce roman ne puisse être tourné pour le grand écran. Arrivée à Ios sur le tournage du *Grand Bleu*, elle s'était définitivement prise de passion pour le cinéma et avait décidé de rester avec l'équipe de Luc Besson pour *Atlantis*. Elle passa ensuite quelque temps chez Warner à Los Angeles avant de rejoindre Alain Terzian sur le tournage de *L'Opération Corned-Beef*. Elle fit alors la connaissance de Jean-Marie Poiré et, dès qu'elle en eut pris connaissance, devint une inconditionnelle du scénario des *Visiteurs*.

La question qui se posait, qu'elle se posait et que je me posais alors était simple : Gaumont or not Gaumont ? Nous en discutâmes. Sidonie voulait travailler. Elle voulait avoir une vie professionnelle enrichissante et fructueuse, et ne souhaitait dépendre économiquement ni de ses parents ni de son éventuel futur mari. Sidonie n'aime pas le cinéma, elle a une passion pour le cinéma. Elle ne voulait travailler que dans le cinéma. Travailler chez Gaumont présentait le pire des inconvénients : elle y serait la « fille à papa ». Ne pas y travailler avait en revanche un immense privilège : laisser penser soit qu'elle était brouillée avec son père, soit que celui-ci la jugeait incompétente, voire les deux.

Sidonie, sa mère et moi n'eûmes aucune hésitation : Sidonie devait entrer chez Gaumont, y apprendre ce qu'elle aimait, produire, et ne pas dépendre directement de moi.

En 1991, elle avait vingt-quatre ans et rejoignit Gaumont où, rattachée directement à Patrice Ledoux, elle allait essentiellement faire un travail de soutier. J'allais être très attentif à ne pas interférer dans cette situation hiérarchique.

Entre des séjours dans deux capitales régionales affriolantes, Clermont-Ferrand avec son festival du court-métrage et Brest qui cherchait à attirer le jeune cinéma, elle était en quête de nouveaux talents. Elle lisait scénario après scénario et, devenue responsable de l'accueil des projets, apprit à dire non. Les années passèrent et Sidonie commença à avoir le sentiment que le terme « accueil » était peut-être un peu emphatique pour les missions qu'elle remplissait et que sa liberté ressemblait à celle d'un animal en cage… Sidonie, chez Gaumont depuis quinze ans, approchait de la quarantaine. Elle était en demande de responsabilités.

Christophe Riandée, après sept ans dans l'audit et quelques expériences dans des sociétés audiovisuelles, était devenu en 2003, à trente-deux ans, directeur financier de Gaumont. Il occupait le poste avec efficacité et compétence et devait être le « gardien de phare » des producteurs.

Franck Chorot était le doyen de cette jeune équipe. Il avait passé quelque temps chez Gaumont à la programmation des salles de province avant d'occuper avec succès des postes de responsabilité chez différentes consœurs, jusqu'à devenir directeur général d'Universal en France. Il était revenu chez Gaumont en 2000, en tant que directeur général adjoint marketing et distribution.

Les membres de ce trio avaient des qualités complémentaires. La formule du directoire me parut donc la plus appropriée.

J'en parlai aux trois principales futures actionnaires, à savoir mon épouse, Marie, et nos deux filles, Pénélope et Sidonie. Je devais tout mettre en œuvre dans un calendrier très serré, car je voulais aboutir avant d'avoir soixante-cinq ans. Au cours du mois de janvier 2004, je peaufinai ma stratégie. Même s'il fallait d'abord réfléchir et savoir « donner du temps au temps », je savais que, dans l'action, il faut être vif comme l'éclair. Le but est d'éviter les commentaires et les bruits divers, spécialités du « monde du cinéma » qui ne peuvent que polluer l'action.

Chez Gaumont, comme dans la plupart des sociétés, l'exercice social correspond à l'année civile, et la messe qui clôture les comptes doit légalement se tenir dans les six mois. Depuis mon arrivée chez Gaumont, je m'efforçais de la planifier le plus tôt possible et, depuis 1995, celle-ci avait lieu avant le Festival de Cannes, dans les derniers jours d'avril ou les premiers du mois de mai. Il était difficile, pour des raisons administratives, de faire beaucoup mieux. Je ne voulais pas, particulièrement cette année-là, prendre le risque de repousser l'échéance pour donner au Tout-cinéma l'occasion de spéculer pendant le Festival de Cannes[1] sur de prétendues informations. L'assemblée devait se tenir, comme prévu, avant Cannes.

Pour y parvenir, je devais être prêt pour le conseil qui devait arrêter les comptes, prévu pour le 26 février, dont je ne voulais pas modifier la date.

Le mois de février 2004 fut particulièrement chargé : je devais convaincre les administrateurs et mes « conseilleurs » habituels de la stratégie choisie, me séparer de certains administrateurs, m'assurer que ceux que je souhaitais garder acceptent de passer du statut d'administrateur à celui de conseilleur[2], notamment Thierry Dassault et Antoine Gallimard, et enfin trouver de nouveaux administrateurs de qualité.

Dans ma tête, Sidonie, même si elle n'avait guère l'expérience de la gestion d'une entreprise, devait être la présidente du directoire. Elle ignorait mon état d'esprit, mais allait être très claire : elle voulait que personne, en dehors éventuellement de moi, ne dirige ses choix artistiques, et par conséquent ne pas dépendre de Franck Chorot. Je lui parlai d'une action pour le prochain conseil. « Déjà », me dit-elle.

Le vendredi 20 février, Marc Tessier, alors président de

1. En 2001, l'assemblée générale qui doit approuver la fusion des cinémas Gaumont et Pathé a dû être repoussée au 27 juin à cause de mes soucis avec le comité d'entreprise. J'ai donc un très mauvais souvenir de ce report.

2. Conseilleur : il n'y a pas de substantif satisfaisant pour « membre du conseil de surveillance ».

France Télévisions, m'appela pour me dire : « On dit dans Paris que je suis las, que je ne serais pas reconduit dans mes fonctions et que tout cela est sans importance puisque je vais être nommé directeur général de Gaumont... » Quelques heures plus tard, alors même que 110 000 actions de Gaumont cherchaient preneur, je vis Maurice Lévy, qui avait entendu cette rumeur sans y donner de crédibilité. Deux ans plus tard, en mars 2006, Marc deviendra administrateur de Gaumont.

Je fis part à Maurice Lévy de mes propositions de réorganisation et nous arrêtâmes les grandes lignes de la communication. Je lui proposai ensuite de devenir membre du conseil de surveillance. Il déclina l'offre car, me dit-il, dans l'exercice de ses responsabilités à l'égard de ses clients, il avait décidé de n'accepter aucun poste. Je lui demandai alors l'autorisation d'en faire la proposition à Bertrand Siguier. Il me dit : « J'allais vous le proposer, c'est un autre moi-même, je lui donnerai le temps disponible. »

À la sortie de son bureau, nous tombâmes sur Bertrand, très ému de ma proposition.

À l'issue de la réunion de production du mardi suivant, je demandai à Franck Chorot de ne pas partir le lendemain pour Los Angeles et de garder l'information pour lui. À peine avais-je tourné le dos qu'il en parla à Ariane Toscan, laquelle en parla à Sidonie... Je le rappelai pour lui préciser qu'il ne devait pas être inquiet, mais moi, je le devins sur sa capacité de discrétion, qualité fondamentale de tout responsable.

Jeudi, dans la matinée, je parlai à Patrice, qui se rallia à mes propositions.

Les administrateurs comme les directeurs approuvèrent ces transformations.

Le vendredi 27, l'annonce au comité d'entreprise ne

suscita pas de commentaires particuliers. Elle fut suivie à midi par une réunion de l'ensemble des salariés à l'issue de laquelle Gérard Schumacher, me rapporta Françoise, mon assistante, fut très satisfait, alors qu'Ariane semblait enthousiaste.

L'ambiance était bonne, et Patrice avait l'air si décontracté que d'aucuns auraient pu croire qu'il était à l'initiative de l'idée.

LA DEUXIÈME RECOMPOSITION DU CONSEIL

La roue tourne

Je pensais sage d'apporter un peu de sang neuf au conseil, mais je ne souhaitais pas augmenter le nombre d'administrateurs. Je demandai donc à Bernard Hanon, notre doyen, de ne pas se représenter.

Bernard Hanon était administrateur de Gaumont depuis 1986.

Je l'avais connu lorsque nous étions tous les deux au conseil de Schlumberger. À bord de Concorde ou entre deux réunions, il me posait des questions sur le cinéma, moi sur l'automobile. C'est ainsi que je lui avais demandé de devenir administrateur de Gaumont. En 1984, alors qu'il fallait arrêter les folies internationales, je m'étais appuyé sur l'analyse d'un cabinet de conseil dont il m'avait suggéré le nom, et que j'avais d'autant plus écouté qu'il me recommandait de faire ce que j'avais en tête.

Ayant choisi comme modèle d'organisation la formule du directoire et du conseil de surveillance, je proposai aux administrateurs de changer de statut, sinon de rôle, puisque au titre près, celui-ci est le même.

Mon frère Michel fut le premier mis dans la confidence, et avant la réunion du conseil, j'en prévins les autres intéressés, Thierry Dassault et Antoine Gallimard.

Thierry Dassault est l'un des héritiers du grand groupe créé par son grand-père. Serge, fils de Marcel, avait remarquablement assuré la pérennité du groupe malgré les soucis qu'il avait connus avec la justice. Il avait eu quatre enfants, lesquels, malheureusement, ne s'entendaient guère. Il était de notoriété publique que Laurent et Olivier[1] n'avaient pas les mêmes idées sur celui qui devrait prendre les rênes du groupe quand l'occasion s'en présenterait. À lire les communiqués des journaux financiers, tout aurait été réglé, espérons-le pour ce fleuron de l'industrie française…

Thierry était administrateur de Gaumont depuis 1994, succédant au général de Bénouville pour représenter les intérêts de la famille Dassault, le patriarche m'ayant exprimé ce souhait avant de mourir. La seule fois où j'eus l'occasion de parler avec Serge Dassault de la participation de son groupe dans Gaumont, c'est Olivier, associé lors de mon arrivée chez Gaumont aux productions décidées par son grand-père, qui était autour de la table…

Antoine Gallimard était administrateur de Gaumont depuis 1997. Je l'avais connu grâce à Gaumont. Dire qu'un Gallimard se livre beaucoup serait exagéré, et Antoine guère plus qu'un autre.

Daniel Toscan du Plantier avait eu une obsession : faire

1. Olivier Dassault s'est tué dans un accident d'hélicoptère le 7 mars 2021.

de Gaumont une sorte de Gallimard. Cet objectif me plaisait d'autant plus que le nom de Gallimard m'était tout sauf étranger : mon grand-oncle Jean Schlumberger, avec André Gide, Jacques Copeau, Henri Ghéon et André Ruyters, avait été un des fondateurs de la *NRF*, dont il avait lui-même dessiné le monogramme.

Nous avions réussi un tour de force : inviter à dîner tous les Gallimard, qui entre eux ne se voyaient jamais[1].

En 1981, nous avions formé avec Gallimard une jolie association, Édivisuel, dont le but était de valoriser les droits audiovisuels du patrimoine Gallimard et de donner à Gaumont un premier accès à celui-ci. Martine Offroy, ancienne de chez Gallimard et directrice de la communication chez Gaumont, en était la présidente, et Françoise Verny la directrice générale. D'autres parleraient mieux que moi de la papesse de l'édition française. Elle avait la détestable réputation de commencer à boire assez tôt dans l'après-midi et, à partir d'une certaine heure, de dire de chacun ce qu'elle pensait de lui, ce qui ne lui attirait pas que des amis. Mais son talent était reconnu de tous. Ce ne sont d'ailleurs pas ses excès qui mettront à mal notre association, mais une imprécision, fréquente chez Daniel : savoir dans quelles proportions chacun des deux G, Gallimard ou Gaumont, devait la rémunérer.

Cette vraie bonne idée allait mourir sur le partage du salaire de Françoise Verny et valoir à l'avocat historique de l'honorable maison d'édition, Georges Kiejman, qui avait osé tenter de se poser en médiateur, l'ire de Claude Gallimard. Après cet épisode raté, je suivrai avec grand intérêt,

1. Les parents, Claude et Simone, et les quatre enfants, Françoise, Christian, Antoine et Isabelle.

sinon les déchirements familiaux, du moins la prise de pouvoir par Antoine.

La situation que lui laissait son père n'avait pas été simple à régler. Il avait su vite et bien prendre le contrôle de la maison et, le succès de la saga *Harry Potter* aidant, rembourser rapidement les dettes qu'il avait contractées pour indemniser les membres de la famille et redonner tout son lustre à ce grand nom de l'édition française.

Depuis, il a bien voulu m'associer à sa filiale numérique qu'il a, à juste titre, rapidement fermée et me tenir informé de ses développements, notamment de l'acquisition de Flammarion, que je l'avais vivement engagé à faire, malgré la baisse des ventes du livre traditionnel.

Antoine est un marin déterminé qui sait garder son calme dans la tempête. Beaucoup l'ont sous-estimé. En novembre 2019, il a entrepris la traversée de l'Atlantique en équipage réduit et terminé premier de sa catégorie.

Ayant conforté les anciens, il me fallait trouver des nouveaux qui aient l'expérience de la gestion des entreprises et s'intéressent au secteur dans lequel Gaumont évolue. Je n'eus pas beaucoup d'hésitations.

Je connaissais Bertrand Siguier depuis des lustres. C'était mon plus vieil ami depuis la mort de Daniel Toscan du Plantier, avec lequel nous étions ensemble sur les bancs de Sciences Po. Mais ce n'est pas à ce titre que je lui ai demandé de devenir administrateur de Gaumont.

Après avoir fait une partie de ses études en Angleterre, Sciences Po et des études de droit, passé deux ans en Égypte comme professeur de droit pendant son service militaire dans la coopération, Bertrand avait été analyste financier chez Neuflize-Schlumberger avant d'intégrer le groupe Publicis en 1970 comme chef de publicité. Il en avait gravi tous les échelons, d'abord avec Marcel Bleustein-Blanchet, puis avec Maurice Lévy, pour devenir en 1999 un des membres du directoire. Bertrand s'est particulièrement consacré à l'international, notamment au Japon. Retraité, il était resté le conseil écouté de Maurice Lévy, jusqu'à son retrait des responsabilités opérationnelles pour les pays complexes, où l'expérience est un précieux atout, tels le Japon, l'Inde et la Turquie.

À titre personnel, Bertrand est un grand mélomane, avec une des plus belles collections de 33 tours qui soient, et un cinéphile, sans doute plus attiré par les films noirs américains que par ceux de Dany Boon.

Marc Tessier fut nommé administrateur le 27 avril 2006. C'est un pur produit de notre méritocratie républicaine. Polytechnicien, inspecteur des finances, il faisait partie de la petite équipe d'André Giraud au ministère de l'Industrie.

Il fut appelé par André Rousselet pour être directeur financier puis directeur général d'Havas et de Canal+. Il devint ensuite directeur du CNC, puis président de France Télévisions. Je fréquentais donc professionnellement Marc Tessier depuis plus de trente ans. Il faisait partie des trop rares hauts fonctionnaires à connaître l'audiovisuel tant privé que public. Ces contacts m'avaient convaincu, lorsqu'il avait pris ses distances avec l'administration, qu'il pouvait être un excellent administrateur pour Gaumont. Je n'ai qu'à me louer de ses services en tant que président du comité d'audit, qui allient connaissances, compétences et diplomatie.

Par ailleurs, c'est un homme de grande culture, particulièrement féru d'histoire, un alpiniste, un grand skieur et un grand chasseur. Plein d'humour, il est devenu un ami.

Mon amour des voitures m'a heureusement conduit vers Jean Todt. C'est le seul grand professionnel de l'automobile que je connaisse bien, si ce mot a un sens. J'ai rencontré le responsable de Peugeot Talbot Sport ; j'ai connu le responsable des rallyes-raids, le vainqueur des 24 Heures du Mans, le sauveur de Ferrari, le président de la Fédération internationale de l'automobile (FIA). Dès le premier jour, il m'a impressionné par la qualité de son contact, son jugement humain, sa précision, son sens du détail et de l'organisation. Même si nous ne nous voyons pas très souvent, c'est un ami.

Jean est devenu responsable d'une équipe de voitures de sport. Jeune pilote, il a très vite été dans le fossé, et en a déduit qu'il n'était pas le meilleur, seule position qu'il puisse envisager. Les pilotes de l'époque manquent de bons navigateurs, leur rôle étant souvent considéré comme secondaire. Jean va devenir la référence du navigateur. Rapidement, sa notoriété dépasse son domaine, à tel point que Jean Boillot, alors directeur général de Peugeot, lui confie la responsabilité de Peugeot Talbot Sport, alors « petit nom » du sport automobile, dont, en quelques années, il va faire le numéro un mondial des rallyes, des rallyes-raids[1] et des épreuves d'endurance. Il crée cinq voitures, toutes victorieuses : les 205 et 405 de rallye, les 205 et 405 de rallye-raid et la 905.

Ce n'est pas sans une certaine nostalgie qu'en 1993 Jean quittera Peugeot pour Ferrari. Les responsables de l'époque n'ont pas imaginé une seule seconde son potentiel, oubliant que le risque et l'innovation sont deux des mamelles de l'industrie et qu'au-delà de faire tout gagner à Peugeot dans le sport, il aurait pu, il aurait dû devenir le directeur général

1. Voir Annexe XIV, Le Rallye des Pharaons, p. 437.

de la marque au Lion. Car si la suite a montré que Jean pouvait redresser une entreprise aussi mythique, politique, nationaliste et irrationnelle que Ferrari, dont il est devenu le directeur général, il aurait pu être l'homme de Peugeot...

Chez Ferrari, je n'ai été que spectateur du travail de Jean, dans ses bureaux, à l'usine, sur les circuits d'essai ou de course.

La même précision, le même bouillonnement, retenu et contenu, la même exigence, le même goût et sens de la perfection, et surtout la capacité de faire travailler ensemble ces caractères, ces talents, ces individualités, de les convaincre qu'aussi exceptionnels soient-ils, ils ne peuvent rien seuls, de créer un état d'esprit unique, celui de l'équipe.

Le succès dans le cinéma comme dans la course automobile n'est atteint que grâce à de fortes individualités, des talents incontestables, auteur, réalisateur, comédiens d'un côté, pilote, motoriste, aérodynamicien de l'autre. La difficulté n'est pas tant de les trouver que de les faire travailler dans la meilleure harmonie pour réussir le film ou gagner la course.

Ce compagnonnage devait me conduire à présenter Jean à certains de mes amis, dont Luc Besson. Ces deux autodidactes, ou presque, ces deux bourreaux de travail qui ont fait de leur passion leur métier étaient faits pour s'entendre. Jean permettra à Luc de participer à Magny-Cours à une course de F3, et ils auront l'occasion de se revoir, sans moi.

J'étais donc convaincu que Jean pourrait être pour Gaumont un excellent administrateur. Le jour où je le lui ai demandé, il m'a répondu, gêné, qu'il avait accepté, deux semaines auparavant, la même proposition de Luc. Luc, gentleman, déliera Jean de sa parole, « c'est vous qui nous avez présentés, vous avez la priorité ». Ils se retrouveront par la suite, notamment au sein de l'Institut du cerveau et de la moelle épinière (ICM) du Pr Saillant, et c'est en partie grâce à Jean que Luc tournera *The Lady* avec Michelle Yeoh, femme de Jean, ce qui vaut à ce dernier d'être producteur associé du film.

LE DIRECTOIRE

Encore plus bref que celui de la Révolution

Le 29 avril 2004, l'assemblée générale décida sur ma proposition de créer un directoire. Elle laissait au conseil le soin d'arrêter la date de prise effective des fonctions. Celle-ci interviendra trois mois plus tard, le 27 juillet 2004. J'avais soixante-cinq ans depuis onze jours, les engagements pris à Montpellier six ans plus tôt étaient tenus.

CHRISTIAN CLAVIER

Si Louis de Funès m'était conté…

Un premier incident intervint très vite. Ce fut lors de la sortie de *L'Enquête corse* (2004) d'Alain Berberian, dont les interprètes principaux étaient Christian Clavier et Jean Reno. Après avoir vu le film, Sidonie vint m'alerter : « C'est intéressant, mais personne ne s'en occupe… » L'investissement avait été décidé par Patrice Ledoux, qui n'était plus directeur général. Franck Chorot, responsable du secteur, dégagé de la pression efficace de Patrice, regardait la distribution du film d'un peu loin, plus soucieux de s'investir dans les projets qu'il initiait. J'allai immédiatement voir

Christian Clavier. Il fut tranché dans ses propos : « Personne ne se parle, personne ne s'en occupe, je suis furieux ! » Le ton était donné. J'eus l'impression d'un voyage dans le temps, et de me revoir trente ans plus tôt, à tenter de raccommoder ce qui devait l'être.

Je me rendis en Corse le 11 septembre 2004. En plus des équipes de Gaumont et de celle du film, il y avait là des invités de marque : Nicolas Sarkozy, alors ministre de l'Intérieur ; Camille de Rocca Serra, maire de Porto-Vecchio ; Ange Santini, président du conseil exécutif de Corse ; Pierre Charron, conseiller de Nicolas Sarkozy.

Christian n'était pas encore tout à fait rasséréné. Il me gratifia d'un : « Les nouveaux, je ne les ai jamais vus… »

Après l'avant-première, je suivis le film dans des projections initiées par Pierre Charron. Le 13 octobre, à l'hôtel de Clermont, reçu par Henri Cuq, ministre délégué aux Relations avec le Parlement, ancien commissaire de police, tout à fait adapté au sujet, et le 26 octobre 2004 au Sénat, accueilli par son président, Christian Poncelet.

L'Enquête corse trouva son public, mais Gaumont n'avait pas été à la hauteur…

Dix ans plus tard, à Prague, sur le tournage des *Visiteurs : La Révolution*, Christian Clavier me félicita de la réactivité des équipes de Gaumont. Elles avaient été capables de montrer à Cannes quelques images du film, dont le tournage venait à peine de commencer.

Gaumont a un joli parcours avec Christian, souvent en association avec Jean-Marie Poiré. J'espère que ce compagnonnage va se poursuivre longtemps : Christian Clavier me semble être un digne successeur de Louis de Funès, capable d'être aussi hâbleur, méchant et teigneux au cinéma qu'il est drôle, fin et cultivé dans la vie.

L'« expérience corse » nous fut utile, car on n'apprend que de ses échecs…

Jusque-là, Patrice avait exercé une autorité sans partage. L'esprit de la nouvelle organisation était simple : Sidonie dirigeait et produisait, Franck commercialisait, Christophe administrait. Dans les faits, même si Sidonie avait le titre de présidente, chacun voulait produire et s'assurer un maximum d'indépendance. Franck, ancien directeur de la distribution devenu membre du directoire, était toujours responsable du secteur mais ne s'intéressait qu'aux films que lui-même produisait.

Pour autant, pendant cette période, quelques premiers, deuxièmes, voire troisièmes films trouvèrent remarquablement leur public, notamment ceux de :

MICHEL BOUJENAH
Un humoriste directeur de festival

Père et Fils, premier film de Michel Boujenah, sortit le 20 août 2003.

Michel Boujenah est devenu un ami. Sa présidence tout en rondeur du Festival de Ramatuelle n'y est pas pour rien. Le laissant disponible l'après-midi, elle nous permet de refaire le monde autour d'un verre de rosé. C'est un humoriste, un meneur de troupe et un réalisateur… quand il lui reste un peu de temps.

Grâce à Michel Boujenah, j'ai eu la chance d'approcher l'incontournable héros d'*Alexandre le bienheureux* : Philippe Noiret. Il est, avec Jean Rochefort, l'un des aristocrates de cette génération. Leur passion commune du cheval en était peut-être la cause, mais ils étaient tous les deux des seigneurs.

Quelques jours après l'enterrement de Philippe Noiret à Sainte-Clotilde, sa paroisse dans le VIIe arrondissement, je croisai une jeune étudiante qui faisait une étude sur les événements survenus dans les rues de la capitale. Elle se demandait, à juste titre, ce qui avait bien pu se passer rue Las Cases. Comme j'y avais vécu quelque temps, je lui donnai deux exemples qu'elle n'aurait pu trouver par elle-même : le stationnement, le jour de la libération de Paris, de nombreux chars de la 2e DB, et l'enterrement, à Sainte-Clotilde, de Philippe Noiret, qui avait réuni non seulement toute la famille du cinéma, mais aussi de nombreuses inconnues séduites par ce personnage policé, bien élevé, à la voix de basse, auquel elles auraient voulu que leur père ou mari ressemble.

OLIVIER MARCHAL
Un flic défroqué

36 quai des Orfèvres, deuxième film d'Olivier Marchal, sortit le 24 novembre 2004.

Ancien officier de police, membre de la BRI[1], Olivier Marchal, comme probablement tous ses collègues, a été profondément marqué par cette période de sa vie. Comme il a une très bonne mémoire, sait écrire et réaliser, il a toutes les qualités pour livrer régulièrement les meilleurs films policiers de son époque. Mais il a un défaut : il se

1. Brigade de recherche et d'intervention.

disperse. J'espère que désormais il va se concentrer sur un nombre limité de films auxquels il réservera ses idées, son énergie et son talent.

36 quai des Orfèvres est un modèle du genre, même si le citoyen que je suis préférerait que la guerre des polices ou, ce qui revient au même, celle de ses chefs, ne sorte pas de la fiction cinématographique…

Le dernier film d'Olivier Marchal, *Bronx*, n'est pas sorti dans les cinémas. En 2020, pendant le confinement, alors qu'il était de plus en plus difficile de trouver une date de sortie convenable, en accord avec Olivier Marchal et Canal+, le film a été vendu à Netflix et diffusé le 30 octobre 2020. Même si la plateforme ne communique pas officiellement ses chiffres, le bruit court que le film a réalisé une fort jolie audience.

VALÉRIE LEMERCIER

Princesse des cœurs

Palais royal !, troisième film de Valérie Lemercier, sortit le 23 novembre 2005.

Valérie Lemercier avait été l'une des révélations des *Visiteurs*. Elle avait la classe et l'humour indispensables pour y interpréter son rôle de fausse snob, héritière de Godefroy de Montmirail. La classe ne s'improvise pas. L'humour, Valérie Lemercier en fait profiter ses spectateurs depuis le début des années 90 dans des salles qui ne désemplissent pas.

Douze ans après *Palais royal !*, elle réalisa *Marie-Francine*, dans lequel une femme de son époque et de son âge perd simultanément son mari et son travail avant de se retrouver et de former avec Patrick Timsit un couple improbable, émouvant et crédible. Je dois à l'avant-première de *Marie-Francine* une de mes plus belles rencontres, celle de ma seconde épouse, Anne-Claire.

ISABELLE MERGAULT
La glaneuse de Millet

Je vous trouve très beau, premier film d'Isabelle Mergault, sortit le 11 janvier 2006.

Le film fut un très grand succès, particulièrement dans la France profonde, celle qui sait qu'au-delà des prix de vente des produits agricoles qui baissent et des charges qui augmentent, le problème de l'agriculture d'aujourd'hui, loin des moissonneuses-batteuses à vapeur et des faucheurs de Millet, est d'abord celui de la vie familiale. Michel Barnier, alors ministre de l'Agriculture, accorda à Isabelle Mergault et à Michel Blanc un Mérite agricole fort justifié.

MICHEL HAZANAVICIUS
L'humour à fleur de peau

OSS 117 : Le Caire, nid d'espions, deuxième film de Michel Hazanavicius, sortit le 19 avril 2006.

Michel Hazanavicius sut réinventer dans deux films le héros de Jean Bruce. Il poussa, particulièrement dans le second, la parodie à son extrême, ce qui prouva que la France, alors, n'était pas encore empêtrée dans le politiquement correct. Gaumont ne le suivra pas pour *The Artist*, ce que j'ai regretté.

DJAMEL BENSALAH

Retour au pays

Un des films intéressants de la période, *Il était une fois dans l'Oued*, de Djamel Bensalah, fut en partie tourné en Algérie. C'était un événement.

Les relations entre la France et l'Algérie, historiquement complexes, étaient en phase d'amélioration. Je décidai de me rendre là-bas. Sursitaire, je n'avais pas « servi » en Algérie, mais je m'y étais rendu dès ma prise de fonctions pour des raisons professionnelles : je voulais tenter, grâce au cinéma, de détendre les rapports de nos deux pays, et de participer à la reconstruction du parc de salles algérien... malheureusement, sans succès.

Le 29 septembre 2005, Abdelaziz Bouteflika avait organisé un référendum proposant l'amnistie, dont le but était de mettre un terme à la guerre civile qui avait ravagé le pays de 1992 à 2002. Nous débarquâmes le lendemain. Le référendum avait été approuvé par 97 % des votants. L'ambiance était au beau fixe.

L'avant-première mondiale d'*Il était une fois dans l'Oued* eut lieu à Alger. C'était le premier film franco-algérien depuis... fort longtemps. Nous étions accompagnés d'un grand nombre de jeunes journalistes français. C'était leur premier voyage en Algérie.

L'accueil fut encore plus officiel que lors de mes déplacements précédents : au ministre de la Culture s'ajoutèrent les ministres des Affaires étrangères, de la Recherche scientifique, de la Condition féminine, et le directeur général de la Sûreté.

Force est de constater que près de deux décennies plus tard, les liens ne se sont guère renforcés...

De *L'Enquête corse* à *Il était une fois dans l'Oued*, les talents se renouvelèrent très vite, et très bien. Ce dynamisme ne pouvait être regardé qu'avec faveur.

Néanmoins, le trio ne fonctionnait pas comme il l'aurait dû. Sidonie peinait à imposer son autorité à Franck, qui ne rêvait que de produire. La décision s'imposa : Franck pouvait éventuellement produire *pour* Gaumont mais plus *dans* Gaumont. En janvier 2007, il devint indépendant.

LA DIRECTRICE GÉNÉRALE

Bonaparte se sépare de Sieyès

Réduit à deux, le directoire n'avait plus de raison d'être. Pour ne pas multiplier les réformes statutaires sur un délai trop court, j'attendis un peu avant de demander une nouvelle modification des statuts de la société et choisir l'autre branche de l'alternative : une société dont le directeur général, en l'occurrence la directrice générale, a le pouvoir exécutif, et le président celui d'« inaugurer les chrysanthèmes ».

Devenue directrice générale, Sidonie était la patronne, et la seule patronne ; elle imposa son autorité et son style, et exerce maintenant une direction ferme avec le sourire, la proximité et la gentillesse. Christophe Riandée, directeur général adjoint, la respecte, la soutient et la complète en s'engageant de manière très active dans les séries de télévision : grâce à lui et aux équipes qu'il anime spécifiquement, Gaumont a pu s'y faire une petite réputation depuis 2010.

Rien n'est jamais simple dans le cinéma, mais l'organisation de Gaumont est claire. Comme je l'ai fait avec Alain Poiré, Daniel Toscan du Plantier et Patrice Ledoux, je retiendrai, au-delà de ceux que je viens de citer, quelques noms qui ont particulièrement marqué la production de Gaumont ces dernières années.

ALAIN GOLDMAN

De Christophe Colomb au colonel Picard

Sidonie n'a pas découvert Alain Goldman. Alain Goldman est né dans le cinéma. Son grand-père, dans les années 30, et son père, après la guerre, représentaient une des majors américaines à Paris. Ce dernier fut pendant quelque quatre décennies l'incontournable président du Syndicat franco-américain de la cinématographie (SFAC), un homme droit et respecté, pour lequel son fils avait une admiration qui dépassait le simple respect filial.

Alain avait déjà un petit passé avec Gaumont quand Sidonie accéda aux responsabilités. En particulier quand, dans des conditions improbables, cinq cents ans après la découverte de l'Amérique, Gaumont s'était lancée dans la production de *1492 : Christophe Colomb*, le premier film d'un jeune producteur alors âgé de trente ans. Le pari était assez fou… Mais il avait convaincu auparavant Ridley Scott, Gérard Depardieu et Sigourney Weaver…

Dans la production abondante d'Alain Goldman, je retiendrai deux films. Sidonie les a voulus et, pour des raisons évidentes quoique non cinématographiques, m'a associé à sa décision.

Aux alentours de janvier 2009, Alain Goldman apporta un scénario. Le titre disait tout : *La Rafle*.

Sur ce sujet, je partage, comme les anciennes générations, l'idée que Vichy appartient hélas à l'histoire de la France, mais pas à l'histoire de France.

Ce n'était pas exactement le point de vue du scénario. Pour autant, Sidonie et moi n'eûmes aucun doute : il fallait être partenaires de cette ambitieuse aventure. Mais qui réaliserait le film ? Alain pensait que ce devait être la scénariste : son épouse, Roselyne Bosch. Mais son expérience derrière la caméra était faible. Nous cherchâmes à l'en dissuader, il nous convainquit.

La Rafle fut un succès qui dépassa nos attentes même les plus optimistes. François Clerc, le responsable de la distribution, me dit : « La distribution d'un tel film, c'est ce qui donne du sens à ce que je fais. » Les Françaises et les Français se déplacèrent en grand nombre pour découvrir, comprendre ou mieux replacer dans son contexte l'un des pires drames de l'histoire de la France, une de ses taches les plus indélébiles.

La Rafle transforma Alain, qui se rapprocha encore plus d'Israël. Je me souviens d'une discussion animée. Israël venait de repousser de façon énergique des bateaux qui tentaient d'apporter de l'aide à des Palestiniens enfermés dans leur blocus. La presse française prit fait et cause pour les responsables des embarcations. Alain, pensant trouver un allié en moi, me dit : « C'est un scandale… » Je le surpris sans doute en répondant : « Oui, Israël abuse[1]. » Alain est un soutien indéfectible d'Israël et de son récurrent Premier ministre, Benyamin Netanyahou. C'est son droit, mais je suis en absolu désaccord avec lui sur un point : l'antisémitisme et la critique de l'État d'Israël n'ont rien à voir entre

1. Ces propos sont reconstitués de mémoire. Ils reflètent l'essence de notre échange sinon leur forme exacte.

eux. La politique d'Israël, à commencer par l'occupation systématique des nouveaux territoires, peut être critiquée comme celle de tout État. Nous avons encore quelques belles heures de discussions devant nous…

Sidonie et moi avons ultérieurement décidé de coproduire avec Alain Goldman *J'accuse*, qui devait être réalisé par Roman Polanski.

Aux États-Unis, en août 1977, Roman Polanski plaida coupable pour rapports sexuels illégaux avec une mineure. À l'américaine, une transaction eut lieu entre le procureur, la partie civile et l'accusé. Condamné à quatre-vingt-dix jours de prison, Roman Polanski fut libéré avant la fin de sa peine pour conduite exemplaire. Pour des raisons qui n'ont jamais été expliquées, le juge décida alors de revoir son verdict. Les avocats de Roman Polanski, estimant que le juge ne respectait pas la transaction, lui conseillèrent de rentrer en France.

Vingt-deux ans plus tard, en septembre 2009, Roman Polanski fut arrêté en Suisse, à la demande de la justice américaine, qui souhaitait son extradition. Après l'avoir incarcéré deux mois, puis assigné à résidence six mois, la Suisse décida de ne pas l'extrader en juillet 2010.

Cette décision est fondamentale dans notre appréciation de la situation. Si ce pays, qui a cédé à la pression américaine à propos du secret bancaire bien que celui-ci soit inscrit dans sa Constitution, refusa d'extrader Roman Polanski, le dossier judiciaire américain n'était peut-être pas aussi solide que certains aimeraient le croire.

La veille de la sortie du film, une femme[1], qui ne s'était

1. *Le Parisien* du 9 novembre 2019. Le titre de la première page est : « Une Française accuse Roman Polanski. La nouvelle affaire ».

jamais manifestée auparavant, accusa Roman Polanski de l'avoir violée en 1975. Les faits étant prescrits, la justice ne put être saisie ni se saisir. La curée, elle, s'organisa...

Aucune institution n'est parfaite, mais dans une démocratie, et la France en est une, l'État de droit s'impose à tous. Je ne sais pas plus qu'un autre si Roman Polanski est coupable ou innocent. Ce que je sais, c'est que ce citoyen français n'est poursuivi en France par aucune juridiction. Ce que je sais, c'est que la cour fédérale de Berne n'a pas donné suite à la demande d'extradition demandée par la justice californienne... et que la Suisse comme la France sont des démocraties qui respectent l'État de droit.

Le film fera l'objet de demandes de boycott ou de déprogrammation. Certaines projections, après avoir été acceptées, seront annulées. À Rennes et Poitiers, des manifestations sporadiques auront raison de la volonté des exploitants de proposer le film à leur public. À la fin de son exploitation cinématographique, le film avait attiré 1,5 million de spectateurs.

OLIVIER NAKACHE, ÉRIC TOLEDANO

Les deux font la paire

Intouchables fut le quatrième long-métrage d'Olivier Nakache et Éric Toledano, après *Je préfère qu'on reste amis* avec Gérard Depardieu et Jean-Paul Rouve (2005), *Nos jours heureux* avec Jean-Paul Rouve (2006) et *Tellement proches* avec Vincent Elbaz et Isabelle Carré (2009).

Intouchables, dont les principaux interprètes sont François Cluzet et Omar Sy, ne fut pas le premier succès exceptionnel de Gaumont : *Les Visiteurs*, *Le Dîner de cons*, *Le Grand*

Bleu et d'autres l'avaient précédé. Mais, à ce jour, c'est le plus grand succès que Gaumont ait connu.

C'était l'automne 2011, et ce fut un moment particulier dans l'histoire plus que centenaire de Gaumont. Nous avons coproduit, distribué en France et vendu sur les marchés étrangers *Intouchables*. L'accueil, dès la première séance, fut exceptionnel.

Le soir du premier jour, alors que les chiffres des salles tombaient, meilleurs les uns que les autres, et qu'à juste titre les équipes se congratulaient, je ne leur dis qu'une seule chose : « Profitez-en ! » Je suis en général avare de compliments.

L'échec est fréquent au sein des sociétés de production. Celles qui perdurent connaissent également d'importantes satisfactions, des sélections dans les festivals, des prix, et de temps en temps un grand succès populaire. Mais le triomphe est rarissime, il faut en avoir conscience, en profiter, le respecter, le savourer. Il y en a d'autres dans l'histoire de Gaumont, heureusement, mais aucun d'aussi important, qui en prime est le fruit de la seule nouvelle équipe, dont la doyenne et responsable n'a pas alors quarante-cinq ans.

Gaumont vécut un moment de grâce très particulier en interne comme en externe, l'un rejaillissant sur l'autre. Le sentiment général était la fierté : fierté de contribuer à la naissance d'un des plus grands succès du cinéma français, fierté d'appartenir à une équipe gagnante.

Outre les équipes de Gaumont qui trépignaient d'enthousiasme, Guy Verrecchia, le président d'UGC, fut le premier à prédire un grand avenir au film. À Lyon, le 21 septembre 2011, soit six semaines avant la sortie du film, alors que nous approchions de la salle où se tenait le Congrès des exploitants, il me dit : « Vous n'êtes pas à l'abri d'un très grand succès. Nous avons organisé une projection aveugle à Créteil et pour la première fois nous avons recueilli 100 % d'opinions favorables ; 90 %, voire 95 %, c'est assez fréquent, mais 100 %, c'est du jamais-vu... »

Ce qui me frappe avec *Intouchables*, c'est qu'à quelques très rares exceptions près[1], la critique, les professionnels et le public ont été unanimes. Les films dont on pressent le succès se font souvent démonter sans raison valable. Rien de cela n'est arrivé à *Intouchables*, qui a même eu les honneurs de la Une du *Monde*. Dans un premier temps, celle-ci m'avait inspiré quelques craintes : les films soutenus à ce point par cette critique sont rarement acceptés par le grand public, a fortiori quand il s'agit de comédies. Un souvenir me revenait : quelques années auparavant, *Lancelot du Lac* avait eu droit à une telle Une – qui n'avait pas réussi à convaincre plus de quelques spectateurs... Sidonie me rassura, en me rappelant que la Une du « grand quotidien du soir » n'avait pas empêché *OSS 117 : Le Caire, nid d'espions* d'obtenir un grand succès critique *et* public.

Après son triomphe en France, *Intouchables* conquit les marchés étrangers : il devint le plus grand succès mondial d'un film francophone, attirant au total plus de 52 millions de spectateurs un peu partout dans le monde[2].

Aux États-Unis, il dépassa le million et demi de spectateurs, ce qui, pour un film français, est tout à fait honorable,

1. En France, au-delà de *Libération*, qui ne l'aime pas, seul le chroniqueur politique du *Nouvel Observateur* déteste le film.

2. Dont 19,5 en France, 9,1 en Allemagne, 2,8 en Italie, 2,6 en Espagne, 1,7 en Corée du Sud, 1,6 au Mexique, et plus de 1 million dans des pays aussi différents que la Suisse, le Japon, les Pays-Bas, le Brésil... comme le Canada et les États-Unis, où le film a attiré plus de 1,6 million de spectateurs.

d'autant qu'*Intouchables* avait reçu une critique incendiaire de *Variety*, la bible cinématographique américaine.

Je relis aujourd'hui la critique diffusée sur le site de ce journal et livre, brute de décoffrage, la traduction qu'en avait faite *Libération*[1]. Avec le recul, la violence de la critique me surprend, pour ne pas dire plus. Le film n'est pas en cause, ou si peu, c'est le sujet, et derrière lui « le public qui ne réfléchit pas trop, le tout dans une atmosphère détestable ».

Je respecte l'absolue liberté de l'opinion du critique de *Variety*. Je ne la partage pas et la combats. Rien ni personne ne peut me faire penser qu'*Intouchables* est un film raciste. Gaumont, les auteurs et réalisateurs, comme les comédiens, que ce soient François Cluzet, Omar Sy ou les autres, ne s'y seraient pas prêtés.

Les publics qui ont plébiscité ce film dans des pays dont les populations sont directement issues du commerce triangulaire, à l'image du Brésil, auraient de « bas instincts » ?

1. La traduction de *Libération* « Next Cinéma » du 8 décembre 2011, que je trouve de qualité, est la suivante :

« Bien qu'ils n'aient jamais été connus pour leur subtilité, les réalisateurs et scénaristes français Éric Toledano et Olivier Nakache n'ont jamais produit un film plus offensant qu'*Intouchables*, qui flirte avec un racisme digne de *La Case de l'Oncle Tom*, qu'on avait espéré ne plus jamais revoir sur les écrans américains.

« Driss, traité comme un singe de compagnie (avec toutes les insinuations racistes que comporte ce mot), qui apprend au Blanc coincé à s'amuser, en remplaçant Vivaldi par *Boogie Wonderland*, et en lui montrant comment on bouge sur la piste de danse. C'est pénible de voir Sy, un acteur joyeusement charismatique, dans un rôle qui se détache à peine de l'époque de l'esclavage, dans lequel il divertit le maître blanc, en endossant tous les stéréotypes raciaux, et de classe.

« *Intouchables* pourrait séduire un public qui ne réfléchit pas trop, le tout dans une atmosphère détestable. »

La rédaction de *Variety* a fait le choix de ne pas publier, dans l'édition papier du 17 octobre 2011, l'intégralité de la critique de Jay Weissberg mise en ligne quelques jours plus tôt sur le site internet du journal.

Olivier Nakache et Éric Toledano avaient été très courtisés pour *Intouchables.* Que dire après… Leur éthique et leur amitié, d'un côté ; de l'autre, les équipes de Gaumont qui ont su, jusqu'à aujourd'hui, et je l'espère pour très longtemps, continuer à leur apporter quelque valeur ajoutée, ont fait le reste.

Nous les avons accompagnés sur des films aussi différents que *Samba* (2014) avec Omar Sy et Charlotte Gainsbourg, *Le Sens de la fête* (2017) avec Jean-Pierre Bacri et Jean-Paul Rouve, *Hors normes* (2019) avec Vincent Cassel et Reda Kateb, *Une année difficile* avec Pio Marmaï et Jonathan Cohen (2023).

À l'occasion d'une projection organisée spécialement pour une école d'infirmières (Olivier Nakache et Éric Toledano sont toujours disponibles pour ce type de rencontres), une élève leur demanda comment ils avaient pu réaliser *Hors normes* ; Olivier Nakache répondit : « Depuis *Intouchables*, toutes les portes nous sont ouvertes, et comme nous ne voulons pas nous répéter nous pouvons tourner les films dont nous avons envie. »

Au fil des années, ayant décidé de ne plus être opérationnel, j'ai été de moins en moins impliqué dans les décisions de production : je n'assiste plus aux tournages, je vois moins les réalisateurs et les comédiens. Pour une raison ou une autre, j'ai encore la chance d'en croiser quelques-uns. Que les autres ne se sentent pas blessés si je ne les invite guère à déjeuner, je ne veux pas faire semblant… Je ne citerai donc que trois noms : Omar Sy, Guillaume Gallienne et Franck Dubosc.

Omar Sy n'est pas tous les ans la personnalité préférée des Français. Mais quand il ne l'est pas, il talonne très souvent le premier.

Il est un des interprètes favoris d'Olivier Nakache et Éric Toledano, notamment dans *Intouchables*, qui lui a permis d'être couronné du César du meilleur acteur.

Gaumont, partenaire de *Chocolat* de Roschdy Zem, a également bénéficié d'une incroyable interprétation de sa part quand il a incarné l'histoire véridique du premier clown noir dans la France de la Belle Époque.

Début 2021, dans une production pour Netflix, Omar Sy et Gaumont signèrent avec *Lupin* le plus grand succès d'une série de télévision française dans le monde.

Avant que ne soient connus les résultats mondiaux de *Lupin*, certains critiques français se plaignirent de ne pas retrouver leur Arsène… Ils avaient raison ; les subtilités de Maurice Leblanc n'auraient pu être comprises des Coréens ou des Américains. Tenter de produire pour une plateforme mondiale, c'est s'efforcer de rendre notre culture accessible aux autres. Il n'est pas question d'y « perdre son âme » mais de tenter d'être compris – ce qui n'est pas la première qualité des Français.

En 2022, Omar Sy a coproduit le second film de Mathieu Vadepied, *Tirailleurs*, fondé sur l'histoire peu connue des tirailleurs sénégalais engagés « volontaires de force » dans l'armée française durant la Première Guerre mondiale. Il y joue le rôle du père qui veut protéger son fils de la boucherie et qui finit au champ d'honneur, comme de trop nombreux soldats inconnus ; le fils, après s'être brillamment battu, devient sergent et rentre au pays la paix revenue.

On ne peut être la personnalité préférée des Français sans avoir du cœur : Omar Sy en a.

GUILLAUME GALLIENNE
Un pour tous, tous pour un

Quelquefois, des personnages rarissimes apparaissent dans le paysage du cinéma mondial. Ce sont des exceptions, qui cumulent tous les talents : ils sont auteur, acteur et réalisateur. Après Charlie Chaplin ou Sacha Guitry, pour ne citer que deux des plus illustres, Guillaume Gallienne naquit au cinéma en 2013.

Acteur, sociétaire de la Comédie-Française, il avait écrit et interprété en 2008, au Théâtre de l'Ouest parisien, tous les rôles d'une pièce de théâtre. Porter à l'écran une pièce à succès est une idée classique ; confier sa réalisation et l'interprétation des rôles principaux à la même personne, une décision plus inattendue.

Les Garçons et Guillaume, à table ! fut un succès public et critique. Le film obtint deux prix à la Quinzaine à Cannes en 2013, et le public réserva à Guillaume Gallienne une standing ovation dont la durée pourrait figurer dans le *Guiness Book* des records, malgré les nombreuses tentatives du héros du jour pour en diminuer la durée.

Le film reçut ensuite cinq César, dont celui du meilleur film ; son auteur récolta la bagatelle de quatre d'entre eux[1].

1. *Les Garçons et Guillaume, à table !*, vingt et un ans après *Les Nuits fauves*, est le second film à obtenir le César du meilleur film et celui du meilleur premier film. Guillaume Gallienne reçoit en outre le César du meilleur acteur et celui de la meilleure adaptation, devenant la personne la plus récompensée en une seule soirée. Le cinquième César récompense le montage du film.

FRANCK DUBOSC

L'habit ne fait pas le moine

Franck Dubosc se définit comme « un mythomane, dragueur et frimeur », porté par certains de ses sketches et ses interprétations dans les célèbres *Camping*. L'homme que je rencontrai dans les sous-sols de Gaumont, pendant le montage du premier film qu'il réalisa, *Tout le monde debout*, était à la fois concentré et charmant, inquiet et déterminé, plein d'humour et de poésie. Alexandra Lamy et lui formèrent un couple crédible qui séduisit de nombreux spectateurs… et spectatrices.

J'espère que Gaumont sera longtemps associée à ses productions et que nous pourrons souvent deviser de tout et de rien, dans les sous-sols ou ailleurs…

L'ANNÉE 2020 SE PRÉSENTAIT PLUTÔT BIEN…

Deux fois 20, ou deux 20 qui se suivent. Le même nombre, un beau nombre, celui du plus bel âge, celui de la meilleure note en classe…

Discrètement arrivée, la pandémie a envahi une planète surprise et désemparée. Pendant la période de réouverture des cinémas, Gaumont distribua deux films : tout d'abord, *Tout simplement noir*, de Jean-Pascal Zadi et John Wax, sortit seulement quinze jours après que les cinémas purent rouvrir leurs portes. Il fit une jolie carrière, profitant de l'absence de concurrence.

Le second film : *Adieu les cons*, d'Albert Dupontel. La coopération entre Albert Dupontel et Gaumont avait commencé avec *Au revoir là-haut*, adapté du roman homonyme de Pierre Lemaitre, Prix Goncourt 2013.

Le film, dont le réalisateur était l'interprète principal au côté de Virginie Efira, sortit le 21 octobre 2020. Les cinémas fermèrent le 29 octobre... En huit jours, le film avait attiré plus de 700 000 spectateurs, le meilleur démarrage d'un film du réalisateur. Il sera le premier à ressortir le 19 mai 2021, récompensé entre-temps par sept César[1]. Le film a attiré au total plus de 2 millions de spectateurs.

*

Je suis fier et heureux. Heureux pour Gaumont, pour celles et ceux qui y travaillent, pour celles et ceux qui développent les pétales de « la Marguerite » ; heureux pour le cinéma, et pas seulement celui de notre pays. Je suis fier du travail accompli par une équipe jeune, solidaire et enthousiaste. Celle-ci est entourée de brillants administrateurs. J'ai dit deux mots des plus anciens.

Je dois peut-être en ajouter un, même si je ne suis pas sûr que l'intéressée l'aurait souhaité. Marie, mon épouse, était vice-présidente du conseil de Gaumont depuis 2004. Non seulement elle fut associée à toutes mes décisions importantes, je les testais avec elle – de l'acquisition de Gaumont

1. *Adieu les cons* reçoit sept César en 2021 : meilleur film, meilleur réalisateur, meilleur scénario original pour Albert Dupontel ; meilleur acteur dans un second rôle pour Nicolas Marié ; meilleurs décors pour Carlos Conti ; meilleure photo pour Alexis Kavyrchine.

à la nomination de Sidonie –, mais elle fut d'un exceptionnel soutien dans les moments difficiles que j'ai pu vivre après le départ de Daniel, convaincue qu'il n'y avait pas d'autre solution.

Malgré la maladie, elle ne manqua que trois réunions du conseil. Elle partit le 1er février 2016.

Le conseil comptait trois femmes. Il n'y en avait plus que deux. La nouvelle réglementation recommandait, à juste titre, la parité. Comme toutes les sociétés cotées devaient y parvenir, les candidates potentielles étaient très recherchées et avaient souvent déjà atteint le maximum autorisé de sièges d'administrateurs. Gaumont, sans doute parce que le cinéma faisait encore rêver et que la Marguerite disposait de pétales au plaisant parfum, eut la chance de voir deux femmes exceptionnelles rejoindre son conseil : Félicité Herzog et Fleur Pellerin.

Félicité Herzog rejoignit le conseil de Gaumont en mai 2016. Elle me fut présentée par Antoine Gallimard, qui venait d'éditer son second roman, *Gratis*. Sidonie et moi avons tout de suite été séduits par cette écrivaine formée dans la finance anglo-saxonne. Depuis, elle est devenue directrice de la stratégie et de l'innovation de Vivendi.

Fleur Pellerin est administratrice depuis mai 2021. Je l'ai connue lorsqu'elle était ministre de la Culture. Il n'est pas sûr, à l'époque, que nous ayons été d'accord sur tous les sujets, notamment dans la lutte contre le téléchargement illicite, mais elle ne faisait que suivre la politique de celle qui l'avait précédée, elle-même ne faisant qu'appliquer les ordres du Château. Lorsque j'évoquai son nom auprès de la direction générale de Gaumont comme auprès des administrateurs en fonction, un exceptionnel enthousiasme accompagna l'idée.

Dans un domaine bouleversé par les nouvelles technologies, Félicité Herzog et Fleur Pellerin ont apporté à Gaumont un regard original et circonstancié qui ne peut que bénéficier à la société. Leur intelligence, leur charme, leur connaissance du paysage audiovisuel tant français qu'international, leur dynamisme complètent brillamment une équipe de grande qualité.

Au mois de mai 2023, le conseil a décidé d'associer la troisième génération Seydoux à la vie de Gaumont et a nommé censeurs les trois enfants aînés de mes filles Pénélope et Sidonie, Thaïs Dumas, Anatole Dumas et Jérémie Tavernier.

À la question fréquente : « Trouvez-vous que la transmission se soit faite dans de bonnes conditions ? », je réponds de façon récurrente : « Demandez à Sidonie. »

Pourtant j'ai une opinion. Je suis fier et heureux. Malgré les difficultés inhérentes au métier, malgré les pièges de « la fille à papa », les regards narquois de la profession et d'ailleurs, Sidonie a su s'imposer.

10

Illusions perdues

J'ai eu la chance de déjeuner en petit comité avec André Malraux. C'était à Verrières, où il résidait chez les Vilmorin, dont Marie, mon épouse, était une amie. L'auteur des *Chênes qu'on abat*, sorti peu de temps auparavant[1], avait alors le visage bourré de tics, une voix cassée, un débit haché. Et puis la magie opéra, la magie du verbe. Un petit tour en Afrique, un autre en Asie, ici des chats qu'on caresse – « mot qui n'existe pas dans toutes les langues », ajouta-t-il –, ailleurs, la philosophie, « éloignée de la nôtre », de chefs spirituels de religions mal connues…

Le temps passa, il fallut nous séparer. Nous n'avions pas vu tourner les aiguilles et sur le chemin du retour nous avions le sentiment d'être un peu plus éveillés au monde, d'avoir vécu un de ces moments rares où la clarté de l'intelligence, la limpidité de la pensée gomment les vicissitudes de l'âge, de l'alcool et du reste.

Édouard Herriot nous rappelle que la culture, c'est ce qui reste quand on a tout oublié. J'aime cette formule,

1. *Les Chênes qu'on abat* d'André Malraux est sorti chez Gallimard en mars 1971.

qui reprend en d'autres mots celle de Montaigne, « une tête bien faite plutôt qu'une tête bien pleine », ou, un peu plus tard, l'idéal de « l'honnête homme ». Aussi imparfaites soient-elles, chacune de ces expressions irrigue les générations françaises précédentes, celles qui, de l'école communale à l'agrégation, ne cherchaient pas nécessairement à savoir plus mais à comprendre mieux. Et beaucoup de nos hommes de pouvoir étaient des hommes de culture : Georges Pompidou, homme de droite, écrivit une *Anthologie de la poésie française*[1] qui fait toujours référence. François Mitterrand, homme de gauche, resta, même président de la République, un lecteur assidu qui s'autorisait des promenades le conduisant dans ses librairies préférées et un amateur éclairé de films programmés par Robert Badinter chez Gaumont.

Les temps ont changé…

« LA CULTURE EST À L'HUMANITÉ CE QUE L'AMOUR EST À LA VIE »

J'ai prononcé cette phrase au cours d'un Forum d'Avignon que j'avais l'honneur de présider. Depuis, j'ai découvert une formule du général de Gaulle : « La culture générale est l'école du commandement[2]. » J'en connais d'autres, notamment de Jean-Luc Godard, « la culture c'est la règle, l'art c'est l'exception », ou encore et toujours d'André Malraux, qui sera une sorte de fil conducteur du Forum.

1. *Anthologie de la poésie française* de Georges Pompidou est sorti chez Hachette en 1961.

2. *Le Fil de l'épée*, Plon, 1932.

Si je ne vais pas tenter ici une analyse de ces différentes approches, celles-ci et d'autres furent au cœur des discussions formelles et informelles qui pendant six ans, de 2008 à 2013, ont fait vibrer les salles papales en Avignon.

En 2005, cela faisait plus de trente ans que je baignais dans l'univers de la culture pour des raisons professionnelles, mais d'abord par passion. J'avais pris quelques bouillons, mais, heureux de ce que je faisais, je nageais sans relâche sans avoir à rougir de ce que j'avais accompli. Je faisais assez mienne une phrase de Pascal : « Il est bien plus beau de savoir quelque chose de tout que de savoir tout d'une chose. »

C'est sans doute ce que permet le mieux le cinéma, qui, grâce au même Malraux, est devenu le septième art[1], celui qui embrasse ses six prédécesseurs. Si *Don Giovanni* rend hommage à Palladio et *King Kong* à Bartholdi, ce n'est pas dans l'architecture et la sculpture que le cinéma puise le plus profondément ses racines. En revanche, avec plus ou moins de succès, il s'inspire des arts visuels pour les décors, des arts de la scène pour la mise en scène, ne produit pas un film sans qu'il soit accompagné de musique et se gave sans vergogne de littérature.

À toutes ces qualités s'en ajoute une, en général décriée par les puristes qui refusent au cinéma d'être aussi de l'*entertainment*, d'être populaire, comme peuvent l'être d'autres arts, à commencer par le théâtre de Molière ou les romans d'Hugo... Le cinéma, c'est le premier accès à la culture de ceux qui n'en ont pas, et le visionnage de films distrayants

1. Les six arts précédents sont : l'architecture, la sculpture, les arts visuels (peinture, dessin...), les arts de la scène (théâtre, danse, cirque...), la musique et la littérature.

peut conduire à celui de films plus exigeants ; à la lecture du livre qui en est à l'origine ; à l'écoute des autres compositions du musicien ; à la visite des sites où le film a été tourné…

Non seulement le cinéma, en s'inspirant de tous les arts, en est un condensé moderne, mais il en est le meilleur vecteur international. Jamais le jean et le mode de vie américain n'auraient conquis le monde sans le western…

Même si elles ne touchent qu'un public limité, les tournées internationales de la Comédie-Française sont indispensables, car elles séduisent des initiés qui sont les meilleurs ambassadeurs de la transmission intergénérationnelle, mais elles ne peuvent avoir l'impact d'un film comme *Intouchables*, vu par des millions de spectateurs et prouvant à l'envi que l'expression culturelle française ne s'arrête pas à Musset…

Art le plus récent, le cinéma est de son temps. S'il a perdu le monopole de l'image, il en reste le vecteur le plus prisé, et les jeunes générations, éprises de technologies, en sont la preuve vivante, pas seulement quand elles le piratent effrontément mais surtout quand, face à l'image animée sur le grand écran, elles prennent le temps de se dire « je t'aime »…

Après avoir confié les responsabilités opérationnelles de Gaumont à une équipe jeune et dynamique, j'étais en pleine forme, et j'ai pu m'impliquer de manière encore plus approfondie dans les problèmes de la profession. J'avais jusqu'alors participé à toutes les négociations au plus haut niveau, dirigé en 1980 les travaux d'une équipe sur « Le cinéma et les nouvelles techniques audiovisuelles », je m'étais investi en 1984 pour permettre à la profession de trouver un accord avec Canal+… Au passage du nouveau siècle, j'avais été l'un des rares professionnels à se démener pour attirer l'attention des pouvoirs publics sur le piratage, ce qui me valut d'être élu président de l'ALPA[1] en 2002.

L'ALPA est une association professionnelle qui, depuis 1985, est engagée dans la lutte contre la fraude audiovisuelle, laquelle sévissait à l'époque particulièrement dans les vidéoclubs. Cas unique dans la profession, l'ALPA réunit tous les acteurs du métier, les chaînes de télévision, les sociétés d'auteurs, de réalisateurs, de musiciens, tous les syndicats ou fédérations de producteurs, distributeurs, y compris la puissante MPA[2], ainsi que les exploitants et le CNC. Grâce à l'ALPA, depuis une vingtaine d'années, je travaille de conserve avec tous ceux qui, en France, défendent l'exception culturelle, notamment Pascal Rogard.

J'ai connu Pascal Rogard[3] au début des années 80, quand il a rejoint la Chambre syndicale des producteurs de films, alors le principal syndicat de producteurs. En 1989, il devint également délégué général de l'ARP[4] à la demande de Claude Berri, son président.

Il était le meilleur professionnel de la profession. Défenseur officiel des auteurs à travers la SACD, fondée par Beaumarchais, Pascal Rogard était intelligent, travailleur, connaissait les dossiers et les hommes. Nous avons mené ensemble, depuis le début du siècle, le combat pour la protection du droit d'auteur et contre le téléchargement illicite. Pascal Rogard me dit un jour : « Nicolas, je fais de

1. ALPA : Association de lutte contre la piraterie audiovisuelle.

2. MPA : Motion Picture Association. Parfois appelée MPAA (Motion Picture Association of America).

3. Voir Annexe XI, Le Forum d'Avignon, p. 408.

4. ARP : Société civile des auteurs réalisateurs producteurs.

la politique. » Il n'est pas suffisant de l'avoir avec soi pour faire aboutir un projet… mais l'avoir contre soi conduit sans faille à l'échec…

Je suis ainsi devenu le porte-parole, le porte-drapeau de la profession dans la lutte contre le téléchargement illicite.

UNE UTOPIE

En cette veille de printemps 2007, je faisais donc normalement partie des « personnalités du monde de la culture » que Renaud Donnedieu de Vabres[1] a conviées à dîner en son ministère pour réfléchir autour d'une idée : « la culture n'est ni un fardeau économique, ni un plaisir élitiste, mais un atout économique et social ».

La plupart des invités, heureux d'avoir rencontré le ministre et d'avoir pu aborder leurs problèmes personnels, rentrèrent tranquillement chez eux. Quelques individualités mordirent à l'hameçon et commencèrent à parler du sujet entre elles de manière informelle.

En dehors de Pascal Rogard, je connaissais alors Jean-Jacques Annaud[2] de longue date, même si nos chemins s'étaient peu croisés. Il avait commencé par « voler » à Gaumont l'Oscar tant attendu pour *Cousin Cousine*. En 1979, nous avions tourné *Coup de tête*, très joli film avec un Patrick Dewaere menaçant, tendre, rayonnant et étonnant de justesse.

1. Le dîner a lieu le 5 mars 2007. Renaud Donnedieu de Vabres est ministre de la Culture du 31 mars 2004 au 15 mai 2007.

2. Voir Annexe XI, Le Forum d'Avignon, p. 408.

Jean-Jacques partit ensuite tourner de grands films ambitieux sans Gaumont.

C'est un des rares réalisateurs français à avoir tourné sur plusieurs continents et à être domicilié en France.

Au Forum d'Avignon, il apporta son carnet d'adresses, « qu['il venait] y compléter », dit-il poliment. Malheureusement, il tourna alors successivement *Or noir* et *Le Dernier Loup* qui, pour les meilleures raisons du monde, le retiendront souvent éloigné de nos discussions. En revanche, sa présence en Avignon sera chaque fois un événement, attirant les jeunes et les moins jeunes, comme les jolies plantes les abeilles...

Deux mois plus tard, Nicolas Sarkozy succéda à Jacques Chirac, et Christine Albanel[1] à Renaud Donnedieu de Vabres.

Curieusement et heureusement, la nouvelle ministre saisit la balle au bond et s'empara du projet. L'objectif était « simplement » de créer un Forum mondial de la culture, d'être à la culture ce qu'est le Forum de Davos à l'économie, ce qui, au-delà d'être ambitieux, est plutôt présomptueux...

Les rencontres, aussi discrètes que disséminées, se transformèrent rapidement sous l'impulsion d'une autorité morale qui, si elle avait perdu le ministère, n'avait rien perdu de son ardeur et de son énergie, et de deux femmes rattachées au cabinet du Premier ministre qui seront les catalyseurs des bonnes énergies.

Renaud Donnedieu de Vabres n'était plus ministre mais il portait l'idée du Forum, son idée. Empathique, volontaire, décidé, nommé par Nicolas Sarkozy ambassadeur, chargé de la dimension culturelle de la présidence française

1. Christine Albanel est ministre de la Culture du 18 mai 2007 au 23 juin 2009.

de l'Union européenne, il fit tout ce qui était possible pour faire avancer, il n'y a pas d'autre mot, le schmilblick.

Laurence Franceschini[1] était une haut fonctionnaire qui, après avoir travaillé pour Renaud Donnedieu de Vabres, fut nommée en janvier 2007 directrice de la DDM[2]. Elle mit tous ses talents au service du Forum, notamment pour convaincre la haute administration et tous ceux qui en dépendent de son intérêt pour la France.

Laure Kaltenbach fut le pivot de l'activité du Forum, au service duquel elle mit toutes ses qualités. Le succès des rencontres annuelles comme le développement du laboratoire d'idées lui seront largement dus.

À partir de janvier 2008, les rendez-vous se multiplièrent autour d'un petit groupe de bonnes volontés complémentaires. Au-delà de ceux que j'ai évoqués et que j'évoquerai, des acteurs historiques de la mémoire audiovisuelle, tel Emmanuel Hoog, président de l'INA, côtoyaient le plus fameux représentant de la nouvelle économie avec Mats Carduner, président de Google en France et en Europe du Sud, sous l'oreille attentive d'Emmanuel Chain, célèbre producteur de télévision et journaliste de *Capital*, et le regard perçant de Laurent Benzoni, un des rares économistes de la culture.

Pourquoi étaient-ils là ? Pourquoi étions-nous là ? Parce que dans son énoncé général, le sujet nous intéressait. Le sujet nous intéressait suffisamment pour que nous décidions de lui consacrer du temps et de l'énergie.

1. Voir Annexe XI, Le Forum d'Avignon, p. 408.

2. La DDM est la direction des Médias ; elle est rattachée au Premier ministre. Trois ans plus tard, Laurence Franceschini sera nommée directrice de la DGMIC, la direction générale des Médias et des Industries culturelles, une des grandes directions du ministère de la Culture.

Nous nous voyions au début tous les mois, autour d'un petit déjeuner à l'hôtel Montalembert, cadre inattendu pour des réunions avec des fonctionnaires, d'autant plus qu'en plein hiver nous nous installions autour de la cheminée, ressemblant sans doute plus à des amis organisant une fête qu'à un groupe de travail sérieux et consciencieux, ayant pour simple ambition de mettre, ou de remettre, la culture au centre des enjeux politiques.

DE L'UTOPIE... AU FORUM

L'objectif du Forum était d'accueillir des hommes et des femmes, si possible à parité – avec le sourire bienveillant de Véronique Morali[1], future présidente du Women's Forum –, originaires de toutes les régions du monde, concernés à un titre ou à un autre par les grands enjeux culturels – que ces hommes et femmes soient responsables politiques, chefs d'entreprises impliquées dans la culture ou les nouvelles technologies, artistes de chacune des grandes disciplines. Ils devaient par ailleurs savoir mettre leur expérience au service de l'intérêt général, et non l'inverse.

Nous devions développer « le sens de la fête » avec modestie et discrétion.

1. Véronique Morali sera présidente du Women's Forum de 2011 à 2014. Voir Annexe XI, Le Forum d'Avignon, p. 408.

Une fête familiale d'invités dont on savait tout mais qu'on n'avait jamais rencontrés.

Une réunion conviviale de personnes qui ne se connaissaient pas.

Les repas devaient être simples, rapides et très bons.

Les intervenants devaient avoir une totale liberté d'expression et se plier à la dictature du chronomètre.

L'ambiance devait être sérieuse sans être laborieuse.

Les invités devaient jouir d'une totale liberté et leur sécurité devait être absolue.

En un mot : éclairer sans éblouir.

Animer sans s'imposer.

Oser sans brusquer.

Contredire sans choquer.

Assurer la rigueur sans ennuyer.

Laurence Franceschini et Laure Kaltenbach, battantes, énergiques, volontaires, dynamiques et courageuses, se dépensaient sans compter... et étaient pressées : le premier Forum devait se tenir avant la fin de l'année pour compléter l'agenda de la présidence française de l'Union européenne. La date retenue ne pouvait être un week-end, car les trains et les hôtels sont pleins, ne devait pas être en concurrence avec un autre grand événement français ou international, et nous laisser le maximum de temps pour la préparation afin de ne pas risquer une comparaison trop défavorable avec Davos, qui n'avait que quelque quatre décennies d'avance sur nous.

Comme elles étaient rattachées aux services du Premier ministre, et même si elles étaient le catalyseur de notre action, nos deux « locomotives » ne pouvaient être les correspondantes officielles du Forum.

Nous devions avoir une existence légale, un nom, des mandataires sociaux, une adresse...

UN NOM

Nous ne pouvions pas continuer à nous appeler « Forum mondial de la culture » ou le « Davos de la culture ». Notre nom serait, à l'image de notre illustre prédécesseur, le nom de la ville que nous aurions élue.

Nous voulions établir la convivialité, nous éloigner de Paris et éviter que les participants ne passent leur journée en rendez-vous extérieurs pour ne venir qu'à la session où ils pourraient s'exprimer. Et pour ceux dont l'intervention n'était pas programmée, nous souhaitions qu'ils puissent faire connaissance, discuter des sujets du jour, « se frotter » les uns aux autres.

La ville choisie ne devait pas être une des grandes métropoles régionales mais disposer d'une capacité hôtelière adaptée à nos ambitions, et jouir d'une résonance culturelle prononcée... ce qui excluait d'une part les grandes villes, de Lille à Nice, et d'autre part les grands lieux de séminaires, de Biarritz à Cannes, en passant par Deauville ou Évian.

Aix-en-Provence avait déjà son forum économique. Il restait *une* ville : Avignon, qui semblait réunir toutes les qualités. Dans une région au climat béni des dieux, une ville à la riche histoire, devenue avec le temps, depuis sa création par Jean Vilar en 1947, le lieu du plus grand festival mondial d'art vivant, mêlant habilement l'officiel et le off. Sa maire, très fière d'être la première adjointe à la culture devenue maire, ne manifesta pas autant d'enthousiasme que nous l'espérions mais accueillit favorablement l'idée.

Nous avions un nom, disposions d'une marque qu'elle accepta que nous déposions : Forum d'Avignon.

QUI POUR INCARNER LE FORUM D'AVIGNON ?

Le premier conseil fut composé d'éminentes personnalités[1] qui s'investirent dans le sujet.

Il serait rapidement complété, pour affirmer notre professionnalisation et notre internationalisation, par un conseil d'orientation[2].

Nous avions un nom, un conseil, bientôt suivi d'un autre. Il fallait quelqu'un pour l'incarner.

Le nom de Renaud Donnedieu de Vabres s'imposa. Mais celui-ci estima qu'étant à l'origine du projet comme ministre, il ne pouvait accepter la présidence. Je proposai alors Erik Orsenna, qui fit l'unanimité. Je le connaissais un peu, l'admirais beaucoup et me chargeai de le contacter. Il me répondit par une jolie formule que je tente de restituer : « Je suis un être libre. J'ai la chance d'écrire des livres qui se vendent ; mon éditeur me paie pour voyager où je veux. Je sillonne le monde à la rencontre de cultures différentes ; je travaille aux heures de mon choix ; je suis très pris, n'ai pas de contraintes autres que celles que je me fixe et ne souhaite pas en avoir… »

Faute de mieux, et peut-être aussi parce que j'étais le seul à m'être plusieurs fois rendu à Davos, les autres membres du groupe me choisirent. J'en fus fort honoré mais ne savais pas exactement à quoi m'attendre.

1. Voir Annexe XI, Le Forum d'Avignon, p. 408.
2. *Idem.*

Le conseil[1] nomma Hervé Digne et Axel Ganz vice-présidents, et Emmanuel Hoog trésorier.

UNE ADRESSE : LE GRAND PALAIS

Renaud Donnedieu de Vabres, qui, comme ministre, s'était largement impliqué dans sa rénovation, nous obtint des bureaux au Grand Palais. Nous étions au rez-de-chaussée avec un grand studio derrière une belle porte cochère en fer forgé situé sur le cours la Reine et ses petits jardins particulièrement avenants. Nous avions un nom, Forum d'Avignon, une adresse, Grand Palais des Champs-Élysées, nous pouvions écrire et recevoir... ce n'était pas suffisant, il allait nous falloir apprendre à vivre.

LES MÉCÈNES

Nous devions trouver des mécènes.

Je n'avais pas prévu ce joli cadeau, trouver des mécènes...

Le cabinet de la ministre de la Culture était mobilisé, celui du Premier ministre intéressé.

De grandes entreprises nationalisées et Vivendi furent convaincues par l'équipe de la DDM. Il nous appartiendrait ensuite de savoir les garder.

Restaient les autres, toutes les autres...

Grâce à Axel Ganz, Bertelsmann deviendra un mécène.

Je dus au Forum de faire la connaissance d'Axel Ganz.

1. *Idem.*

Il est mon contemporain ; son père fut tué pendant la Seconde Guerre mondiale. Il s'installa à Paris dans les années 60 comme correspondant de l'hebdomadaire *Bunte* et y développa avec un grand succès, à partir de 1978, de nombreux magazines pour le compte du groupe Bertelsmann[1]. Bien que parisien de cœur, Axel Ganz fut notre premier ancrage international. Européen convaincu, c'est à lui qu'on dut la venue en Avignon de participants allemands de grande qualité.

Membre du conseil de surveillance de Bertelsmann, il convaincra la société de l'intérêt du Forum. Parvenu à ses fins, il mettra toute son énergie, avec l'appui des équipes du Forum d'Avignon, à créer le Forum d'Avignon Ruhr[2]. Celui-ci se tiendra dans l'anti-palais des Papes, les superstructures de la plus grande mine de charbon du monde, le Zollverein, transformé en musée par l'architecte Rem Koolhaas, classé au patrimoine mondial par l'UNESCO, qui a accueilli en 2010 plus de 2 millions de visiteurs.

Il sera de ceux qui s'évertueront à « avignoniser » le Forum. À ce titre, homme de presse s'il en est, il sera à l'université d'Avignon, dont le président Emmanuel Ethis sera un soutien inconditionnel du Forum, l'animateur en 2009 de « Réinventer les médias à l'heure d'Internet », et deviendra l'ambassadeur du Forum auprès de la chambre de commerce et d'industrie du Vaucluse, leur exposant nos thèmes de réflexion et écoutant leurs suggestions.

La SNCF, Bertelsmann et Vivendi seraient d'excellents partenaires, mais ils ne pouvaient suffire. Restaient les autres…

1. Notamment *Capital*, *Voici*, *VSD*, *Ça m'intéresse*, *Télé 2 semaines*…
2. Le Forum d'Avignon parrainera également le Forum d'Avignon Bilbao.

Toutes mes connaissances y passeront. La plupart répondront vite, négativement et courtoisement.

Une minorité accompagnera fort aimablement l'opération.

Le mécénat est de l'argent libre. Il est décidé par les dirigeants ; en général, un seul : le président. Un peu plus tard, j'entendrai Louis Schweitzer[1], avec lequel je participe en août 2012 à la même table ronde culturelle[2], judicieusement réunie par Laurent Fabius au cours de la conférence des ambassadeurs, rappeler que « convaincre une entreprise de devenir un mécène, c'est séduire son président, seul décisionnaire, et, à l'étranger, c'est à l'ambassadeur, et à lui seul, de lui faire la cour... »

Un forum, aussi passionnants soient ses animateurs et ses intervenants, sert peu les intérêts des entreprises. Ceux-ci peuvent être divers. Les grands mécènes ont souvent « quelque chose à se faire pardonner ». Google sera ainsi pendant quelque temps partenaire du Forum.

C'était un argent rare, un argent libre, un argent en diminution depuis la crise de 2008.

1. Louis Schweitzer, énarque, inspecteur des finances, est de 1981 à 1986 directeur du cabinet de Laurent Fabius, successivement ministre du Budget, ministre de l'Industrie et Premier ministre.

De 1992 à 2005, il est président-directeur général de Renault.

Louis Schweitzer, alors président du Festival d'Avignon, sera un soutien inconditionnel du Forum. Il participe à plusieurs sessions au cours desquelles il joue souvent le rôle de modérateur.

2. Laurent Fabius est ministre des Affaires étrangères de 2012 à 2016.

La conférence des ambassadeurs, créée en 1993 par Alain Juppé, est une réunion annuelle des chefs de postes diplomatiques français au cours de laquelle le président de la République et le gouvernement leur exposent ce que la France attend d'eux.

Les autres participants à cette table ronde sont Aurélie Filippetti, alors ministre de la Culture et de la Communication, Xavier Darcos, ancien ministre de l'Éducation nationale et président de l'Institut français, et Henri Loyrette, président du Louvre.

Les sociétés qui sont le plus à même de faire activement du mécénat sont celles dont les produits sont difficilement identifiables, comme les assurances ou les banques, déjà très sollicitées, et dont l'objet social est assez éloigné des thèmes du forum. Les banques de Gaumont, BNP et Neuflize-OBC, avec lesquelles j'entretenais de bonnes relations et auprès desquelles je serai très insistant ; des sociétés industrielles, Orange et Dassault Systèmes, grâce à des liens personnels avec Didier Lombard et Laurent Dassault, nous rejoindront.

La Caisse des dépôts et consignations sera pour un temps un compagnon de route, grâce à son directeur général, Augustin de Romanet, séduit par la « déparisianisation[1] » et l'internationalisation du Forum.

Certains médias suivront particulièrement l'activité du Forum, notamment *La Croix*, *Les Échos*, *Le Figaro* et France Culture, qui disposera d'un studio actif pendant toute la durée du Forum.

LE FONCTIONNEMENT

Les femmes et les hommes de culture aiment parler de tout… et de rien, élément essentiel de la culture. Même si chacun d'entre nous aime parler de rien, le succès d'un forum, s'il se bâtit sur des petits riens, dépend du « fond » des sujets retenus et de leur traitement. Pour permettre à chacun d'être le plus vite et le mieux possible sur la même longueur d'onde, le Forum arrêterait chaque année un

1. Déparisianisation : je croyais inventer ce mot… et m'apprêtais à en donner la définition en note… Il existe, et le sens est le même : en dehors de Paris et du parisianisme. J'aurais pu choisir « déparisation », mais je le trouve moins explicite.

thème préalablement analysé et étudié avec des cabinets spécialisés qui, dans la mesure où ils apporteraient gratuitement leurs études inédites et exclusives au Forum, en seraient les premiers mécènes.

La direction du Forum noua ainsi des partenariats de grande qualité avec les représentants français des meilleurs cabinets mondiaux[1]. Une fois encore, les relations plus que professionnelles nouées avec Bruno Perrin, petit-fils de Jean Perrin, Prix Nobel de physique en 1926, associé de EY, commissaire aux comptes de Gaumont, permettront, pour le premier Forum, d'avoir une étude de grande qualité sur « La conquête numérique, mythes et réalités ».

L'année suivante, nous présenterons trois études, et quatre à partir de 2010. Grâce à la mobilisation des associés étrangers, ces études permettront d'établir des comparaisons internationales inédites et du plus grand intérêt.

Dans le cadre du laboratoire d'idées cher à Laure Kaltenbach, devenue entre-temps directrice générale du Forum, ces études seront présentées dans un cercle plus restreint en avant-première et en détail, au cours de petits déjeuners.

Je consacrai une partie de l'été 2008 à tenter de convaincre la reine de Jordanie de venir, me rapprochai de Carla Bruni pour lui demander d'être la marraine de l'événement, n'obtins guère de soutien du secrétaire général du Quai d'Orsay alors en poste, ami très proche d'un ami très proche, qui dans un formalisme que je croyais dépassé me

1. L'Atelier BNP Paribas, Bain & Company, Charles Landry, EY (Ernst & Young), Ineum Consulting, Kurt Salmon, Louvre Alliance, TERA Consultants...

demanda si j'étais « passé par l'interministériel » et ajouta que « les chefs de poste [étaient] en vacances », fus aimablement reçu par le directeur de cabinet de Christine Lagarde, Stéphane Richard, intéressé par le projet, qui le nota sur l'agenda de la ministre, sous réserve…

Chacun passa beaucoup de temps à convaincre des interlocuteurs alors que d'autres rêvaient de venir, à chercher des femmes dans un monde d'hommes, à trouver des personnalités qui défendaient un point de vue général et pas leur seul intérêt particulier et ne se contentaient pas d'enfoncer des portes ouvertes…

LEVER DE RIDEAU

16 novembre 2008, 15 h 28

Le TGV spécial s'ébranla de la gare de Lyon. L'équipe du Forum, entourée de quelques forces de police veillant à la sécurité des invités, était sur le quai depuis plus d'une heure. Emmitouflée, il faisait frais, elle avait donné à chacun son badge, le nom de son hôtel, le programme… Dans le train, je faisais le tour des voitures, me présentais, papotais, remerciais de leur présence les invités que pour la plupart je ne connaissais pas. Coup de chance, en franchissant le Rhône avant Avignon, je les avais tous croisés. À la gare, une dizaine de cars, précédés de motards, nous attendaient pour nous conduire à nos hôtels.

Au XIVe siècle, le plafond du Grand Tinel était recouvert d'une immense toile bleue parsemée d'étoiles représentant la voûte céleste, alors que de grandes étoffes de couleur tapissaient les murs.

Au XXe siècle, cette salle de près de 50 mètres de long, de plus de 10 mètres de large, à la hauteur impressionnante et aux murs dénudés n'est pas le comble de la chaleur et ressemble à une vaste nef de cathédrale consacrée aux chants grégoriens qui, le lendemain et ultérieurement, vibrera au chœur des voix de l'ensemble de Laurence Equilbey, au son du violon de Renaud Capuçon et à la musique de bien d'autres artistes plus talentueux les uns que les autres.

Dans ce lieu chargé d'histoire, noble mais froid, Laure Kaltenbach parviendra à créer une réelle convivialité.

Avide de trouver une bouffée d'oxygène au milieu d'obligations moins ludiques, je pensais naïvement être sollicité pour l'organisation des menus avignonnais.

Implanté dans la région depuis huit générations, je trouvais cela logique. M'en étant enquis plusieurs fois, il m'avait été aimablement répondu que je n'avais pas à me faire de souci de ce côté-là…

J'ai trouvé Hervé Digne là où je l'attendais le moins.

Mes premiers contacts avaient été distants, ne parvenant pas, à l'époque, à passionner le conseiller pour la culture du Premier ministre, Dominique de Villepin, de l'importance de la lutte contre le téléchargement illicite.

La préparation du Forum, lors de nos échanges matinaux,

m'avait permis de découvrir un homme ouvert et engagé, avec le sens de la formule et de la synthèse, un amoureux des arts, de tous les arts… Très impliqué dès sa fondation dans la vie du Forum, il était mon successeur naturel à partir du moment où Axel Ganz, l'autre vice-président, ne souhaitait pas l'être.

En Avignon, ce fut une surprise de voir qu'Hervé Digne, au-delà de Christian Étienne, l'ordonnateur local des festivités gastronomiques, était un proche des plus grands chefs, notamment de Pierre Hermé, dont, grâce à Hervé, j'ai pu découvrir un jour le laboratoire et qui dit de son ami qu'il est « un gourmet qui décline l'élégance »… Celui que j'imaginais plus en amateur végan est un épicurien de la restauration qui sait garder un corps d'esthète.

La recherche systématique de produits du terroir, éliminant ceux considérés comme « luxueux », préparés par de grands chefs régionaux et internationaux, assistés et servis par les élèves de l'école hôtelière du cru, a été un très grand succès. C'était un plaisir de voir, au contact des plus grandes toques internationales qui la veille étaient venues s'entretenir avec eux, ces jeunes élèves servir, pour certains pour la première fois, des personnalités du monde entier avec application, entrain et le sourire.

Il était rassurant de voir que les chefs comme les organisateurs du Forum avaient un joli coup de fourchette et une belle descente. Ce n'est pas sans raison que la gastronomie française a été inscrite par l'UNESCO, deux ans plus tard, au patrimoine culturel immatériel de l'humanité…

Le réveil pour la session matinale du lendemain a été un peu plus compliqué…

À peine éveillé, je suis tombé sur la presse locale qui nous informait de la tenue d'un contre-forum organisé le soir même par SUD Culture, n'hésitant pas à dire, alors que nous ne nous étions pas encore réunis, que le fait « que politiques et artistes se retrouvent à huis clos à Avignon sous haute protection policière pour établir des stratégies afin que la culture génère encore plus de profits est d'un cynisme effarant… ».

Un autre article faisait état d'un « forum très champagne… ».

Les éventuels effluves d'alcool qui pouvaient subsister en moi ont été immédiatement évaporés et, réveillé, remonté et décidé, je marchai dans l'air frais du matin vers le palais des Papes.

LE CONCLAVE

La salle de réunion en imposait : c'était dans ce conclave que les cardinaux élisaient l'antipape au XIVe siècle. Les participants, séparés par une allée centrale, étaient face à face sur des gradins, et l'orateur, dans l'axe de l'allée, ne voyait son auditoire que de côté ; s'il se plaçait au milieu de l'allée, il tournait le dos à la moitié des participants ; des écrans étaient judicieusement placés pour permettre une meilleure vision, mais vient-on du bout du monde pour se retrouver en vidéoconférence ? Même si je ne portais pas de Rolex, je m'en inquiétai auprès de Jacques Séguéla qui, en un tour de main, déplaça légèrement micros et caméras pour recentrer le conférencier.

Si Christine Albanel n'est pas l'inventeur de l'événement, en tant que ministre de la Culture et de la Communication au moment de la présidence française de l'Europe, elle s'engagea à fond pour le défendre et le promouvoir.

Elle n'hésita pas en introduction à souligner que si le thème retenu, « La culture facteur de croissance », « [pouvait] sembler iconoclaste, les exemples qui [venaient] contredire la caricature d'un secteur de la culture budgétivore – Bilbao avec le musée Guggenheim, Berlin en devenant la terre d'élection des jeunes plasticiens, bientôt Abu Dhabi avec le Louvre – [étaient] nombreux ». Elle souligna que « l'investissement dans la culture contribue non seulement à la diversité culturelle et au renouvellement de la création mais également à la croissance économique et à la cohésion sociale ».

Certains se hérissèrent de cette démarche, la « marchandisation de la culture ». « Vous êtes provocateurs », nous avait dit Laurent Joffrin[1] lors de la présentation à la presse de l'événement. Il exprimait la pensée de ce monde de « cultureux », qui non seulement refusent de rendre des comptes, mais également d'accepter que la culture puisse AUSSI produire de la richesse économique.

Gilles Lipovetsky[2], au cours du Forum, ira plus loin en disant : « Nous sommes passés de la marchandisation de la culture à la culturalisation de la marchandise. »

Le ton était donné ; comme *Capital* le releva, nous étions parvenus à réunir « un plateau éclectique qui annonce des échanges électriques[3] »...

Au fil des années, comme le présentera fort bien dans son introduction en 2010 Patricia Barbizet[4], nous gagne-

1. Laurent Joffrin est alors directeur de la rédaction de *Libération*.
2. *Le Monde*, 20 novembre 2008.
3. *Capital*, novembre 2008.
4. *Nouveaux Accès, nouveaux usages à l'ère numérique : la culture pour chacun ?*, Actes du Forum d'Avignon 2010, Gallimard – Forum d'Avignon, p. 14.

rons notre pari : celui de « penser que la confrontation des points de vue et le dialogue entre des expertises et des compétences issues d'univers différents et d'ordinaire éloignés sont générateurs d'éclairage et de sens ».

Nous ne serons pas déçus... Chaque orateur, ou presque, aura son opposant ; alors que « Les pouvoirs de la culture » était le thème général du Forum 2013, Itay Talgam défendit cette approche. Il commença par raconter une expérience vécue par Leonard Bernstein[1] qui, à Carnegie Hall, avait fait un discours merveilleux sur la collaboration malgré les différences : « Je ne peux pas vous dire que je suis d'accord avec la conception dynamique de Glenn Gould, ce qui pose la question du pourquoi je le dirige. Je le dirige car Glenn Gould est si valable et sérieux dans son art que je prends au sérieux tout ce qu'il conçoit de bonne foi. » Itay Talgam ajoute : « Ce type de discours tente de faire évoluer les choses. De même, il nous paraît impossible de réunir tant de talents dans ce Forum d'Avignon sans qu'il en sorte une véritable contribution pour le reste du monde... »

Je ne sais si « le reste du monde » en a profité... mais les participants au Forum ont bénéficié d'une totale liberté de ton, loin de la langue de bois, dont l'expression a couvert la plus grande partie du spectre des nuances musicales, du mezza voce au fortissimo[2]...

1. *Les Pouvoirs de la culture*, Actes du Forum d'Avignon 2013, Gallimard – Forum d'Avignon, p. 42.

2. Pour avoir un aperçu de toutes ces nuances, cf. Annexe XI, Le Forum d'Avignon, Quelques échanges, p. 410.

Le 14 avril 2009, nous signâmes un accord triennal selon lequel le ministère de la Culture verserait une subvention annuelle de 1 million d'euros et serait représenté au sein du conseil d'administration par trois administrateurs[1]. Le Forum me semblait assuré de sa pérennité, d'autant plus que des personnalités de grande qualité acceptaient de rejoindre le conseil d'orientation[2] que nous venions de créer.

Celui-ci avait pour objectif de compléter le conseil d'administration en lui permettant d'avoir une réflexion à moyen terme, d'être plus international et d'accueillir les mécènes et sponsors importants.

Nous nous professionnalisions et nous nous internationalisions...

LA CULTURE OU LE NÉANT

Hélas pour le Forum, Christine Albanel fut remplacée par Frédéric Mitterrand le 23 juin 2009.

Je connaissais Frédéric Mitterrand depuis longtemps[3]. Trop longtemps sans doute. Pour des raisons que je ne m'explique pas, je ne nouai pas le lien de qualité indispensable

1. Voir Annexe XI, Le Forum d'Avignon, p. 408.
2. *Idem.*
3. En 1975, Frédéric Mitterrand est responsable du réseau art & essai des Olympic dont il doit se séparer en 1986. En 1995, il réalise *Madame Butterfly*, film produit par Daniel Toscan du Plantier.

au Forum. Frédéric Mitterrand pensait que celui-ci prenait une part trop importante de « la réserve ministérielle », la cassette personnelle du ministre dont il attribue le produit aux sujets de son choix. Le Forum ne pouvait être sa priorité, puisque inventé par ses prédécesseurs.

Nous avions signé deux mois auparavant une convention triennale. Frédéric Mitterrand renia la signature de l'État et, après des mois d'attente, divisa par deux la subvention du Forum, ramenée à 500 000 euros. Le montant était très important, mais il cassa une relation de confiance, de complicité, d'épaulement mutuel entre le ministre et moi, entre son cabinet et l'équipe du Forum.

À partir de cet instant, la bataille pour maintenir et développer le financement accapara une part de plus en plus importante de l'énergie de l'équipe, à commencer par la mienne. Mais, à force d'inventivité, tant pour les ressources que pour les dépenses, nous trouverions les moyens nécessaires pour les sessions suivantes, que Frédéric Mitterrand honorera de sa présence active. Cette période se conclut en apogée pour le Forum avec la venue de Nicolas Sarkozy en novembre 2011.

Cette présence fut une consécration pour le Forum. Mais elle signait également son arrêt de mort en cas d'alternance. En mai 2012, Nicolas Sarkozy était battu à la présidentielle. Tout ce qu'il avait touché était frappé du sceau de l'infamie.

Pour des raisons de basse politique qui ne seront jamais exprimées en ma présence, le Forum est alors catalogué sarkozyste et au service des grands groupes.

La venue l'année suivante d'Erik Orsenna, que je tarabustais depuis les origines pour qu'il honore le Forum de sa présence, n'arrangea rien, bien au contraire[1]. Je pensais que pour la nouvelle ministre de la Culture, la présence de l'ancien conseiller de François Mitterrand, homme de culture s'il en est, ne pouvait que prouver l'indépendance politique du Forum... Quelle erreur ! Les propos d'Erik mirent la ministre hors d'elle. L'écoute en direct de son intervention, ou sa relecture une décennie plus tard, ne me semble pas mériter un tel agacement. C'est la France d'aujourd'hui que dépeignait Erik, hélas pas les services du seul ministère de la Culture. Aurélie Filippetti en fut si furieuse qu'elle organisa l'année suivante au palais de Chaillot son propre forum. Le Forum était mort, assassiné par ceux qu'il voulait servir. La ministre, ou son cabinet, s'appropria Avignon, sans Avignon, réunion qui sera sans lendemain... Nous ferons bonne figure mais nous avions perdu, les fonds alloués à Avignon furent dépensés à Chaillot.

La culture en France, plus qu'ailleurs, s'appuie sur les pouvoirs publics. J'ai pensé que le Forum, né à leur

1. La retranscription des propos d'Erik Orsenna est la suivante : « À quoi sert un ministère de la Culture ? (...) Des administrations créées en d'autres temps et avec des budgets nettement plus élevés sont-elles toujours adaptées ? Je préside le Centre de la mer à Rochefort. Dans cette petite ville de 40 000 habitants, nous accueillons chaque année 400 000 visiteurs. Cependant nous sommes contraints d'attendre l'avis d'un fonctionnaire national du ministère de la Culture pour finalement apprendre que notre subvention passe de 6 728 euros à 5 484 euros. Cet exemple soulève la question suivante : quel rôle occupent les directions régionales d'action culturelle ? Le mille-feuille administratif de la France fabrique non seulement des déficits budgétaires mais aussi un manque de vision et un sentiment d'impuissance généralisé. (...)

« J'ai eu la chance d'être conseiller de François Mitterrand qui possédait une véritable vision culturelle. On a parfois reproché à François Mitterrand d'être trop cultivé, notamment en histoire. Au contraire, l'actuel chef de l'État n'est peut-être pas suffisamment cultivé pour livrer un récit politique. Une nation ne se résume pas en une somme de solutions techniques. » *Les Pouvoirs de la culture*, Actes du Forum d'Avignon 2013, Gallimard – Forum d'Avignon, p. 23.

initiative, avait besoin d'eux. J'ai cru à la continuité républicaine. Je me suis trompé.

Frédéric Mitterrand a soutenu le Forum du bout des lèvres, n'en disant jamais du bien au-delà des remparts avignonnais. Ses successeurs, en lui refusant leur soutien, l'ont achevé.

Ils n'ont pas jugé qu'il servait leurs intérêts.

Leurs intérêts de ministre à durée limitée, sans doute. Mais ceux de la France ?

Contraints par la capacité des salles d'Avignon comme par notre budget, nous n'avons pas invité la clientèle habituelle de la Rue de Valois, ceux qui ne vivent que de subventions, font la courbette dans les salons pour ne dire que du mal du ministère dès qu'ils ont le dos tourné. En revanche, malgré la parcimonie avec laquelle Air France nous a alloué des billets long-courriers, nous avons fait venir des Sud-Américains et des Indiens, des Sud-Africains et des Chinois…

J'ai eu la chance de nager avec quelques grands dauphins de la politique, étrangers et français, je me suis piqué sur les coquilles des oursins et j'ai refusé de me faire mordre les orteils par les crabes…

Nous avons cherché loin. Qu'apportent à la Rue de Valois la responsable de la propriété intellectuelle auprès de Barack Obama, un philosophe allemand, un ancien président du Sénégal, les meilleurs dessinateurs, choristes et violoncellistes du monde ? Sans doute peu de chose, mais à la France ?

J'ai cru à la continuité républicaine… J'y ai cru dans la lutte contre le téléchargement illicite ; je me suis trompé. Jusqu'en 2009, les grands partis politiques républicains avaient voté les lois culturelles, quel que soit celui d'entre eux qui la proposait. Pour la première fois depuis la guerre, le Parti socialiste a voté contre une loi protégeant le droit d'auteur. Alors même que les deux anciens ministres socialistes de la Culture, Jack Lang et Catherine Tasca, défendaient le projet, les sénateurs socialistes, au nombre desquels Robert Badinter, ont voté contre. Ne revenons pas ensuite sur les fondements juridiques de la décision du Conseil constitutionnel, saisi par les parlementaires socialistes, estimant que l'accès à Internet est une liberté fondamentale quand l'accès à l'eau, au gaz et à l'électricité ne l'est pas… La sanction consistait à priver le pirate audiovisuel, pendant un temps limité – un jour, une semaine, ou plus pour les grands malades –, de l'usage de son ordinateur.

Je croyais donc à la continuité républicaine et à un partenariat solide et durable pour la continuité du Forum mondial de la culture…

Je me suis trompé. Je ne pense pas pour autant avoir eu tort.

Je ne suis pas sûr que ceux qui ont pris cette décision en aient mesuré toutes les conséquences. À l'automne 2022, la présidente de l'Institut français n'hésita pas à dire que « l'influence culturelle de la France n'est pas un acquis[1] ».

Le Forum d'Avignon était une chance pour la France ; l'avoir assassiné, une erreur, pire, une faute.

Heureux de ce que nous avons fait avec les équipes du Forum et ses partenaires, aussi exigeants qu'attachants, je suis triste qu'il ne soit plus et que d'autres, femmes et hommes, jeunes et vieux, artistes et industriels, Chiliens et

1. *Le Monde*, 23 septembre 2022. Interview d'Eva Nguyen Binh, nommée présidente de l'Institut français le 1er juillet 2021.

Chinois, Norvégiens et Israéliens, Arabes et Camerounais, ne puissent plus bénéficier du flot d'émotions que nous avons partagé.

Je retiens avec bonheur les témoignages de trois participants, amoureux de la culture française, ceux d'un réalisateur malien, d'un ancien Premier ministre québécois et d'un poète camerounais :

Souleymane Cissé[1] :

Si je suis présent parmi vous c'est parce que je vois dans ce forum une nouvelle plateforme d'échange à un autre niveau.

La richesse du Forum d'Avignon réside avant tout dans sa diversité culturelle et linguistique. Cela nous permet vraiment d'échanger. Nous en avons encore un nouvel exemple cette année tant les exposés sont riches et nous aident à entrevoir le monde de demain. Cela me fait rêver. C'est cela qui fait la force de ce forum : donner une vision de demain.

Bernard Landry[2] :

C'est donc ma troisième visite en Avignon alors que je me suis rendu à six reprises au Forum économique de Davos. Avec tout le respect dû à nos amis suisses, ma réflexion s'est davantage enrichie auprès de vous. Les débats que nous venons de vivre sont donc plus riches car davantage humanistes et universels que dans d'autres rencontres thématiques internationales.

1. *Nouveaux accès, nouveaux usages à l'ère numérique : la culture pour chacun ?*, Actes du Forum d'Avignon 2010, Gallimard – Forum d'Avignon, p. 70.

2. *Investir la culture*, Actes du Forum d'Avignon 2011, Gallimard – Forum d'Avignon, p. 291, 293.

En conclusion, d'accord pour Davos et Porto Alegre, mais je suis convaincu que votre activité en Avignon est davantage porteuse que les deux autres réunies.

Capitaine Alexandre[1] :

Aimé Césaire : « La culture c'est tout ce que les hommes ont imaginé pour façonner le monde, pour s'accommoder du monde et pour le rendre digne de l'homme, tout ce que l'homme a inventé pour rendre le monde vivable et la mort affrontable. »

Kundera : « La culture c'est la mémoire du peuple. »

Malraux : « La culture… Tout ce qui a fait de l'homme autre chose qu'un accident de l'univers. »

Penser, rêver, oser, créer, je m'appuie sur ces verbes comme un infirme s'appuie sur des béquilles pour avancer dans la vie…

1. *Les Pouvoirs de la culture*, Actes du Forum d'Avignon 2013, Gallimard – Forum d'Avignon, p. 133.

11

Le cinéma retrouvé

Avignon n'est plus, abandonné par les pouvoirs publics... Le cinéma est toujours là, encore convalescent, tous les cinémas sont toujours là, bien soutenus financièrement pendant la pandémie par les pouvoirs publics...

Les pouvoirs publics, j'y reviens encore...

Amit Khanna[1], de son Inde lointaine, va encore s'énerver, mais, comme Erik Orsenna, je compte sur les pouvoirs publics pour réglementer, pas tant l'intérieur du cinéma, déjà gavé de textes en tout genre, mais les rapports du cinéma avec le reste du monde... et peut-être un peu plus...

Le cinéma est là parce que les responsables du cinéma français se sont battus pour le sauver. Nos auteurs, réalisateurs, comédiens, producteurs, entrepreneurs ne sont pas meilleurs que ceux de nos voisins allemands, britanniques ou italiens. Mais la plupart se sont engagés, en faisant passer l'intérêt général avant leurs intérêts particuliers. Ils ont lutté pour ne pas perdre le cinéma, pour que vive le cinéma.

1. Voir Annexe XI, Le Forum d'Avignon, Quelques échanges, *Fortississimo*, p. 415.

Gaumont a pris sa part dans ce combat.

De 1975 à 2000, date de la fusion avec les cinémas Pathé, Gaumont a créé 55 nouveaux ensembles cinématographiques et s'est séparée, à une unité près, du même nombre ; 250 écrans supplémentaires ont été créés.

Pendant cette période, les cinémas Gaumont ont attiré plus de 430 millions de spectateurs[1], soit plus de 10 % de la fréquentation nationale, avec une part de marché qui a été multipliée par 2,5.

Depuis 1975, Gaumont a produit ou coproduit quelque 360 films qui ont attiré un peu plus de 360 millions de spectateurs représentant sensiblement 12 % de la fréquentation des films français sur la période.

En 1976, Gaumont glanait quelques lauriers avec *Cousin Cousine* ; en 1987, avec le même Daniel Toscan du Plantier, Gaumont gagnait la Palme d'or pour *Sous le soleil de Satan* ; en 2020 et 2021, avec Sidonie Dumas, deux années de suite, Gaumont obtenait le César du meilleur film pour *Adieu les cons* et *Illusions perdues*.

Ma route n'a pas été celle de l'enrichissement financier, celle de l'explosion d'un champion français du cinéma. Quand Gaumont a eu des difficultés, j'ai été le seul à en payer les conséquences, qui n'étaient que financières. J'assume mes échecs mais, comme je l'évoque à propos du cinéma italien, je m'en serais voulu de ne pas l'avoir tenté. Je n'ai pas réussi à convaincre Federico Fellini, la référence absolue du cinéma mondial de la seconde moitié du XXe siècle. Je suis fier d'avoir essayé. Je n'ai pas été aidé, doux euphémisme, par l'environnement et les pouvoirs publics.

1. Voir Annexe V, La part de marché des cinémas Gaumont (1975-2000), p. 394.

Que les Américains ne veuillent pas de nous, c'est normal, mais c'est aussi stupide parce qu'une part plus importante de films étrangers sur leur marché ne nuirait pas à leurs blockbusters, bien au contraire, en faisant revenir dans les cinémas des spectateurs plus cultivés et ouverts sur le monde. Mais que les Italiens et les Brésiliens ne nous aient pas accueillis à bras ouverts est une autre affaire. Ils nous ont pris pour une major hollywoodienne… Comment, avec le « flamboyant » Toscan, aurait-il pu en être autrement… ?

Daniel, tu es mon meilleur ami.

En revanche, j'espère à travers Gaumont avoir participé à l'enrichissement culturel de la France, à l'ouverture aux autres, à l'ouverture par les autres.

Je suis fier que ma fille Sidonie ait repris le flambeau. Gaumont n'est plus une société intégrée produisant des films et disposant de cinémas. Elle se concentre sur la production de films et de séries. Grâce à Sidonie Dumas, Christophe Riandée et leurs équipes, la Marguerite est devenue dans l'audiovisuel un interlocuteur significatif qui représente en 2021 plus de 70 % de son chiffre d'affaires, dont près de la moitié provient des États-Unis et 10 % de l'Allemagne.

Depuis bientôt deux décennies, je ne suis plus le « mécano de la General »[1]… Je ne suis pas non plus tout à fait le chef de gare qui regarde passer les trains dont il se contente de noter les horaires d'arrivée et de départ. Ce n'est pas parce que Gaumont n'a plus de cinémas que je ne crois pas à l'avenir des cinémas… je m'en suis expliqué.

1. *Le Mécano de la General* est un film américain de 1926 coréalisé par Buster Keaton et Clyde Bruckman, dont Buster Keaton est l'interprète principal.

Gaumont s'est battue, Gaumont continue et continuera à se battre, comme en témoigne l'engagement de Sidonie Dumas à la tête de l'Association des producteurs indépendants (API)[1].

Quant aux talents, les seuls écoutés par les médias et donc par les responsables politiques, je ne suis pas sûr que les jeunes générations d'auteurs, réalisateurs et comédiens perçoivent l'action menée au service du cinéma, et pas de leur seul cinéma, par leurs anciens – à l'instar de Jean-Paul Belmondo ou de Bertrand Tavernier, pour ne parler que des deux plus grands avocats du cinéma et de l'exception culturelle, récemment disparus.

Jean-Luc Godard s'est accroché au rideau du Palais des festivals à Cannes pour interrompre celui qui venait de s'ouvrir en 1968… Cette période d'insouciance est terminée. Le cinéma français ne peut pas continuer à se déchirer publiquement. Que certains ne partagent pas les opinions des autres dans le septième art, élément constitutif de la culture, c'est nécessaire et sain… mais ce n'est pas suffisant.

Pour la production, il faut favoriser l'ambition au lieu de la briser, encourager la production de films qui attirent les spectateurs.

L'inflation du nombre de films français n'est pas un critère satisfaisant. Le seul qui soit représentatif est la part de marché.

Au cours de la décennie 2010-2019, les premiers et les seconds films représentent la moitié des films d'initiative française[2]. Ce n'est plus une industrie de prototypes, c'est

1. L'API est un des trois syndicats de producteurs de cinéma ; il regroupe des producteurs indépendants et les quatre grandes entreprises françaises du secteur : Gaumont, MK2, Pathé et UGC.

2. De 2010 à 2019, la France a produit 2 183 films. Les premiers films sont au nombre de 717 et les seconds de 383, soit un total de 1 100, représentant sur la décennie un pourcentage de 50,4 % (source CNC, bilan 2019).

un essaimage absurde des ressources. La dissémination, avec la multiplication des échecs, nuit à la diversité de films mieux produits et mieux financés. Le cinéma français a tendance à toujours tout vouloir réinventer sans se préoccuper suffisamment du spectateur ; trop souvent nombriliste, il oublie qu'il n'est pas un art libre. Réclamant des moyens, d'une façon ou d'une autre, il doit au sens propre rendre des comptes, quels que soient les bailleurs...

Il faut arrêter la dégradation systématique du soutien automatique pour les films qui attirent les spectateurs, avec des montants plafonnés calculés sur la seule fréquentation, sans tenir compte du montant de l'investissement.

Je suis convaincu que si les films sont à la hauteur des espérances du spectateur, celui-ci continuera à aller longtemps au cinéma.

Il faut assurer la pérennité d'un parc de salles qui couvre l'ensemble du territoire et est à même de proposer tous les films dans leur diversité.

Assurer une exclusivité sans concession aux salles de cinéma pour passer les films. Refuser le nom de films de cinéma à des œuvres qui n'ont pas suivi ce parcours[1].

Quels que soient le respect et l'amitié que m'inspire son talentueux sélectionneur, Alberto Barbera, avec lequel j'ai

1. J'ai écrit neuf lettres demandant aux responsables des plus grands acteurs actuels du cinéma mondial leur pensée sur son avenir. Trois m'ont répondu. Deux pour me souhaiter bonne chance. Je livre, dans une traduction imparfaite, la réponse résumée du troisième, Sanford Panitch, le président de Sony Pictures :

« Je suis totalement d'accord avec vous sur le pouvoir et la persistance de l'expérience du grand écran. (...)

« Les comédies, les films d'horreur, les comédies musicales, les films qui vous font pleurer dans une salle obscure et partager avec le public cette expérience humaine de la douleur resteront toujours une expérience cinématographique, parce que c'est le propre de l'homme de partager. »

eu l'occasion d'évoquer ce sujet au Festival du Caire en novembre 2018, il est plus que regrettable, pour utiliser un doux euphémisme, que la Mostra de Venise et, à sa suite, les Oscars aient oublié ce que le cinéma signifie : le cinéma, c'est d'abord un lieu où l'émotion est partagée par le plus grand nombre, où les images ne sont reflétées que par l'écran et où paroles, bruitages et musique ne sont retransmis que par les seuls haut-parleurs du cinéma, loin des cris des voisins, des sonneries des portables et des rappels à l'ordre du micro-ondes…

Accorder un Oscar ou un Lion d'or à des œuvres qui ne sortiront pas dans les salles avec une exclusivité raisonnable, c'est vouloir assassiner délibérément le cinéma, ou les cinémas, ce qui en fin de compte revient au même.

Je ne prétends pas que les œuvres sélectionnées ne soient pas de bonne qualité. Je n'hésite pas à parler de chefs-d'œuvre face à *Duel* de Steven Spielberg ou à *Scènes de la vie conjugale* d'Ingmar Bergman. Mais j'ai tendance à penser que ce sont des chefs-d'œuvre parce qu'en leur temps, leurs distributeurs français respectifs ont eu l'audace de les sortir en France exclusivement dans des salles de cinéma et que ce sont les cinéphiles français qui, grâce à un bouche-à-oreille élogieux, en ont fait des chefs-d'œuvre… qui appartiennent à l'histoire du cinéma après avoir été d'exceptionnels succès commerciaux.

Il est impératif que les professionnels du cinéma comme les pouvoirs publics veillent jalousement à ce que le palmarès du Festival de Cannes soit réservé aux seuls films de cinéma.

Le cinéma français a bénéficié du soutien nécessaire et indéfectible de la classe politique républicaine jusqu'au tournant du siècle.

Depuis, la solidarité républicaine, face à la défense de la culture en général, et du cinéma en particulier, s'est lézardée. Malgré l'attitude courageuse et insistante des anciens ministres socialistes de la Culture Catherine Tasca et Jack Lang, la lutte contre le téléchargement illicite a buté sur des socialistes, à l'époque dans l'opposition, et plus tard au pouvoir, qui ont refusé de condamner de telles pratiques, attitude irresponsable et populiste, indigne d'un grand parti républicain, sans comprendre que cette attitude conduisait, et a conduit, à un appauvrissement dramatique de la musique et du cinéma français.

Contrairement à une légende, bien entretenue dans les médias, et à l'exception des SOFICA[1] et de quelques crédits d'impôt judicieux, le cinéma ne coûte rien au contribuable[2]. L'État et ses représentants devraient en tirer gloire. Il est financé par les spectateurs, par les diffuseurs et par un astucieux système de prélèvement à la source baptisé « fonds de soutien ». Ce mécanisme ingénieux a été plusieurs fois menacé.

Pendant des décennies, le cinéma américain a combattu à Bruxelles ce qu'il appelait une « subvention ».

Il y a un bon quart de siècle, en janvier 1995, une poignée de Français furent reçus à déjeuner par Lew Wasserman[3], entouré des patrons des autres studios accompagnés

1. Les SOFICA sont des sociétés de financement de l'industrie cinématographique et audiovisuelle.

2. À l'exception de la période du Covid, où le cinéma, comme le reste de l'économie, a été soutenu par les pouvoirs publics.

3. Lew Wasserman a été un des hommes les plus puissants, peut-être le plus puissant, de Hollywood. Son influence était telle qu'il a notamment fait nommer Jack Valenti président de la MPAA (Motion Picture Association of America), qui regroupe le lobbying de tous les studios en dehors des États-Unis, et Ronald Reagan président de la Screen Actors Guild.

de quelques directeurs juridiques. Lew Wasserman était à l'époque le président d'Universal. La table était impressionnante, ils étaient plus d'une vingtaine. Nous étions cinq, Dominique Wallon, directeur général du CNC ; Daniel Toscan du Plantier, président d'Unifrance ; Catherine Verret, sa représentante aux États-Unis ; Marin Karmitz et moi-même.

Après les présentations d'usage, Daniel, sensible à la charge électrique de l'atmosphère et peu enclin à affronter de face une telle assemblée, me demanda d'ouvrir le débat. De façon circonstanciée, je défendis le régime du soutien financier et la politique des quotas d'achats de films étrangers par les chaînes de télévision, affirmant qu'il était préférable d'avoir un plus faible pourcentage d'un bon marché qu'un pourcentage élevé d'un marché médiocre. Lew Wasserman réagit brutalement en me disant que je défendais des idées comparables à celles des nazis interdisant au public de regarder les films de son choix. Le ton était donné, la réplique serait cinglante.

Il faudra quelque temps pour que la toute-puissante MPAA accepte le système français et arrête de tenter de le détruire à Bruxelles. Pascal Rogard et moi-même parviendrons à convaincre Jack Valenti, président de la MPAA, de nous associer dans la lutte contre le téléchargement illicite, dont les studios étaient les premières victimes, en échange du respect de l'exception culturelle. Plus de vingt ans plus tard, cette paix des braves est observée de part et d'autre.

À l'automne 2022, les interlocuteurs ont changé, mais le refus d'un studio de distribuer ses films en France dans le cadre de la législation en vigueur est un diktat qui n'a pour objet que de briser l'exception culturelle.

Dans une des capitales d'Europe, le libéralisme forcené prévalait jusqu'à l'élection de la nouvelle Commission en décembre 2019. Il semble moins en cour. Il constituait une véritable menace pour l'exception culturelle à la française. Il faut rester vigilant. La solidarité des professionnels et des responsables politiques a permis de la préserver.

Nous n'avons pas retrouvé la position qui était la nôtre, il y a plus d'un siècle, la première, mais nous pouvons être fiers d'être devenus le second cinéma du monde occidental.

Comment le rester ?

Le cinéma, ce ne sont pas, aussi brillant soit le film de Xavier Giannoli, des *Illusions perdues*, mais *L'Espoir*, d'André Malraux.

L'espoir, le garder, l'entretenir, le développer, tout faire, faire tout ce qui est honorable pour qu'il se réalise.

Je suis arrivé chez Gaumont dans « un secteur en crise ».

Il a fallu se battre pendant près d'une décennie pour que la fréquentation nationale retrouve en 1982 les couleurs qu'elle avait perdues depuis 1968. Dix ans plus tard, en 1992, à la suite de transformations trop hâtives du PAF[1], la fréquentation atteignait un étiage historique avec 116 millions de spectateurs.

Depuis cette période dramatique, le nombre de spectateurs n'a fait que remonter pour dépasser, à partir de 2010, et à l'exception de 2013, 200 millions de spectateurs.

Après la pandémie, nous pouvons revenir à ce niveau. J'ai évoqué la responsabilité de celles et ceux qui font le cinéma. Beaucoup dépend d'eux, mais ils ne sont pas responsables des arbitrages politiques. À l'inverse du sabotage du Forum d'Avignon, devenu véritable Forum mondial de

1. PAF : Paysage audiovisuel français.

la culture et qui avait atteint en peu de temps une notoriété inespérée, il faut une vision à long terme et la continuité dans l'action.

Aussi étrange que cela puisse paraître, le cinéma est ressorti sans trop de séquelles de deux dramatiques guerres mondiales et de la Grande Dépression ; il devrait en être de même avec la pandémie.

Il est né de la technique, et ce sont avant-hier le parlant, hier la télévision et aujourd'hui les technologies numériques qui l'ébranlent.

Le cinéma français est le seul cinéma européen à avoir résisté à la télévision, qui, d'adversaire, est devenue un partenaire, le premier, parce que les intéressés, en général bien soutenus par les pouvoirs publics, ont su trouver des solutions originales.

Sans les dispenser de leurs obligations, les premiers soutiens actuels du cinéma, les télévisions, doivent être confortés, et la puissance publique aurait dû intervenir pour autoriser la fusion de TF1 et de M6, petits opérateurs face aux géants américains, et comprendre que « le marché pertinent » d'hier n'est plus celui d'aujourd'hui, et sûrement pas celui de demain…

Les pouvoirs publics doivent s'engager dans la lutte contre le téléchargement illicite.

L'article 4 de la Déclaration des Droits de l'Homme est d'une admirable concision : « La liberté consiste à faire tout ce qui ne nuit pas à autrui. »

J'ai le regret de constater que les pouvoirs publics français, en refusant de lutter contre le téléchargement illicite, ont laissé les auteurs et leurs producteurs bien seuls. Ils doivent s'y engager fermement.

Les pouvoirs publics doivent être un arbitre actif des grands équilibres du secteur audiovisuel.

Ils sont intervenus avant-hier à l'intérieur du cinéma ; aujourd'hui il y a trop de règles, et au lieu de nommer une commission sur la concurrence interne au secteur, la ministre aurait été bien inspirée d'exiger la simplification du secteur. Les pouvoirs publics sont intervenus hier pour organiser les rapports entre le cinéma et les télévisions ; ils doivent intervenir aujourd'hui pour améliorer les relations entre l'audiovisuel français et les plateformes étrangères.

L'avenir du cinéma face aux nouveaux entrants dépend de la seule volonté politique.

Le trio improbable de la « révolution numérique » s'est renforcé. Fournisseurs d'accès, moteurs de recherche et plateformes sont parmi les plus grands bénéficiaires de la pandémie.

Il est fondamental qu'ils n'abusent pas de leur position de force augmentée.

Ils doivent d'abord s'associer publiquement, en les soutenant efficacement, à tous les efforts entrepris par les ayants droit et les responsables politiques qui les auront rejoints pour lutter contre le téléchargement illicite[1], afin que les ayants droit ne deviennent pas des « étants droit ».

1. Pendant la pandémie, les téléchargements augmentent singulièrement.

En France, seul pays pour lequel je dispose de statistiques fiables, au cours de l'année 2020, le téléchargement légal passe de 18,7 à 25,4 millions de visiteurs uniques mensuels, soit une augmentation de 36 %.

Le téléchargement illicite, descendu à 8,067 millions en février 2020, est remonté à 10,451 en décembre, soit une augmentation de 29,5 %.

Pendant la même période, le visionnage illicite d'événements sportifs, très sensible à l'importance de l'événement, est passé de 1,5 million à 2,3, soit une augmentation de 53 %.

Ils doivent réviser leur politique d'achat forfaitaire et mondial, et associer financièrement les équipes de production aux grands succès qui dépassent les estimations.

Ils doivent enfin distinguer la production audiovisuelle de la production cinématographique et leur apporter un soutien franc et massif, à la mesure des audiences qu'ils attirent, dans des conditions qui ne laminent pas ses acteurs traditionnels.

Ils doivent, dans le respect du droit d'auteur français, communiquer officiellement leurs audiences.

Ils doivent respecter l'exception culturelle, diffuser leurs films conformément aux textes en vigueur et ne pas exercer un odieux chantage au détriment des spectateurs et donc des citoyens français.

Les pouvoirs publics doivent être un acteur actif de l'audiovisuel public.

Toutes les démocraties occidentales n'ont pas un service public de l'audiovisuel. C'est culturel et historique ; plus que jamais, dans celles qui en ont la culture, cela me semble utile, nécessaire et indispensable. Quel que soit leur goût pour le mécénat, les entreprises privées ne peuvent pas financer seules des sujets dont l'audience est de qualité mais limitée.

Si le service public de l'audiovisuel ne doit pas être maigre, il doit encore moins être gras… il doit être mince, énergique, réactif. La minceur des structures internes est clé pour faire travailler les entreprises privées du secteur. Il y a quelques années, à l'occasion du centenaire de Gaumont, j'ai été interviewé successivement par France 3 et une chaîne suédoise. L'équipe française comptait cinq salariés ;

l'équipe suédoise, un seul, un journaliste qui posait ses questions en me tendant le micro, debout à côté d'un pied supportant une caméra qui enregistrait, ô surprise, l'image et le son.

Le service public doit disposer de moyens pérennes.

Le service public doit diffuser une information objective et lutter sans relâche contre les *fake news*.

Le service public doit produire des films ambitieux : il y a quelques années *Les Visiteurs* a été cofinancé par la 3 ; *Don Giovanni*, comme tous les films de Claude Berri, par la 2…

Le cinéma est un art qui vit et se nourrit des autres arts. Le service public doit éditorialiser la culture.

Il m'a été reproché d'être un diplodocus… j'assume. Que sont devenus les Catherine Langeais, Jacques Chancel, Bernard Pivot, Patrick Brion, Pierre Tchernia, Claude-Jean Philippe et autres Eddy Mitchell[1], qui nous faisaient aimer la littérature, le théâtre, la musique… et le cinéma ?

1. Catherine Langeais (*La Séquence du spectateur*, 1953-1989), Jacques Chancel (*Le Grand Échiquier*, 1972-1989), Bernard Pivot (*Apostrophes*, 1975-1990), Patrick Brion (*Le Cinéma de minuit*, 1976-2019), Pierre Tchernia (*Monsieur Cinéma*, 1967-1980), Claude-Jean Philippe (*Ciné-club*, 1971-1994), Eddy Mitchell (*La Dernière Séance*, 1982-1998)…

12

La culture pour tous
Aimer la France
Ma capitale

Les pouvoirs publics devraient s'investir pour que tout Français, avant d'entrer dans la vie active, soit familier des sept arts illustrés dans sa région, ait fréquenté ceux qui existent dans au moins une ou deux autres régions et ait fait au minimum un déplacement d'une bonne semaine, à la découverte des arts, dans la capitale et son environnement immédiat.

Pour s'ouvrir à l'architecture, monter au sommet de la tour Eiffel, monument éphémère de 1889 – date de naissance de ma grand-mère qui aimait à le rappeler – devenu le symbole de la Ville Lumière, et regarder, regarder, regarder ; la Seine, d'abord : tiens, les villes sont souvent au bord des fleuves ; au loin une île, la Cité, défendue par sainte Geneviève, et les tours de Notre-Dame avec prochainement une nouvelle flèche identique à l'ancienne ; la Sainte-Chapelle, plus difficile à distinguer ; les ponts, le Pont-Neuf, le plus ancien, Charles-de-Gaulle, le dernier, la passerelle des Arts, en face de l'Institut et du Louvre où, après avoir longé les fortifications de Philippe Auguste éclairées par les pyramides de Pei, où ultérieurement la sculpture, la peinture et les dessins éclatants de splendeur…, en profiter pour découvrir le Sphinx, quelques joyaux de la sculpture grecque ou de Puget, et en d'autres occasions, surtout pas le même jour, regarder dans ce même musée quelques tableaux ou dessins italiens ou français, néerlandais ou espagnols…, les plafonds, les fauteuils, quelques couronnes ou hanaps…

Se promener, se promener, regarder, regarder, regarder, flâner, musarder dans le Marais, les places des Vosges, de la Concorde, des Victoires, les Invalides, les jardins des Tuileries, du Luxembourg, les autres musées plus riches les uns que les autres, et même Montmartre…

Aller à Versailles et y réciter quelques fables de La Fontaine, quelques vers de Molière, Racine ou Corneille… S'il reste du temps, baguenauder à Fontainebleau, Vaux ou Chantilly…

Après la capitale, inévitable dans un pays aussi centralisé par les rois et les jacobins, un projet plus ambitieux serait un tour de France des régions ignorées. Il serait d'ailleurs souhaitable, pour les Ultramarins, de combiner dès la première année les deux rendez-vous afin d'éviter de doubler des coûts de transport particulièrement élevés.

Au-delà de l'architecture, de la sculpture, de la peinture, y découvrir la musique.

Les cathédrales comme les églises, romanes ou gothiques, ont une exceptionnelle acoustique. Je n'évoque pas les lieux de culte des autres religions, car malheureusement, en France, celles-ci ne disposent pas d'édifices de la même qualité. Aujourd'hui, il faut beaucoup de « chance », à la différence de l'Italie, pour y entendre de la musique. Cette chance, les pouvoirs publics, qui assurent l'entretien et la restauration de ces édifices, pourraient grandement la développer en passant des accords avec les différents évêques pour que les monuments entretenus par l'État soient, en dehors des offices, un écrin permanent des plus belles œuvres musicales. Pour paraphraser Barbara Hendricks, on peut ne pas aimer Bach, Haendel, Haydn ou Mozart, mais on n'a pas le droit d'ignorer leur existence.

Visiter la cité de Carcassonne, une ou plusieurs forteresses de Vauban, les champs de bataille de 1914-1918, Verdun, les plages du Débarquement...

Se promener à Beaune ou à Colmar, au sommet des Baux ou à Rocamadour. Il faudra y ajouter quelques sites remarquables au choix : le Mont-Saint-Michel, les gorges du Verdon, quelques montagnes vosgiennes, pyrénéennes ou alpines, la Corse, la Camargue ou la baie de Somme, les falaises d'Étretat ou la pointe du Raz...

Tout cela apprendra la beauté dans ses différences et facilitera l'acquisition de quelques bribes historiques jalonnées de dizaines de dates de l'histoire du monde et de la France, des civilisations chinoise et égyptienne à la Seconde Guerre mondiale, de la Grèce antique à la chute du mur de Berlin, de la conquête de la Gaule à l'invasion de l'Ukraine, sans oublier celles et ceux qui l'ont ponctuée, de Charles Martel à Jeanne d'Arc, de Néron à Poutine, d'Henri IV à Charles de Gaulle...

UTOPIE, UTOPIE, UTOPIE

Il en faut. Sans rêve, il n'y a pas de grand projet politique. Gouverner, c'est l'art du possible. Plus l'art prend le pouvoir, plus le possible s'étend. L'art, c'est croire à l'impossible et le rendre possible. Charles de Gaulle, seul à Londres, refuse la défaite. Il n'a qu'une arme, le Verbe. Verbe enraciné en lui au service d'un idéal qui convainc ses interlocuteurs, à l'exception des « gens raisonnables » qui n'en voudront pas et préféreront courber l'échine et attendre… Regardons l'artiste, qui, avec une poignée de volontaires courageux, fait d'une France vaincue, apeurée et souvent lâche un des vainqueurs de la Seconde Guerre mondiale avec un siège permanent au Conseil de sécurité de l'ONU.

L'art du verbe sur un projet exaltant qui rassemble en respectant les différences, les expressions et les cultures. La France est le plus beau pays du monde, mais les jeunes Français la connaissent de moins en moins en se côtoyant de moins en moins. Il leur faut aller à la rencontre de l'autre, de ceux qui ont la mémoire de leurs héros, et même de leurs salauds, bien que je pense que ce qui peut leur arriver de mieux est d'être oubliés, car lorsqu'on en parle trop, certains les prennent pour modèles…

Les Français sont plus cinéphiles que leurs voisins parce qu'ils s'appuient sur des bases culturelles plus solides grâce aux hussards noirs de la République.

Le septième art est solidaire des six autres, et l'ancien responsable du Forum d'Avignon ne peut que vouloir développer la culture pour tous, en permettant à chaque Français que la région dans laquelle il réside devienne *sa* région, la capitale, *sa* capitale, et la France, *sa* France.

Les problèmes à résoudre sont simples si on se donne la peine de les traiter dans l'ordre, les uns après les autres.

Sous l'autorité directe du chef de l'État, le seul qui puisse vaincre la sclérose et la peur du changement du mille-feuille administratif, un responsable unique, dynamique, imaginatif, tenace et enthousiaste, ayant toute sa confiance, doit disposer de tous les pouvoirs nécessaires pour obtenir la meilleure adhésion des ministères concernés, c'est-à-dire sensiblement de tous... mais certains plus que d'autres.

Obtenir de l'Éducation nationale la disponibilité des enfants de quinze/seize ans tout au long de l'année scolaire pour un déplacement d'une semaine dans la capitale et de trois journées complémentaires dans leur région de résidence et les régions voisines.

Ces déplacements doivent être inscrits dans le cursus scolaire. Ils ne donnent pas lieu à des notes, d'ailleurs en voie de disparition, mais à une appréciation des intéressés et à des retours d'expérience, indispensables pour affiner le dispositif et en assurer le succès comme la pérennité.

Étudier la possibilité, pour le ministère de la Défense, de mettre à disposition des logements pour les groupes.

Développer des partenariats avec le ministère de la Défense pour disposer de volontaires du service national afin d'accompagner ces groupes.

Pour les transports, mobiliser les bus scolaires, les « cars Macron » et la SNCF.

Pour les musées et châteaux déjà emplis de touristes, élargir les heures d'ouverture et réserver sur chaque tranche horaire un quota à ces petits groupes afin qu'ils découvrent les autres visiteurs et ne soient pas regardés comme des êtres à part.

Les groupes doivent pouvoir être d'une dizaine de personnes avec deux accompagnateurs. Idéalement, l'un devrait être de la région de résidence des adolescents et l'autre de la région de destination.

Pour ceux de la région de résidence, il ne semble

pas possible de faire appel aux professeurs, car ceux-ci enseignent dans plusieurs classes. Je pense qu'il faut faire appel à des parents d'élèves qui soient disponibles, volontaires et enthousiastes, et exclusivement à ceux-là.

Pour ceux de la région de destination, faire appel à des personnes cultivées, dont la France regorge, qui, sans « emmerder », rêvent de faire partager leurs connaissances, des amoureux de Paris et d'ailleurs, du Palais des papes ou de la cité de Carcassonne, des descendants respectueux de leurs ancêtres ayant combattu sur les champs de bataille de 1914-1918... Encourager des élèves de dernière année des Écoles des beaux-arts, ou d'autres disciplines, à faire partager leur savoir en les faisant bénéficier d'une bonification lors de leur concours de sortie...

C'est de la qualité des volontaires que dépendra le succès d'« Aimer ma France »...

André Malraux a créé des maisons de la culture pérennes pour un coût significatif. Jack Lang a imaginé un concept gratuit qui a fait le tour du monde, la Fête de la musique. Emmanuel Macron, qui a été élu contre toutes les prévisions des « gens raisonnables », a créé le Pass Culture. Ce dont je parle a un coût, mais je suis convaincu que ce coût, l'appropriation par chacun de la culture de l'autre, de ceux qui l'ont précédé dans la succession des générations, ne peut que bénéficier à l'ensemble de la société, quels que soient les âges et les origines.

Dans les régions où résident les adolescents, « La culture pour tous, ma région » doit représenter un coût très faible : les musées sont gratuits, le coût du transport doit pouvoir être offert par les collectivités concernées ; ne restent au maximum que deux repas dans la journée qui devraient pouvoir être fournis, sous forme de paniers repas, par les cantines de la région.

Concernant la capitale, je ne dispose pas de tous les éléments pour établir une enveloppe affinée. Le lecteur m'en excusera mais c'est « le livre d'un auteur débutant », pas une étude de cabinet spécialisé… d'ailleurs assez facile à réaliser. J'ai toutefois tenté d'établir un ordre de grandeur qui devrait tourner autour d'une enveloppe de 450 millions d'euros[1].

La difficulté ne sera pas tant de trouver le financement que de trouver le juste ton entre une logistique de style militaire et une approche culturelle de saltimbanques. Une organisation calée à la minute près et des plages de flâneries et de liberté qui consistent à faire tout ce qui ne nuit pas à autrui… Ce croisement de cultures doit être bénéfique non seulement pour les adolescents concernés mais aussi pour les accompagnateurs.

Le projet ne peut exister et réussir que si le chef de l'État s'approprie l'idée, en confie l'exécution à une personnalité de qualité qui a toute sa confiance et n'hésite pas à trancher si des services, qui parfois non seulement s'ignorent mais se jalousent, ne font rien dans le but que la culture soit pour tous…

Ces actions ne seront pas suffisantes pour faire de chaque adolescente et adolescent une honnête femme ou un honnête homme, mais elles pourront éviter de graves

1. Voir Annexe XII, La culture pour tous, approche d'un ordre de grandeur financier, p. 423.

dérapages et permettront à tout citoyen d'être fier d'un pays, la France, qui n'a pas toutes les qualités du monde, mais qui, bénéficiant d'une situation géographique exceptionnelle comme d'une histoire très riche jalonnée d'extraordinaires joyaux artistiques, est grâce à ceux qui l'ont faite ce qu'elle est.

« La culture pour tous, ma région, ma capitale, ma France, aimer la France » est un investissement pour la Nation qui mérite d'être sérieusement étudié, afin que les Français, malgré les vicissitudes de l'Histoire et les difficultés du présent, soient plus proches les uns des autres et fiers de leur cher et vieux pays.

CONCLUSION

Je crois au pouvoir de la culture, à son avenir, à l'avenir du cinéma, à l'avenir de ces salles combles qui accueillent un public enthousiaste. Au-delà des menaces que j'ai évoquées, nous devons être attentifs à un risque majeur : le politiquement correct.

Pierre Desproges disait à juste titre : « On peut rire de tout, mais pas avec tout le monde. » Mort en 1988, il n'a pas connu ce « tout le monde » des réseaux sociaux qui réagit tout le temps, partout, sur tout. Nous découvrons ce que nous redoutions, que la liberté d'expression peut être bafouée et instrumentalisée par des groupuscules inconnus. Les conséquences de cette découverte sont dramatiques.

La culture, comme le dit mieux que moi Régis Debray, est faite d'opinions et de convictions. Si ma pensée est différente, je heurte celle-ci quand je combats celle-là.

Le septième art ne saurait se satisfaire d'une globalisation banalisante ou d'une provincialisation atrophiante.

La mondialisation de la technologie n'entraîne pas l'universalité de la culture ou de la pensée. Le défi est immense : chercher à toucher intelligemment le plus grand nombre et savoir rester soi-même.

Les films européens qui ont touché des audiences mondiales me frappent par leur profonde identité culturelle, que ce soient ceux d'Ingmar Bergman ou de Luchino Visconti. Les succès mondiaux de *Das Boot*, de *La Boum* ou d'*Intouchables* étaient-ils prévisibles ? Je n'ai aucun doute sur la réponse. Elle est négative.

N'en déplaise à la Cour des comptes, le film cinématographique n'est pas et ne doit pas être le fruit d'une étude de marché intelligente qui conduit à répondre aux désirs exprimés par le sondé.

C'est une rencontre mystérieuse entre un auteur et des spectateurs, dans une attente inexprimée autant qu'inexprimable, l'instant privilégié où l'appétence enfouie d'une collectivité est comblée par l'approche nouvelle d'un sujet.

En 1895, à sa naissance, le cinéma dispose d'une pléiade d'auteurs originaux, des prophètes de la Bible à Jules Verne, d'Homère à Alexandre Dumas.

La révolution du parlant conduit à tourner de nouveau la même œuvre. La télévision, comme les technologies numériques, permet de transformer une bonne idée, le film, en une suite de bonnes idées, la série, prouvant à l'envi que cent vingt-cinq ans après sa naissance, la recherche de sujets originaux est de plus en plus difficile.

Les Aventures d'Arsène Lupin, qui avec talent mêle réussite, trahison, amour, vengeance, spiritualité, n'est pas écrit tous les jours, or la base du cinéma c'est un bon sujet, une bonne histoire, un bon scénario, un bon film…

Ce rendez-vous rare et difficile est un moment de grâce qu'il faut entretenir, comme l'a si bien exprimé Louis Feuillade : « La seule chose qui compte est de savoir si, dans ce film, sommeille une princesse endormie qu'un magicien réveillera tout à l'heure sous les rayons de la lampe merveilleuse... »

Vive le cinéma, vive la culture.

Histoire sans fin
(Je l'espère)

Je ne suis pas un auteur, un réalisateur, un producteur, mon nom ne figure pas au générique des films produits par Gaumont, que j'ai dirigée pendant trente ans. Même si je ne suis pas plus un médecin, j'ai essayé d'être le meilleur des directeurs d'une maternité et d'un centre de formation dont les enfants sont les films.

Les parents, auteurs, réalisateurs, sont accueillis le mieux possible, sûrs d'y trouver d'excellents obstétriciens, anesthésistes, sages-femmes, infirmiers... pour y voir naître leurs enfants dans les meilleures conditions.

Ceux-ci, après leur naissance, sont confiés aux meilleurs pédiatres, médecins et coachs sportifs pour les accompagner dans la vie tant en France qu'à l'étranger afin qu'ils courent vite, loin et longtemps, surprennent et séduisent, et que leurs parents, s'ils envisagent d'avoir un autre enfant, fiers de leur progéniture et des soins qu'elle a reçus, souhaitent retourner dans cette clinique.

Cette maternité Gaumont, contrairement à une légende largement répandue, n'est pas conventionnée, ne vit pas de l'Assistance publique, ne touche même pas l'intégralité des subventions dues au titre de *L'Enfance nue*, mais des billets vendus aux spectateurs et de la retransmission dans le temps des meilleurs exploits de leurs enfants.

Il y a une quarantaine d'années, l'Assistance publique a exigé de cette clinique trop brillante qu'elle se sépare de son associée Pathé ; pire, il y a une dizaine d'années, elle a retiré son patronage à un centre de recherche très prometteur, le Forum d'Avignon ; pire encore, à l'exception d'une courte période pendant laquelle le chef de l'État avait compris l'importance de l'enjeu, cette même Assistance publique a refusé, et refuse toujours, de lutter avec détermination contre les staphylocoques qui se propagent dans toutes les maternités du cinéma, petites ou grandes, bien ou mal gérées, et handicapent dangereusement les mieux portants de ses enfants…

Beaucoup de parents producteurs rêvent de faire des enfants et n'y parviennent pas malgré les aides de l'Assistance publique. D'autres parents ne peuvent faire des enfants que grâce à une efficace procréation assistée, financée par des confrères généreux qui ont renoncé à leur part de gâteau.

Réunis dans leur amertume, ils trouvent que ce n'est pas suffisant et proposent, au nom d'une prétendue souveraineté médicale, de nationaliser les plus importants de leurs confrères sans les indemniser, et inventent un nouveau concept de souveraineté médicale.

Ils oublient un peu vite que, sans l'étranger, ils seraient morts du Covid et que cette admirable idée, au-delà d'être contraire à la Constitution et d'être digne des doctrinaires de la Corée du Nord, les conduirait à perdre leur exception, qui leur permet d'avoir le meilleur système de protection sociale.

Au pays de l'homme du 18 juin 1940, on sait écouter

Le Discours d'un roi, qui prouve qu'un homme seul peut redonner courage, espoir et vision à des citoyens désorientés. Si le président de la République la met au rang de ses priorités et décide de sauver l'exception sociale française, ce jour peut être très proche…

J'espère le connaître…

ANNEXES

ANNEXE I

Ascendance simplifiée de Nicolas Seydoux

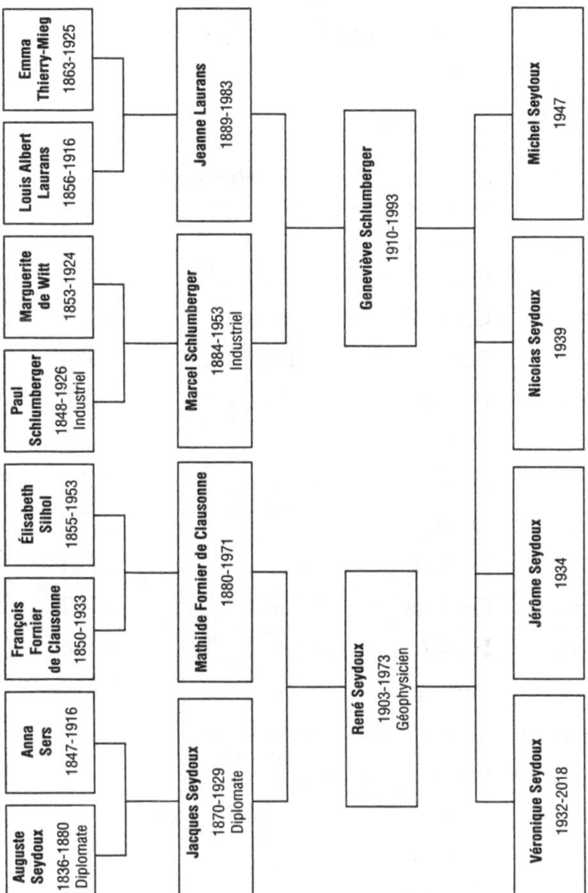

ANNEXE II

Gaumont

Le conseil d'administration (1975-2023)

		Représentant	*Début*	*Fin*
Claude	Baks		1974	1986
Pierre	Bénouville (de)	Dassault	1975	1994
Louis	Chastellux (de)	Worms	1975	1981
Thierry	Dassault[a,d]	Dassault	1994	2017
Jacques	Douce	Havas	1976	1982
Anatole	Dumas[e]		2023	
Jean-Louis	Dumas		1991	2002
Sidonie	Dumas[b]		1999	
Thaïs	Dumas[e]		2023	
Antoine	Gallimard[a]		1997	
Bernard	Hanon		1986	2004
Félicité	Herzog		2016	
Jean-Pierre	Launoit (de)	RTL	1971	1990
Patrice	Ledoux		1994	2004
Jean	Le Duc		1941	1974
Yves	Le Duc		1966	1977
Paul	Lepercq		1971	1998

		Représentant	*Début*	*Fin*
Philippe	Papelier	Worms	1981	1996
Fleur	Pellerin		2021	
Henry	Potez		1947	1981
Jacques	Poujol		1967	1974
Pierre	Rosenstock		1938	1975
Roger	Sallard		1963	1976
Jean	Schloesing	Havas	1946	1976
Roger	Schultz		1963	1976
Jérôme	Seydoux		1971	1974
Marie	Seydoux[a]		2004	2016
Michel	Seydoux[a]		1975	
Nicolas	Seydoux[a]		1974	
Pénélope	Seydoux[a]		1999	
Bertrand	Siguier[a,d]		2004	2017
Jérémie	Tavernier[e]		2023	
Marc	Tessier[c]		2006	
Jean	Todt[a]		2004	
Jean	Villechaise		1979	1983

a. Membre du conseil de surveillance de 2004 à 2010.
b. Présidente du directoire de 2004 à 2010.
c. Membre du conseil de surveillance de 2006 à 2010.
d. Administrateur jusqu'en mai 2017 ; censeur de mai 2017 à mai 2018.
e. Censeur depuis mai 2023.

ANNEXE III

Gaumont

Évolution de la répartition du capital 1972-2022

I. Juin 1972 – juin 1975

	21 juin 1972	*30 mai 1973*	*28 juin 1974*	*20 juin 1975*
Cinépar	24 %	39 %	39 %	56 %
La Paternelle	12 %	–	–	–
CLT	11,5 %	11,5 %	11,5 %	11,5 %
Havas	3 %	3 %	3 %	3 %
Henry Potez	5 %	5 %	5 %	1 %
Jean Le Duc	15 %	15 %	15 %	6 %
Amis de Jean Le Duc	5 %	5 %	5 %	–
Marcel Dassault	–	–	3 %	10 %
Worms	3 %	3 %	4 %	4 %
Autres identifiés	4,5 %	8,5 %	4,5 %	3,5 %
Sous-total identifiés	83 %	90 %	90 %	95 %
Non identifiés	17 %	10 %	10 %	5 %
Total	100 %	100 %	100 %	100 %

II. 1975-2022

De juin 1975 à juin 2017, Cinépar est restée majoritaire de Gaumont avec sensiblement le même pourcentage.

En 2017, à la suite de la vente de la participation de Gaumont dans les Cinémas Gaumont-Pathé, Gaumont a utilisé une partie des fonds recueillis pour racheter une partie des actions détenues par des tiers dans le cadre d'une OPRA (opération publique de rachat d'actions).

Les trois grands actionnaires minoritaires de Gaumont, un fonds d'investissement américain disposant de 10 %, le groupe Bolloré, disposant de 10 %, et le groupe Dassault, disposant de 5 %, ont apporté leurs actions, portant la participation de Cinépar à près de 90 %.

Ce chiffre est resté inchangé depuis lors.

ANNEXE IV

Gaumont

Les cinémas
1er janvier 1975 – 1er janvier 2001

Le 1er janvier 1975,
les cinémas Gaumont couvrent 39 emplacements qui proposent 73 salles.

Le 1er janvier 2001,
les cinémas Gaumont couvrent 41 emplacements qui proposent 374 salles.

À Paris

Le 1er janvier 1975,
les cinémas Gaumont couvrent 13 emplacements qui proposent 22 salles.

Le 1er janvier 2001,
les cinémas Gaumont couvrent 12 emplacements qui proposent 75 salles.

À la périphérie

Le 1er janvier 1975,
les cinémas Gaumont couvrent 1 emplacement qui propose 3 salles.

Le 1er janvier 2001,
les cinémas Gaumont couvrent 3 emplacements qui proposent 30 salles.

Dans les grandes métropoles

Le 1er janvier 1975,
les cinémas Gaumont couvrent 25 emplacements qui proposent 48 salles.

Le 1er janvier 2001,
les cinémas Gaumont couvrent 26 emplacements qui proposent 269 salles.

ANNEXE V

Gaumont

La part de marché des cinémas Gaumont (1975-2000)

Année	*Gaumont*	*France*	*%*	*Films français*
1975	9,6	181,7	5,3 %	91,6
1976	10,1	177,3	5,7 %	90,6
1977	10,2	170,3	6,0 %	79,2
1978	12,3	178,5	6,9 %	82,2
1979	13,8	178,1	7,7 %	89,2
1980	14,6	175,4	8,3 %	82,6
1981	16,1	189,2	8,5 %	94,1
1982	22,5	201,9	11,1 %	107,8
1983	21,6	198,9	10,9 %	93,0
1984	20,4	190,9	10,7 %	94,1
1985	20,3	175,1	11,6 %	78,0
1986	20,6	168,1	12,3 %	73,5
1987	16,7	136,9	12,2 %	49,5
1988	15,9	124,8	12,7 %	48,8
1989	14,7	120,9	12,2 %	41,4
1990	13,7	121,9	11,2 %	45,8

Année	*Gaumont*	*France*	*%*	*Films français*
1991	13,3	117,5	11,3 %	36,0
1992	13,6	116,0	11,7 %	40,5
1993	17,0	132,7	12,8 %	46,6
1994	16,2	124,4	13,0 %	35,3
1995	16,2	130,1	12,5 %	45,9
1996	17,7	136,3	13,0 %	51,3
1997	20,4	148,8	13,7 %	52,0
1998	22,4	170,1	13,2 %	47,5
1999	20,9	153,6	13,6 %	50,4
2000	22,2	165,0	13,5 %	47,2
Sous-total 1975-2000	433,0	4 084,4	10,6 %	1 693,9

ANNEXE VI

Gaumont

Les filiales

GTC

GTC était en 1975 le troisième laboratoire cinématographique français.

L'essentiel de l'activité d'un laboratoire consiste à l'époque à développer les rushes, participer à leur sélection, sélectionner les tons, monter le négatif, en faire un marron et en tirer des copies.

GTC est alors détenu conjointement par Gaumont et Pathé.

Il y a à l'époque quatre laboratoires en France. J'estime qu'il y en a deux de trop. L'attitude de la direction de Pathé ayant changé à mon égard, je serai chargé de la cession, qui ne sera pas une simple partie de plaisir...

La fermeture du journal d'actualités diminue la capacité bénéficiaire du laboratoire GTC. En effet, les tirages hebdomadaires du nombre de copies nécessaires à l'approvisionnement de toutes les « bonnes » salles de cinéma représentaient un chiffre d'affaires d'autant plus appréciable que les commanditaires, Gaumont et Pathé, étaient de bons payeurs. Les laboratoires ont souvent à déplorer un nombre significatif d'impayés par des producteurs en dépôt de bilan.

De 1975 à 1978, le chiffre d'affaires de GTC oscille entre

35 millions et 40 millions de francs, pour dégager un bénéfice qui, la meilleure année, atteindra 100 000 francs.

L'essentiel de la participation des deux acteurs historiques sera vendu en 1979 avec une très légère plus-value comptable.

LA SOCIÉTÉ D'INFORMATIONS CINÉMATOGRAPHIQUES (SIC)

Créée en 1967, la Société d'informations cinématographiques (SIC) perdait des sommes substantielles. Détenue à parts égales par Gaumont et Pathé, elle regroupait les journaux créés par les deux sociétés mères, *Pathé Journal*, créé en 1909, *Gaumont Journal*, créé en 1910, et *Éclair-Journal*, créé en 1920 et racheté par Gaumont en 1969.

J'aime les journaux, particulièrement cinématographiques, mais le développement de la télévision a rendu ce support obsolète. Malgré une extraordinaire organisation, les journaux d'actualités cinématographiques ne peuvent pas être dans l'immédiateté, d'une part à cause du temps nécessaire au montage et au tirage des copies, et d'autre part en raison des délais indispensables pour acheminer les rushes vers le laboratoire mais aussi pour envoyer le journal dans les salles de province.

Avec un chiffre d'affaires qui régresse dangereusement, passant d'une dizaine de millions de francs à un peu plus de la moitié de 1976 à 1979, la société, apparemment à l'équilibre jusqu'en 1973, perd 2,16 millions de francs en 1974, 0,4 million en 1975, 1,5 million en 1976, « seulement » 143 000 francs en 1977, après des efforts drastiques de réorganisation, et de nouveau 525 000 en 1978 et 740 000 en 1979.

La société sera fermée en 1980.

LE POINT

Montage financier original
Évolution de la participation de Gaumont (1982-1994)

Structure financière de l'acquisition

Le montage financier consiste à faire racheter le titre, évalué à la moitié du prix, par la société éditrice SEBDO Le Point, qui s'endette donc pour l'occasion de 80 millions de francs. Gaumont prend ainsi la majorité de la société pour une quarantaine de millions de francs. La transaction est approuvée par le conseil du 4 février 1982.

Évolution de la participation de Gaumont

La participation de Gaumont est revendue à Cinépar dans le cadre du programme de cessions d'actifs du début 1985. Le conseil donne son approbation de principe le 28 février 1985 et nomme deux experts indépendants pour évaluer son montant.

La participation est rachetée par Gaumont fin juin 1989.

Le 15 octobre 1992, le conseil est informé du rachat par Alcatel des participations minoritaires de SEBDO Le Point.

Le 3 septembre 1993, le conseil approuve la cession de 41 % de SEBDO Le Point à Alcatel.

Le solde de la participation est cédé en août 1994.

ANNEXE VII

Fréquentations cinématographiques comparées

États-Unis – France – Italie – Royaume-Uni

Pays	Fréquentation Année		Coefficient de baisse 2019/1947	Fréquentation la plus faible		Coefficients	
	1947	2019		Année	Spectateurs (en millions)	de baisse comparé à l'année la plus forte	de récupération en 2019 comparé à l'année la plus faible
	(en millions)						
États-Unis	4 000	1 200	70,0 %	1971	900	77,5 %	133,3 %
France	400	213	46,8 %	1992	116	71,0 %	183,6 %
Italie	900	97	89,2 %	2018	86	90,4 %	112,8 %
Royaume-Uni	1 600	176	89,0 %	1984	53	96,7 %	332,1 %

ANNEXE VIII

Les principaux incendies dans les cinémathèques

De très nombreux dépôts cinématographiques ont été ravagés par le feu :

1937 : destruction de tous les négatifs originaux des métrages de la 20th Century Fox tournés avant 1935 ;

1941 : incendie des archives de la Svensk Filmindustri, avec la disparition des films de Stiller et Sjöström ;

1945 : incendie des laboratoires Rieras de Madrid, avec des documentaires importants sur la guerre civile ;

1948 : incendie des archives de la Svensk Filmindustri et perte de la collection de manuscrits et scenarii ;

1950 : incendie des studios Misr en Égypte ;

1957 : incendie de la Cinémathèque de São Paulo ;

1958 : perte de la collection nationale de films en Égypte ;

1959 : perte d'une centaine de films majeurs à la Cinémathèque française ;

1965 : incendie dans les studios Remagen à Francfort et destruction de films témoignant de la participation des nazis à la Seconde Guerre mondiale ;

1967 : incendie de la Cinémathèque du Canada à Beaconsfield (Montréal) ;

1969 : nouvel incendie de la Cinémathèque de São Paulo avec perte de 40 % de la collection, dont des documents sur l'émigration des esclaves noirs ;

1971 : incendie aux Archives nationales d'Uruguay et perte de la quasi-intégralité de la collection de films nitrate ;

1978 : incendie à la George Eastman House (Rochester) et Universal Suitland (Maryland) avec la disparition de la documentation d'Universal de 1929 à 1960 ;

1980 : incendie à la Cinémathèque française (dépôt du Pontel) avec la perte de plus de 7 000 titres, dont la totalité des négatifs de la production Éclair ;

1982 : incendie à la Cinémathèque mexicaine et disparition de copies uniques de longs-métrages des années 30 et des documents sur la révolution mexicaine ;

1984 : incendie au Japan Film Center (Tokyo) et disparition de 300 000 boîtes de films nitrate.

Source : Éric Le Roy, *Cinémathèques et Archives du film*, Armand Colin, 2013.

ANNEXE IX

Gaumont

Italie

LA CRISE DU CINÉMA

La Crisi delle sale cinematografiche in Italia – Il sistema multisale – L'Odéon a Milano

La Crise des cinémas en Italie est un document relié de 58 pages au format de 29,5×29,5. Le texte, écrit avec l'active participation des équipes françaises, part d'une comparaison entre les marchés américain, allemand, français et italien de 1960 à 1980, pour insister sur l'importance d'un réseau de salles de qualité, des multisalles, pour enrayer la désaffection du public. L'étude se poursuit par une analyse précise des marchés de Rome et de Milan. Pour cette métropole, la chute de la fréquentation de l'Odéon et de ses principaux concurrents est depuis 1975 soulignée. L'étude se conclut par la présentation du projet de huit salles, précédée de l'histoire de l'emplacement.

Les capacités des huit salles sont les suivantes : 1 032, 550, 375, 182, 162, 156, 153 et 119, soit plus de 2 700 fauteuils en plein centre-ville.

LA CESSION DES ACTIFS ITALIENS

Les actifs de Gaumont Spa ont été cédés à deux entités différentes pour lesquelles je n'ai aucun respect et qui représentaient ce que j'ai cherché à combattre : le duo Yoram Globus-Menahem Golan et Silvio Berlusconi.

Au conseil de Gaumont du 28 février 1985, je précise qu'un protocole pour la vente du circuit a été signé le 29 décembre précédent pour un montant évalué à 23 milliards de lires.

L'acquéreur est le groupe Cannon, seul acheteur trouvé après le désistement des pouvoirs publics italiens. Il est dirigé par deux escrocs, Yoram Globus et Menahem Golan, que je refuserai de rencontrer avant la signature, convaincu que si je les vois, je romprai la négociation. Ils paieront à Gaumont tout ce qui lui est dû et, poussé par Cyrille Chevrillon, je les rencontrerai au Carlton à l'occasion du Festival de Cannes 1985. Je ne serai pas déçu. À eux deux, ils ont civilement une centaine d'années, et chacun en paraît vingt de plus, ventripotents et adipeux, dans un salon enfumé, entourés de nymphettes pas vraiment séduisantes. Je ne resterai pas un quart d'heure.

TROIS GRANDS PRODUCTEURS DINO DE LAURENTIIS, CARLO PONTI, ALBERTO GRIMALDI

Dino De Laurentiis aurait produit quelque 500 films, dont 38 nominés aux Oscars, parmi lesquels : *Riz amer* (1949) de Giuseppe de Santis ; *Europe 51* (1952) de Roberto Rossellini ; *La strada* (1954) et *Les Nuits de Cabiria* (1957) de Federico Fellini, qui remportent l'un et l'autre l'Oscar du meilleur film étranger ; *Guerre et Paix* (1956) de King Vidor ; *La Bible* (1966) de John Huston ; *L'Étranger* de Luchino Visconti (1967) ; *Les Trois Jours du Condor* (1975) de Sydney Pollack...

Carlo Ponti aurait produit quelque 140 films dont, au-delà de *La strada*, coproduit avec Dino De Laurentiis, *Mariage à l'italienne* (1964) de Vittorio De Sica, *Le Docteur Jivago* (1965) de David Lean et *Blow-Up* (1966) de Michelangelo Antonioni.

Alberto Grimaldi aurait produit quelque 40 films, dont *Pour une poignée de dollars* (1964), *Et pour quelques dollars de plus* (1965), *Le Bon, la Brute et le Truand* (1966) de Sergio Leone ; *Satyricon* (1969), *Le Casanova de Fellini* (1976), *Ginger et Fred* (1986) de Federico Fellini ; *Le Décaméron* (1971), *Les Contes de Canterbury* (1972), *Les Mille et Une Nuits* (1974), *Salo ou les 120 Journées de Sodome* (1976) de Pier Paolo Pasolini ; *Le Dernier Tango à Paris* (1972) et *1900* (1976) de Bernardo Bertolucci.

ANNEXE X

Gaumont

États-Unis

LES PRINCIPAUX FILMS DISTRIBUÉS PAR NEW YORKER FILMS (1977-1981)

Les principaux films Gaumont sortis par New Yorker Films sont :

La Dentellière de Claude Goretta (1977) ;
Violette Nozière de Claude Chabrol (1978) ;
Dossier 51 de Michel Deville (1978) ;
Perceval le Gallois d'Éric Rohmer (1978) ;
Diabolo menthe de Diane Kurys (1979) ;
Va voir maman, papa travaille de François Leterrier (1979) ;
Répétition d'orchestre de Federico Fellini (1979) ;
Don Giovanni de Joseph Losey (1979) ;
Le Voyage en douce de Michel Deville (1980) ;
Loulou de Maurice Pialat (1980) ;
La Cité des femmes de Federico Fellini (1981).

LES PRINCIPAUX FILMS DISTRIBUÉS PAR TRIUMPH (1983-1985)

Les principaux films Gaumont sortis par Triumph sont :

La Boum de Claude Pinoteau (1983) ;
La Nuit de Varennes d'Ettore Scola (1983) ;
La Truite de Joseph Losey (1983) ;
Querelle de Rainer Fassbinder (1983) ;
Parsifal de Hans-Jürgen Syberberg (1983) ;
Danton d'Andrzej Wajda (1983) ;
La Lune dans le caniveau de Jean-Jacques Beineix (1983) ;
Plein Sud de Luc Béraud (1984) ;
La Petite Bande de Michel Deville (1984) ;
Un amour en Allemagne d'Andrzej Wajda (1984) ;
À nos amours de Maurice Pialat (1984) ;
Le Dernier Combat de Luc Besson (1984) ;
E la nave va de Federico Fellini (1984) ;
Carmen de Francesco Rosi (1984) ;
Après la répétition d'Ingmar Bergman (1984) ;
Péril en la demeure de Michel Deville (1985) ;
Attention, une femme peut en cacher une autre de Georges Lautner (1985).

LE FUNERAL PARLOR

En 1977, Gaumont a acquis la majorité du capital du Cinema Studio situé 166 Broadway, cinéma art & essai bien géré par Dan Talbot, actionnaire minoritaire.

Le Funeral Parlor est adjacent du Cinema Studio.

C'est un des immeubles du pâté de maisons, en forme de triangle, qui donne sur Columbus Circle, bordé à l'est par Columbus Avenue, au nord par la 67e Rue et à l'ouest par Broadway.

Le Funeral Parlor est un vaste immeuble peu encombré. Comme son nom l'indique, il est destiné à accueillir les proches de celui qui vient de décéder. Il comprend différents salons d'accueil et des garages pour les limousines.

En novembre 1979, Gaumont achète le Funeral Parlor.

Six mois plus tard, en mars 1980, les achats se poursuivent, avec l'immeuble du Cinema Studio et une succursale de la banque Leumi, située à l'angle de Broadway et de Columbus Avenue.

Deux ans plus tard, en février 1981, deux immeubles d'habitation, situés 1974-1978 Broadway et 148-152 Columbus Avenue, sont achetés. Ils contiennent 16 appartements (*rent controls*) dont on ne peut donner congé aux locataires sans les reloger aux mêmes conditions dans le même quartier, mais qui à l'époque peuvent accepter un accord transactionnel pour quelque 20 000 dollars, et 15 autres appartements dont les locataires (*rent stabilized*) doivent rester, sauf si un programme immobilier est envisagé avec un permis de détruire (*demolition clause*)...

L'acquisition des différentes pièces du puzzle effectuée de 1977 à 1981 se monte à 4,555 millions de dollars. La vente réalisée en avril 1985 à ABC s'élève à 19 millions de dollars.

ANNEXE XI

Le Forum d'Avignon

LE CONSEIL D'ADMINISTRATION

Premier conseil

Nicolas Seydoux, président, président de Gaumont
Hervé Digne, vice-président, président de Cofiloisirs
Axel Ganz, vice-président, éditeur gérant d'AG communication
Emmanuel Hoog, trésorier, président-directeur général de l'INA puis de l'AFP

Jean-Jacques Annaud, réalisateur
Laurent Benzoni, professeur des universités
Mats Carduner, président de Google France et Europe du Sud
Emmanuel Chain, producteur et président du groupe Éléphant & Cie
Renaud Donnedieu de Vabres, ancien ministre de la Culture et de la Communication
Laurence Franceschini, directrice générale des Médias et des Industries culturelles (ministère de la Culture et de la Communication)
Alain Kouck, président-directeur général d'Éditis Holding
Véronique Morali, présidente de Fimalac Développement, présidente du Women's Forum
Pascal Rogard, directeur général de la SACD

À la suite de la signature de la convention le 14 avril 2009 entre le Forum d'Avignon et le ministère de la Culture et de la Communication, deux hauts fonctionnaires seront nommés administrateurs pour le représenter :

Guillaume Boudy, secrétaire général du ministère ;

Georges-François Hirsch, directeur de la musique, de la danse, du théâtre et des spectacles.

Deviendront ultérieurement administrateurs sous ma présidence :

Patricia Barbizet, directrice générale d'Artémis, vice-présidente du conseil de Kering ;

Pierre Lescure, ancien président de Canal+.

Laure Kaltenbach, chef du bureau des évaluations économiques et de la société de l'information à la DDM (direction du Développement des médias), est nommée directrice générale du Forum d'Avignon le 1er mai 2009.

LE CONSEIL D'ORIENTATION

Christian de Boissieu, français, président du conseil d'orientation, universitaire, économiste, alors président du Conseil d'analyse économique auprès du Premier ministre ;

Arjun Appadurai, indien, universitaire (a notamment été professeur à l'université de Chicago), anthropologue et sociologue ;

Élie Cohen, français, directeur de recherche au CNRS, professeur à Sciences Po ;

Amit Khanna, indien, président de Reliance Entertainment ;

Thomas Paris, français, polytechnicien, professeur affilié à HEC ;

Pierre Sellal, français, secrétaire général du Quai d'Orsay ;

Celestino Spada, italien, universitaire, vice-président de l'Association pour l'économie de la culture ;

Ezra Suleiman, américain, universitaire, professeur à l'université de Princeton ;

Kjetil Trædal Thorsen, norvégien, architecte ;

David Throsby, australien, économiste spécialiste de l'économie de la culture.

QUELQUES ÉCHANGES

La couverture de la plus grande partie du spectre des nuances musicales[1]

Du *mezza voce* au *fortissimo*...

Mezza voce

Mezza voce avec Jean-Bernard Lévy[2] qui s'adresse à Barbara Hendricks : « Nicolas Seydoux, qui ne manque pas de malice, nous fait nous rencontrer.

« Vous avez beaucoup enregistré pour des maisons de disques qui nous sont chères, et puis il y a quelques années vous avez fait un choix particulier, qui est un risque, vous avez décidé de vous passer de toutes les maisons de disques et même du label d'Universal musique, ce qui est pour moi un choc... »

La soprane lui répond : « J'ai décidé de créer mon propre label car j'ai eu l'impression que les maisons de disques et moi ne poursuivions plus le même objectif. N'étant plus dans une major, je conserve désormais ma capacité à organiser la vie de mes enregistrements, leur distribution après leur sortie commerciale, quand désormais les majors font primer des objectifs différents, retirant les CD des bacs après six mois, mettant des titres dans des compilations... mais il est surtout essentiel de donner la

1. Les nuances musicales par intensité croissante sont : *pianississimo, pianissimo, piano, mezzo piano, sotto voce, mezza voce, poco forte, mezzo forte, forte, fortissimo, fortississimo.*

2. *Investir la culture,* Actes du Forum d'Avignon 2011, Gallimard – Forum d'Avignon, p. 52.

possibilité aux enfants de connaître leur patrimoine : ils peuvent aimer ou non Mozart, mais il est criminel dans tous les cas qu'ils ne sachent pas que Mozart existe... »

Poco forte – Mezzo forte

Tout, ou presque, sera mis en cause à un moment ou un autre, poco forte de la fiabilité d'une étude, « qui ne saurait être représentative de la population mondiale puisque effectuée auprès de 500 personnes dans seulement cinq pays[1] » aux certitudes de certains affirmant mezzo forte qu'« il y a un savoir-faire des pure players que n'ont pas encore les grandes marques », conduisant Francis Morel, président du *Figaro*[2], à répondre vertement « je suis en total désaccord... ».

Forte

En 2009, sur le thème des « Stratégies culturelles pour un nouveau monde », Bruno Patino[3] tiendra à « souligner la tension ressentie un instant entre artistes et industries culturelles ».

Forte avec Bertrand Lavier[4] qui, après avoir rappelé une expression de Jean-Luc Godard, « la culture c'est la règle et l'art c'est l'exception », dit « à quel point un artiste peut se sentir hors champ dans un forum tel que celui-ci » et ajoutant ensuite : « La grande difficulté d'aujourd'hui est précisément que la culture devient un sujet de forum, de société, et fatalement la question de l'audience entre en jeu. De fait la dictature de l'audience, le choix de l'excellence et la temporalité créatrice de l'artiste qui se

1. *Culture, les raisons d'espérer*, Actes du Forum d'Avignon 2012, Gallimard – Forum d'Avignon, p. 183.

2. *Nouveaux Accès, nouveaux usages à l'ère numérique : la culture pour chacun ?*, Actes du Forum d'Avignon 2010, Gallimard – Forum d'Avignon, p. 117.

3. *Les Stratégies culturelles pour un nouveau monde*, Actes du Forum d'Avignon 2009, Gallimard – Forum d'Avignon, p. 76.

4. *Idem*, p. 54.

situe dans le long terme sont trois éléments qui ne peuvent plus cohabiter harmonieusement. »

Petite Musique de nuit

Nous aurons aussi la satisfaction d'entendre de temps en temps une *Petite Musique de nuit*, notamment Laurent Dassault[1] remerciant en 2010, sur le thème de « La culture pour chacun », « les organisateurs du Forum de nous avoir donné l'occasion d'assister à la confrontation d'Antoine Gallimard et de Google car celle-ci s'apparente un peu à celle d'une souris face à une montagne. À cet égard, je voudrais savoir si Antoine pense qu'il a une chance de l'emporter ». Celui-ci répondra : « Tant que les hommes auront besoin d'imaginaire pour leur raconter des histoires, je pense en effet que les éditeurs ont un rôle déterminant à jouer. »

Affirmation qui sera complétée un an plus tard par Robert Darnton[2] avec ce propos : « Le débat autour de la mort du livre constitue une preuve qu'il est bien vivant. »

« Pour combien de temps ? » aurait ajouté Jacques Attali[3] qui, l'année précédente, avait fait l'apologie du tout-gratuit. Ce qui conduira Frédéric Mitterrand[4] à rappeler l'année suivante que « ce qui est gratuit d'un côté se paie de l'autre. Le coût est toujours reporté sur l'un des acteurs. Ce système relève donc de l'utopie et crée des effets pervers effrayants comme celui de l'effondrement de l'industrie du disque, les atteintes à la politique

1. *Nouveaux Accès, nouveaux usages à l'ère numérique : la culture pour chacun ?*, Actes du Forum d'Avignon 2010, Gallimard – Forum d'Avignon, p. 219.

2. *Investir la culture*, Actes du Forum d'Avignon 2011, Gallimard – Forum d'Avignon, p. 243.

3. « Tout va devenir gratuit », a lancé Jacques Attali à un auditoire interloqué. Le même article commente ainsi les travaux du Forum : « 40 % des intervenants étaient étrangers. Discours officiels et lieux communs n'ont pas manqué. Mais nombre d'interventions étaient de haute tenue. Le succès indéniable vaut au Forum de devenir annuel, bien placé pour devenir le Davos de la culture » (*Libération*, 21 novembre 2008).

4. *Les Stratégies culturelles pour un nouveau monde*, Actes du Forum d'Avignon 2009, Gallimard – Forum d'Avignon, p. 169 et 173.

du droit d'auteur ou les attaques contre le prix unique du livre. Il n'est pas possible d'établir une doctrine viable en s'abritant derrière une utopie et la facilité d'utilisation d'un instrument. [...] le journal gratuit distribué dans le métro est payant mais il n'est pas payé par ceux qui le lisent. »

Fortissimo

Deux ans plus tard, sur le thème « Investir la culture », les éditeurs se retrouvaient au centre de la polémique sur le droit d'auteur, sujet bien naturel du Forum.

Un des prédécesseurs de Frédéric Mitterrand, Jacques Toubon[1], posait crûment le problème : « Lorsqu'une propriété intellectuelle (musique, livre, œuvre d'art) sert au public, sa valeur est totalement dérisoire. En revanche, lorsqu'elle repose sur un secret rapportant plusieurs dizaines de milliards d'euros de chiffre d'affaires par an, elle est inexpugnable. Pouvez-vous m'expliquer en quoi ces deux propriétés intellectuelles sont différentes ? »

Point de vue évidemment défendu par Alain Kouck[2], président d'Editis et administrateur très actif du Forum depuis sa gestation, qui « estime que le droit de propriété, le droit moral ne s'analysent pas en termes de pourcentages », et Antoine Gallimard, qui affirme « que l'échelle des valeurs doit être respectée et que la transformation ne peut pas s'opérer au seul bénéfice de ceux qui fournissent l'accès ».

Ce « bénéfice », exceptionnellement bien défendu par Google, manipulant habilement les internautes sur les réseaux sociaux, audelà des téléchargeurs pirates impénitents, conduit de talentueux professeurs, notamment américains, à combattre la propriété intel-

1. *Investir la culture*, Actes du Forum d'Avignon 2011, Gallimard – Forum d'Avignon, p. 129.

2. *Nouveaux Accès, nouveaux usages à l'ère numérique : la culture pour chacun ?*, Actes du Forum d'Avignon 2010, Gallimard – Forum d'Avignon, p. 204 et 206.

lectuelle et à défendre le principe d'un accès libre et gratuit aux œuvres, ce que je combats avec la plus grande énergie…

Ainsi Lawrence Lessig[1], professeur de droit à Harvard et fondateur de Creative Commons, estime que la propriété littéraire et artistique est un bien commun qui doit être partagé gratuitement et n'hésite pas à attaquer frontalement Jack Valenti, l'ancien président de la MPAA, qui voulait combattre le téléchargement illicite.

« Les Américains sont pris dans de nombreuses guerres mais celle mentionnée ici est la guerre des droits en matière de propriété intellectuelle, une guerre qualifiée de terroriste par certains, dont Jack Valenti, même si les terroristes sont nos enfants. »

Et deux ans plus tard, Robert Darnton[2], professeur et directeur de la bibliothèque de Harvard, renchérit :

« En ce qui concerne l'équilibre, nous sommes très loin de l'avoir trouvé. J'estime que le bien public souffre énormément du rapport de force. Je suis, pour ma part, favorable au droit d'auteur mais pas à son interprétation par Jack Valenti : pour toujours moins un jour… »

Les grandes confrontations internationales sur certains sujets, à commencer par celui de la propriété intellectuelle, permettront de tout dire, y compris, même si le contexte évoqué par les intervenants est particulier, de défendre le piratage…

« Je suis un réalisateur indien[3]. Mes films étaient interdits et c'est leur diffusion illégale qui a sauvé ma carrière… »

L'année suivante, un de ses confrères célèbres, Amos Gitai[4],

1. *Les Stratégies culturelles pour un nouveau monde*, Actes du Forum d'Avignon 2009, Gallimard – Forum d'Avignon, p. 69.

2. *Investir la culture*, Actes du Forum d'Avignon 2011, Gallimard – Forum d'Avignon, p. 250.

3. *Ibid.*, p. 232.

4. *Culture, les raisons d'espérer*, Actes du Forum d'Avignon 2012, Gallimard – Forum d'Avignon, p. 167.

affirmera que « seul le piratage est capable d'ouvrir les Chinois à d'autres cinémas. [...] J'étais heureux, à Shanghai, de pouvoir être présenté avec les 14 films que j'ai réalisés piratés par les Chinois... »

Fortississimo

Toutes ces passes d'armes n'étaient rien à côté de la violence des antagonismes culturels dont les murs du conclave, qui sans doute en avaient vu d'autres, ont été les témoins...

Notamment grâce à Amit Khanna[1], un Indien, président de Reliance, ancien président de Producers Guild of India, membre de notre conseil d'orientation.

« Malgré la grande érudition de votre allocution, j'estime que vous faites preuve d'un certain mépris en oubliant l'Inde et la Chine. Nous représentons la moitié de la population mondiale et c'est nous qui déterminerons quelles seront les politiques à suivre.

« Vous ne pouvez pas être assis dans cette enceinte et nous donner des leçons en ignorant l'avenir de l'humanité.

« Je n'ai entendu qu'un point de vue francocentré au cours de ce Forum... »

Deux ans plus tard, le même récidivera sur un autre thème :

« Merci pour cette discussion stimulante[2]. Cependant certains propos m'ont attristé. Tout d'abord je constate à chacune de mes visites au Forum d'Avignon que les Français, et plus largement les Européens, font un lien entre culture et subventions publiques [...].

« Lorsque l'État maintient financièrement la culture, la notion même de culture est corrompue. »

Qui lui vaudra cette réponse d'Erik Orsenna :

« Je suis désolé de votre colère, d'autant qu'elle concerne des propos que je n'ai pas tenus. Par le passé les gouvernements com-

1. *Investir la culture*, Actes du Forum d'Avignon 2011, Gallimard – Forum d'Avignon, p. 250.

2. *Les Pouvoirs de la culture*, Actes du Forum d'Avignon 2013, Gallimard – Forum d'Avignon, p. 36.

prenaient un ministre de la Propagande. Cette époque est terminée et l'Europe n'a pas le monopole de la propagande. Je ne compte nullement sur un État pour distribuer des subventions mais pour fixer les règles du jeu. »

Heureusement, l'humour était au coin de l'estrade avec cette remarque de Manuel Carrilho[1], ancien ministre de la Culture du Chili : « On subventionne beaucoup plus les vaches européennes que les artistes européens… ».

Au cours du même débat, Erik Orsenna sera témoin d'un échange particulièrement tendu[2] entre Denise Bombardier, journaliste et écrivaine québécoise, et Badr Jafar, président-directeur général de Crescent Enterprises (Émirats arabes unis) sur le droit des femmes dans les pays arabes.

Erik Orsenna : « J'ajoute que la révolution culturelle visant l'égalité entre les hommes et les femmes constitue un préalable à tout épanouissement culturel. »

Badr Jafar : « Absolument. […] Certains États comme les Émirats arabes unis sont plus progressistes qu'en Europe concernant le droit des femmes. »

Denise Bombardier : « J'imagine que vous plaisantez. »

Badr Jafar : « Pas du tout, je peux appuyer cet argument par des chiffres. Au Parlement des jeunes, par exemple, 56 % des représentants sont des femmes. »

Denise Bombardier : « Peut-être, mais les femmes n'ont pas les mêmes droits que les hommes, et ce dès la naissance. »

Badr Jafar : « Nos lois ne sont pas aussi répressives que vous le pensez. »

Denise Bombardier : « Je ne le crois pas, dans beaucoup d'États musulmans les droits des femmes sont bafoués. »

Badr Jafar : « Vous généralisez. »

Denise Bombardier : « Je ne le pense pas. »

1. *Ibid.*, p. 124.
2. *Ibid.*, p. 33-34.

Un peu plus tard, le représentant du Qatar[1] estimera que son pays est caricaturé. « Il faut cesser de dire que le Qatar est une machine à produire de l'argent. Ne l'oubliez pas, nous vivons dans un environnement très délicat où l'Iran et l'Irak sont nos voisins immédiats. La liste des autres pays délicats est longue. Pour pouvoir continuer d'exister dans un contexte de paix, nous faisons le pari de la culture qui est peut-être une passerelle possible avec nos voisins. »

Un éminent administrateur du Forum se verra vertement reprocher son approche d'un sujet par Mohamed El Aziz Ben Achour[2], ancien ministre de la Culture de Tunisie : « J'ai le plus grand respect pour Jean-Jacques Annaud, compte tenu de ses œuvres et de sa contribution au 7e art, mais je tiens à corriger son propos sur le fait que le monde arabe ne contenait jusqu'alors qu'une seule bibliothèque. En effet, pendant plusieurs siècles, le monde arabe était le phare de la culture et de l'esprit de par le monde. »

Avec, en apothéose, un coup de cymbales que nul ne peut feindre de ne pas avoir entendu, assené par Paul Mashatile[3], ministre de la Culture d'Afrique du Sud : « Les Noirs ont été opprimés au nom de la culture. »

Heureusement, heureusement, heureusement, nous n'avons pas entendu pendant deux jours d'affilée, six années de suite, que des problèmes ou des difficultés liés aux impérialismes culturels, aux nouvelles technologies ou à la morosité ambiante... Nous

1. Tarek Cherkaoui : directeur de la stratégie et directeur de cabinet de l'Autorité des musées du Quatar.

Les Pouvoirs de la culture, Actes du Forum d'Avignon 2013, Gallimard – Forum d'Avignon, p. 92.

2. *Les Stratégies culturelles pour un nouveau monde*, Actes du Forum d'Avignon 2009, Gallimard – Forum d'Avignon, p. 141.

3. *Les Pouvoirs de la culture*, Actes du Forum d'Avignon 2013, p 37.

n'avons pas vécu que des nuances d'intensité, nous avons aussi été gratifiés de tempos différents[1].

Andante

Nous avons été émerveillés par de nouvelles avancées techniques, vantées par certains qui peuvent être provocateurs, à commencer par Hector Obalk[2], critique d'art et cinéaste français.

Celui-ci a été invité plusieurs fois en Avignon, nous offrant une vision inédite des tableaux de Caravage, de la Sixtine ou du Titien, à propos duquel je retiens quelques propos.

« Entre l'œuvre d'art qui est au musée et celle qu'on voit en vidéo, on a tendance à penser qu'au musée se trouve le vrai tableau et que sur l'écran c'en est la reproduction, ce qui n'est pas faux. Et pourtant je suis de ceux qui pensent qu'on approfondit mieux la connaissance d'une œuvre sur un écran… »

Continuer à mieux comprendre grâce aux nouvelles technologies, ce seront les contributions de Michel L'Hour, archéologue naval, et de Mehdi Tayoubi, ingénieur[3]. En prélude celui-ci précise : « Nos technologies inventées pour le monde de l'ingénierie nous servent à innover dans le domaine de la culture, notamment pour le plateau de Gizeh et *La Lune*.

« Il a été décidé de se servir de nos outils industriels et scientifiques pour simuler la manière dont la pyramide de Khéops[4] a été construite. Nous avons mis des ingénieurs à la disposition de Jean-Pierre Houdin et avons simulé l'ensemble du processus de

1. Les principaux tempos sont : *largo*, *lento*, *adagio*, *andante*, *moderato*, *allegretto*, *allegro*, *vivace*, *presto*, *prestissimo*.

2. *Nouveaux Accès, nouveaux usages à l'ère numérique : la culture pour chacun ?*, Actes du Forum d'Avignon 2010, Gallimard – Forum d'Avignon, p. 184.

3. Michel L'Hour est directeur du département des Recherches aquatiques et sous-marines au ministère de la Culture. Mehdi Tayoubi est directeur de la stratégie interactive et expérientielle de Dassault Systèmes.

4. *Nouveaux Accès, nouveaux usages à l'ère numérique : la culture pour chacun ?*, Actes du Forum d'Avignon 2010, Gallimard – Forum d'Avignon, p. 173.

construction. Nous sommes arrivés à la conclusion que l'hypothèse de Jean-Pierre Houdin permettait en effet de reconstruire une pyramide à l'identique. »

La Lune, l'épave cachée du Roi-Soleil[1]

« Comment exporter au-delà des limites de la plongée humaine les savoir-faire, les techniques et les exigences scientifiques lentement développés depuis quarante-cinq ans sur les sites localisés dans la tranche de 0 à 60 m de fond. Filmer les épaves en trois dimensions, travailler à l'aide d'un casque virtuel, inventer la robotique associée, tels sont donc les enjeux technologiques du projet que nous développons sur l'épave de *La Lune*, ce vaisseau de Louis XIV soudainement englouti en 1664, oublié pendant trois siècles et dont l'extraordinaire état de conservation et le gigantesque potentiel d'informations font aujourd'hui l'un des sites archéologiques sous-marins les plus importants du monde. »

Largo

Restait alors à s'interroger, une fois encore et toujours, sur le sens de « la culture », en s'inspirant toujours et encore d'André Malraux, pour qui « l'ensemble des créations de l'art et de l'esprit est le plus court chemin entre l'homme et l'homme », et si celle-ci est un remède contre toutes nos dérives… cette belle assertion a été douchée par certains protagonistes…

Arjun Appadurai[2] avait brillamment introduit le sujet : « Les cultures constituent un patrimoine. Nous avons cependant échoué à voir que la culture constituait aussi notre principal appareil de navigation permettant de discerner l'avenir. »

1. *Culture, les raisons d'espérer,* Actes du Forum d'Avignon 2012, Gallimard – Forum d'Avignon, p. 34.

2. *Nouveaux Accès, nouveaux usages à l'ère numérique : la culture pour chacun ?,* Actes du Forum d'Avignon 2010, Gallimard – Forum d'Avignon, p. 18.

En réponse à la question de Pierre Lescure[1], devenu administrateur du Forum et maître de cérémonie de la session : « Considérez-vous que la culture puisse être un pouvoir capable de défier le fanatisme ? », Élie Barnavi répond : « Au fil des ans il a bien fallu se rendre à l'évidence, Barrès n'était pas un crétin dénué de culture, ni Maurras, ni Céline, ni la cohorte d'officiers SS bardés de diplômes qui goûtaient la musique et les auteurs classiques. Non, la culture n'est pas nécessairement un antidote au fanatisme et à la barbarie. C'est plus compliqué que cela, hélas. Pis, fanatisme et barbarie font partie de la culture, prennent appui sur la culture, dressent une culture contre les autres. Faire marcher les victimes vers les chambres à gaz au son de Beethoven, ce fut un acte de culture. »

Allegro

Heureusement, la même année, une autre voix israélienne, pleine d'optimisme, devait se faire entendre grâce à Michel Kichka[2], un des dessinateurs de Cartooning for Peace, fondé par Plantu.

« Je suis allé avec quatre de mes collègues israéliens à Bethléem, qui n'est ni une ville d'Israël, ni une ville occupée ou administrée, mais qui appartient déjà à la future Palestine. […] Nous avions rendez-vous avec 250 Palestiniens de Bethléem qui n'avaient plus vu d'Israéliens depuis quelques années. Après avoir présenté Cartooning for Peace, Plantu a appelé Ali sur scène, ce qui n'était pas du tout prévu. Ce fut la première fois que j'ai entendu Ali parler sa langue maternelle, l'arabe. Je ne sais pas ce qu'il a dit, je n'ai rien compris, mais j'ai été profondément touché par l'émotion que son discours a suscitée dans la salle. Au terme de ses propos, il nous a appelés, mes quatre collègues et moi, à monter

1. *Culture, les raisons d'espérer*, Actes du Forum d'Avignon 2012, Gallimard – Forum d'Avignon, p. 79.

Elie Barnavi est conseiller scientifique du musée de l'Europe en Israël et un ancien ambassadeur d'Israël en France.

2. *Ibid.*, p. 221.

sur scène, face au public, en nous donnant la main. Il a demandé au public de nous accueillir : nous avons eu droit à une standing ovation de trois minutes. Quand nous sommes redescendus, un homme est venu et m'a dit : "Écoutez, je suis de Bethléem, j'ai perdu mon fils tombé lors d'un combat avec Tsahal. Je n'éprouve aucune haine pour vous et je vous remercie d'être venu à Bethléem. J'espère qu'un jour nous vivrons en paix." Je suis reparti en pleurant. Voilà ce que je voulais vous dire. »

Andante grazioso

Gravité, contestation, concentration ont marqué ces Forum, mais, l'émotion, au-delà du témoignage précédent, grâce à des artistes plus brillants les uns que les autres, que ma plume maladroite est bien incapable de faire partager, et puis aussi, heureusement, l'humour, qui n'a pas fait défaut, grâce surtout à Plantu.

Il y a quelques décennies, Sidonie, ma fille, passait son bac de philo sur un sujet tout à fait adapté à son âge : « Sur quoi peut-on fonder la certitude d'avoir raison ? » Le soir même, en première page du *Monde*, Plantu croquait une salle de classe dans laquelle étaient assises les grandes figures politiques de l'époque, Jean Lecanuet, François Mitterrand, Jacques Chirac... plus ou moins en train de sécher sur le sujet, et Raymond Barre, hilare, de la bouche duquel s'échappait « Fastoche ».

J'ai rencontré Plantu un peu plus tard, après la sortie de *Camille Claudel*. François Mitterrand, Rodin sévère, juge le travail de Michel Rocard, Camille Claudel, transpirant à grosses gouttes, réalisant une sculpture de *La Situation sociale* représentée par un enchevêtrement de tuyaux. « C'est nul », dit le président. « Merci maître », répond le Premier ministre.

Au Forum, pas totalement déconnecté de « l'art cinématographique », Plantu dessine « Fellini au paradis[1] » qui, avec son haut-

1. *Les Stratégies culturelles pour un nouveau monde*, Actes du Forum d'Avignon 2009, dessins de Plantu, Gallimard – Forum d'Avignon, p. 30-31.

parleur, dirige *La Cité des femmes.* À l'arrière-plan, saint Pierre furieux s'adresse à Dieu avec ce commentaire : « Depuis qu'il est là, c'est le bordel… ».

Sur un autre dessin, Fellini, entouré de femmes opulentes, complète le casting de *La Cité des femmes.* Se présente alors la Mort, vêtue de noir avec sa faux. « Ma ! Trop maigre ! » s'exclame le maestro.

D'une exquise gentillesse, Plantu a accompagné tous les Forum, croquant à la vitesse de l'éclair les différents intervenants, notamment Maurice Lévy[1] en Monsieur Loyal, faisant sauter l'ordinateur dans le cercle du copyright, ou moi-même[2] en pape, couvert de l'auréole du copyright.

1. *Nouveaux Accès, nouveaux usages à l'ère numérique : la culture pour chacun ?,* Actes du Forum d'Avignon 2010, dessins de Plantu, Gallimard – Forum d'Avignon, p. 2.

2. *Ibid.*, p. 32.

ANNEXE XII

La culture pour tous
Aimer la France
Ma capitale

APPROCHE D'UN ORDRE DE GRANDEUR FINANCIER

Ceci n'est pas un budget. C'est une réflexion personnelle, sans la moindre aide extérieure, permettant d'avoir une idée de l'ordre de grandeur du coût de la manifestation.

POPULATION CONCERNÉE CLASSE D'ÂGE DES QUINZE-SEIZE ANS

Pour des raisons de coût et d'organisation, une seule tranche d'âge est retenue, celle des quinze-seize ans.

Il est plus complexe administrativement d'organiser des voyages pour les plus jeunes ; quant aux plus âgés, ils ont des examens de fin d'études secondaires.

À terme, tous les Français qui auront quinze ans et moins au lancement de « La culture pour tous, ma capitale » seront à même d'en bénéficier.

Pour leurs aînés qui n'auraient pas eu la chance de connaître « leur capitale », d'autres dispositifs pourront être imaginés.

Une classe d'âge d'adolescents compte sensiblement 800 000 personnes représentant, dans une France de 67 millions d'habitants, 1,2 % de la population.

Même si d'importantes différences existent d'une région à l'autre, ce pourcentage global a été conservé pour chacune d'elles, à l'exception des territoires ultramarins, où il a été augmenté d'un tiers, le portant ainsi à 1,6 %.

Comme le coût du transport vers la capitale varie considérablement en fonction de la région de résidence, les populations doivent être comptabilisées par zone géographique.

La population francilienne s'élève à 12 millions d'habitants, soit, aux arrondis près, 150 000 adolescents.

La population corse s'élève à 340 000 habitants, soit, aux arrondis près, 4 000 adolescents.

La population ultramarine s'élève à 2,2 millions d'habitants, soit, aux arrondis près, 36 000 adolescents.

La population métropolitaine, hors Franciliens, s'élève à 52,5 millions d'habitants, soit, aux arrondis près, 630 000 adolescents.

Les accompagnateurs

Il est envisagé d'avoir deux accompagnateurs par groupe de 10, soit 20 % de la population adolescente.

Comme il est souhaitable qu'un des accompagnateurs soit de la région de résidence des adolescents et l'autre proche de la capitale, le coût de transport des accompagnateurs vers la capitale ne concerne que la moitié d'entre eux.

Le coût de leur séjour est considéré comme équivalent à celui des adolescents, même s'ils se choisiront vraisemblablement les meilleurs logements...

Récapitulatif théorique

Nombre de participants par zone géographique

	Adolescents	*Accompagnateurs*	*Total*
Métropole hors Franciliens	630 000	63 000	693 000
Franciliens	145 000	96 000	241 000
Corses	4 000	400	4 400
Ultramarins	36 000	3 600	39 600
Total	815 000	163 000	978 000

Arrondi à 1 000 000.

Comme il est évident que tous les adolescents ne pourront pas participer au déplacement, pour des raisons de santé ou autres, l'opération devrait concerner, particulièrement les premières années, sensiblement les deux tiers de la population éligible totale, soit 650 000 participants.

Des mécanismes de « rattrapage » pourraient être envisagés par la suite.

Récapitulatif retenu

Métropole hors Franciliens	460 000
Franciliens	160 000
Corses	3 000
Ultramarins	27 000
Total	650 000

DURÉE DU SÉJOUR

Il est raisonnable de penser que les groupes doivent rester dans la capitale et ses environs cinq jours pleins et six nuits, arrivant le dimanche soir et repartant le samedi matin.

Pour que l'opération soit un succès et éviter des bouchons ingérables, « Ma capitale » doit se dérouler tout au long de l'année scolaire.

L'année scolaire est administrativement de 36 semaines.

Pour laisser quelques semaines de battement après la rentrée, avant et après les vacances, il est raisonnable et indispensable de pouvoir compter sur 32 semaines.

Devant accueillir 650 000 participants pendant une semaine, la capitale recevrait hebdomadairement 20 000 participants pendant trente-deux semaines.

LES FRAIS D'HÉBERGEMENT

Les frais d'hébergement concernent tous les adolescents, à l'exception éventuelle des Franciliens.

Les Franciliens, au nombre de 160 000, n'ont a priori ni à être transportés ni à être logés, arrivant à destination avec leurs accompagnateurs par leurs moyens de transport habituels.

Pour assurer une meilleure fusion des groupes, une meilleure connaissance de l'autre, il serait toutefois éminemment souhaitable que tous les participants soient logés à la même enseigne, ce qui, en matière de mixité régionale, est bien préférable.

Dans la région parisienne, le logement Ibis budget varie de 49 à 79 euros. Un coût inférieur à 50 euros doit pouvoir être obtenu, soit 350 euros la semaine.

Si l'armée prête ses services, le coût est nul.

Si chacun est logé à la même enseigne, le coût du logement s'élève à :

650 000 × 350 = 227 500 000 euros.

Si les Franciliens sont logés à leur domicile, le coût du logement diminue de 56 millions :

490 000 × 350 = 171 500 000 euros.

Par ailleurs, comme l'expérience doit être un succès appelé à devenir pérenne, la construction de logements de qualité dans la région parisienne, réservés à ces groupes pendant l'année scolaire et disponibles éventuellement pendant la période des vacances, pour des groupes comparables d'adolescents étrangers, pourrait être envisagée…

Paris se prépare à accueillir les Jeux olympiques. Quelque 3 000 logements doivent accueillir 7 000 athlètes.

À l'issue des Jeux, ils pourraient accueillir une partie des groupes, sensiblement un tiers. Il restera à trouver ou construire les quelques milliers de logements qui manqueront, ce qui pourrait faire l'objet d'un concours, l'architecture étant le premier des arts…

COÛT DES REPAS

Sachant que le prix moyen d'un repas familial est de 6 euros auxquels il faut ajouter les charges de personnel pour la préparation, évaluées à 4 euros, le coût d'un repas peut raisonnablement être estimé à 10 euros, à rapprocher du coût d'une ration militaire, qui s'élève à 10,30 euros.

Chaque participant prend pendant sept jours deux repas et un petit déjeuner quotidiens.

Le coût du petit déjeuner est évalué à un demi-repas, soit 5 euros.

Le coût quotidien par participant serait donc de 25 euros pendant sept jours, soit 175 euros par participant.

COÛT DES TRANSPORTS

Transports à l'intérieur de Paris et dans ses environs

Le transport des participants dans la capitale et ses environs devrait être pris en charge par la SNCF et la RATP.

Transports du lieu de résidence à Paris

Le coût du transport varie considérablement en fonction du lieu de résidence, de la date de réservation et de la saison.

Les chiffres donnés sont des évaluations qui devraient en général pouvoir être revues à la baisse, compte tenu du nombre de participants, de l'objet du déplacement, de la régularité et de la prévisibilité des voyages, et de l'implication des pouvoirs publics.

Pour les Franciliens, il est considéré comme nul, ceux-ci disposant a priori des moyens de transport nécessaires à leurs déplacements dans la région.

Pour les métropolitains hors Franciliens, le prix minimum Paris-Lyon, distance moyenne retenue entre les grandes métropoles et Paris à bord d'un « car Macron », est de l'ordre de 10 euros ; l'aller-retour s'élève donc à 20 euros.

Pour les Corses, un aller-retour Paris-Ajaccio en ferry est inférieur à 100 euros, auquel s'ajoute l'aller-retour Paris-Marseille, le tout évalué à 100 euros.

Pour les Ultramarins, le coût d'un billet d'avion aller-retour est difficile à évaluer.

Les chiffres donnés sont fondés sur les prix les plus bas trouvés sur Internet, qui sont pour un aller simple à Nouméa de 700 euros, 800 euros pour Saint-Pierre-et-Miquelon ou de 600 euros pour un aller-retour à Pointe-à-Pitre.

Compte tenu du fait que tous les déplacements ne pourront pas être effectués en basse saison et les jours les plus creux, et que le prix du kérosène va augmenter, un prix moyen de 1 000 euros a été retenu pour éviter de mauvaises surprises.

Toutefois, une négociation poussée, avec tout l'appui des pouvoirs publics, devrait permettre d'obtenir un prix moyen substantiellement inférieur à ce montant.

	Nombre	Coût unitaire	Total
Métropole hors Franciliens	460 000	20	9 200 000
Franciliens	160 000	0	0
Corses	3 000	100	300 000
Ultramarins	27 000	1 000	27 000 000
Total	650 000		36 500 000

DÉFRAIEMENTS...

Le concept de « La culture pour tous, ma capitale » est fondé sur l'idée que ceux qui ont la chance de baigner dedans, simplement parfois parce qu'ils sont plus âgés, dans le respect de la culture de l'autre, aient envie – j'aime ce mot – de la faire partager.

Les accompagnateurs doivent donc, dans cet esprit, être des volontaires qui ne sauront pas tout sur tout mais qui, Parisiens ou amoureux de Paris, rêveront de partager leur expérience.

Il n'est donc pas envisagé de défraiement particulier, les adultes étant traités pour l'hébergement, les repas et les transports comme les adolescents.

RÉCAPITULATIF DE L'ENSEMBLE DES COÛTS INVENTORIÉS

	Participants (en milliers)	*Coût unitaire (en euros)*	*Total (en millions d'euros)*
Hébergement	650	370	240,5
Repas	650	175	113,75
Transports	36,5		36,5
Sous-total	384,25		377,75
Divers et imprévus	15 %		377,75
Total			434,35

Soit une enveloppe, sous bénéfice d'inventaire, d'environ 435 millions d'euros qui pourrait être diminuée d'une cinquantaine de millions si les Franciliens restaient hébergés à leur domicile, ce qui n'est pas souhaitable.

En revanche, une baisse de 20 % sur le poste de l'hébergement, ramenant la nuitée à 40 euros, voire moins, ce qui me semble tout à fait réaliste, permettrait de réaliser la même économie…

EXTENSION POUR LES ULTRAMARINS À D'AUTRES RÉGIONS MÉTROPOLITAINES

Les Ultramarins bénéficient en général de conditions climatiques de rêve, sauf peut-être Saint-Pierre-et-Miquelon, mais ils n'ont pas, comme les métropolitains, la chance d'avoir à proximité une autre région française dans laquelle ils peuvent se rendre aisément.

Je propose donc que, dès la première année du lancement de « Ma capitale », pour éviter des coûts de transport élevés, le séjour des Ultramarins dans la capitale soit suivi par une visite de deux régions, éventuellement trois, portant la durée de leur séjour d'une à deux semaines.

Aux arrondis près, le coût serait comparable à celui du séjour parisien, et même si une partie des frais de transport devrait être absorbée par la différence de prix entre le coût de l'hébergement parisien et celui des grandes métropoles, je retiens comme base de calcul pour le transport les cars Macron, 2 000 km par 40 euros par participant, soit pour les 27 000 participants une charge de 1,08 million.

Sur la base d'une durée de sept jours, d'un coût quotidien de 550 euros pour 27 000 participants, l'investissement serait de 14,85 millions, auquel s'ajoute le coût du transport, évalué à 1,08 million, donnant un total de 16 millions d'euros environ.

En se fondant sur ces hypothèses, le coût global de l'opération serait alors de 450 millions d'euros par an.

ANNEXE XIII

*Quarante-huit heures à bord de l'*Inflexible

Avant d'entreprendre une patrouille opérationnelle de quelque trois mois, pendant quarante-huit heures, les SNLE (sous-marins nucléaires lanceurs d'engins) font des essais en mer au cours desquels ils embarquent une demi-douzaine d'invités qui sont d'abord des officiers de marine, à commencer par l'amiral commandant les sous-marins nucléaires, le futur commandant du bâtiment, un ou deux spécialistes et de temps en temps un ou deux civils, notamment des journalistes. La France dispose à l'époque de 6 SNLE.

Après quelques mois d'attente suivant la proposition de Jean Schmitt, je suis convoqué à Brest, où, après avoir passé une nuit en solitaire, un enseigne de vaisseau, qui s'est annoncé la veille, vient me prendre à huit heures. Je pense que nous allons embarquer.

Nous partons pour une visite de l'École navale. Je suis ensuite conduit à l'Amirauté pour le déjeuner. Celui-ci est présidé par l'amiral Michel Merveilleux du Vignaux, commandant de la force sous-marine française. Je suis le seul civil. Les services de renseignement ont bien fait leur travail : il sait tout de moi et de ma famille…

Vers quatorze heures nous embarquons à bord de

l'*Inflexible*[1]. Celui qui n'a pas entendu la succession de coups de sifflet qui accompagnent la montée à bord de l'amiral commandant une flotte sur un de ses bâtiments de guerre devant l'équipage au garde-à-vous n'a rien entendu. C'est discret et impressionnant.

Le commandant en second nous indique nos chambres respectives et nous nous préparons pour le départ. Quelques privilégiés ont le droit de rejoindre le commandant et les officiers de quart dans le kiosque.

De miniremorqueurs se collent au monstre noir. La rade est vide, des fusiliers marins sur des Zodiac s'assurent que personne ne puisse approcher.

Les remorqueurs s'écartent, nous embouquons le goulet de Brest. Malgré ses deux minces ailerons, le sous-marin roule bord sur bord, gros cigare cylindrique inapproprié à la houle de travers. Le bâtiment s'enfonce dans la plume, et l'eau, qu'aucun briselame n'arrête, longe la coque bien lisse et vient se briser contre le kiosque, lui donnant à juste titre son surnom de « baignoire », dont les occupants, pour éviter d'être trempés, n'ont d'autres ressources que de s'accroupir pour laisser les vagues passer au-dessus de leur tête. C'est un spectacle original de voir le commandant, l'équipe de quart, l'amiral et ses invités se baisser tous ensemble pour se redresser trempés et heureux, dans l'attente de la prochaine vague. Dans moins d'une heure, le monstre s'enfoncera dans les profondeurs et il leur faudra attendre quelque quatre-vingt-dix jours pour prendre une nouvelle « bolée bretonne ».

À la sortie du goulet, une frégate veille au large, alors que dans les profondeurs un sous-marin ami nous attend. La longue antenne bourrée de capteurs, oreille du sous-marin, est filée, le kiosque se vide, et lentement le monstre s'enfonce dans les flots.

Michel Merveilleux du Vignaux est mon guide dans ce nou-

1. L'*Inflexible* est le dernier sous-marin de la classe du *Redoutable*, premier sous-marin nucléaire français lanceur d'engins. Il est en service actif de 1985 à 2008. Il est le premier sous-marin à avoir reçu le missile M4, qui embarque 6 ogives de 150 kt d'une portée de 4 000 km.

veau monde dont j'ignore tout. Il est heureux de ses responsabilités, car, me dit-il, il est « le seul amiral à naviguer régulièrement, participant systématiquement à chaque départ de patrouille ».

Pendant quarante-huit heures, le sous-marin, qui sort d'une période d'entretien plus ou moins longue, fait des essais en mer au cours desquels la plupart des situations critiques sont simulées, l'incendie, le tir de missiles, le combat... À peine ai-je embarqué que les coups de sirène émis en cas de feu à bord retentissent. C'est le pire risque pour un sous-marin, dans une ambiance confinée où l'évacuation des fumées est particulièrement délicate.

Sitôt l'exercice incendie achevé, nous simulons un tir de missiles... Celui-ci est complexe, car le bâtiment doit être parfaitement à l'horizontale pour que les tubes de tir soient à la verticale. Cette position est difficile à obtenir dans l'élément liquide par le seul réglage des ballasts, pour une masse de 9 000 tonnes, de près de 130 mètres de long et naturellement « souple ».

Troisième exercice, le combat avec un autre submersible est inquiétant, car nous sommes moins manœuvrants que « l'ennemi »...

La vie à bord est confortable. Privés de vue et de grand air, les marins, triés sur le volet tant pour leurs compétences que pour leur résistance psychologique, sont choyés. Coupés du monde extérieur, ils pourraient jouer du piano grâce à la double coque... il n'y en a pas, mais il y a des guitares. La propulsion nucléaire offre toute l'énergie nécessaire, ce qui se traduit par eau douce et climatisation à volonté.

Pour ne pas trop troubler les corps et les esprits, la lumière de l'éclairage change toutes les douze heures, blanche le jour, rouge la nuit. La profondeur maximale reconnue est de moins 300 mètres[1]. On y puise un peu d'eau, qu'on fait boire aux

1. Les derniers sous-marins allemands, à la fin de la Seconde Guerre mondiale, atteignaient ces profondeurs. Il est généralement admis que les sous-marins les plus modernes, russes et américains, éventuellement français, dépassent les 600 mètres de profondeur.

novices, rite comparable à bord des sous-marins au « passage de la ligne » des temps anciens. Au-delà, on rentre dans le secret-défense.

L'équipage reçoit des messages de la terre une fois par semaine[1]. Le commandant les lit avant de les faire distribuer et garde pour lui ceux qui lui paraissent trop dévastateurs, comme la mort d'un proche, qui ne seront remis aux intéressés qu'à la fin de la patrouille[2].

Le SNLE est un bâtiment spécifique. Il porte la mort, la mort absolue, celle de dizaines de millions de civils habitant dans les villes les plus peuplées de la planète. Imaginée et voulue par Charles de Gaulle, à l'image à l'époque de celle des seuls USA et URSS[3], la force de dissuasion repose d'abord sur les SNLE. Ceux-ci doivent se fondre dans les océans pour ne pas être repérables par les forces ennemies et être capables à tout instant de porter la mort le plus loin possible grâce à des missiles toujours plus puissants, toujours plus meurtriers.

Le sous-marin doit toujours être en mer, et la durée de la mission, quatre-vingt-dix jours, n'a pour limite que la quantité de vivres frais et la résistance des hommes.

Sa défense, c'est le silence des grandes profondeurs, son propre silence. Il évolue lentement, tapi et à l'écoute. Ses adversaires sont les faux chalutiers, bourrés d'électronique, qui le traquent, véritables bateaux espions. Mais son ennemi, c'est son frère, le prédateur, le SNA, sous-marin nucléaire d'attaque, plus petit, plus rapide et plus maniable, dont il est la proie de choix.

Pour les repérer, le SNLE embarque à son bord des « oreilles

1. La famille des sous-mariniers est suivie de près. Il leur est recommandé d'écrire systématiquement chaque semaine.

2. Une seule patrouille à l'époque avait été interrompue. Le médecin du bord, victime d'une crise aiguë d'appendicite, avait été hélitreuillé. Il m'avait alors été précisé qu'en cas de grave crise internationale, le SNLE n'aurait pas refait surface et qu'il serait revenu à l'infirmier d'opérer le médecin.

3. La Grande-Bretagne dispose de SNLE, mais comme ceux-ci font appel à la technologie américaine, leurs missiles ne peuvent être utilisés qu'avec l'accord des États-Unis.

d'or », hommes très jeunes entraînés dans l'analyse des sons les plus faibles et dont les capacités auditives sont particulièrement développées. Chaque bateau, « ami », « ennemi » ou « indéterminé », donc suspect, a une « signature » acoustique. Chaque nouvelle signature est enregistrée dans des banques de données. En dehors des chalutiers, réels ou feints, les grands bruits sous-marins sont dus aux cachalots qui font l'amour ou aux bancs de krills qui, en se frottant les uns aux autres, font un chahut incroyable.

Le sous-marin, pour ne pas être repéré, n'émet presque jamais mais peut recevoir à tout moment, ou presque, l'ordre fatal, responsabilité suprême du chef de l'État, responsabilité suprême aussi du commandant et de son second, associé à la décision. Responsabilités d'hommes qui déclenchent l'apocalypse. Chacun se pose la question, au moment de l'élection présidentielle, de savoir si son candidat, en cas de crise mondiale, appuierait sur le bouton. Personne ne se pose celle de savoir si le commandant du SNLE refusera d'exécuter l'ordre... L'amiral Orsini[1] m'a dit avoir soulevé la question devant François Mitterrand. Celui-ci ne lui a pas donné de réponse...

Au bout de quarante-huit heures, nous devons nous séparer. L'*Inflexible* vers les abysses, nous vers Lorient.

Pour ne pas changer, la météo est médiocre dans le golfe de Gascogne. Face à la houle, le pont est balayé par les vagues. Le Super Frelon est en vol stationnaire. Par un tel temps, pour éviter tout risque d'être emporté par une vague, l'hélitreuillage devrait se faire depuis le kiosque. Mais celui-ci comporte un risque. Si la houle est mal anticipée, le corps inerte suspendu à un filin peut violemment heurter les parois du kiosque, entraînant fracture du bassin ou tout autre accident de ce type. Entre marins, le choix serait vite fait, mais la présence du « péquin » que je suis complique la décision... Le Super Frelon ne peut

1. Francis Orsini succède à Michel Merveilleux du Vignaux en 1989 à la tête de la FOST (Force océanique stratégique).

guère attendre car il n'aura bientôt plus l'autonomie suffisante pour regagner Lorient.

La décision est prise, la ligne de vie est tendue sur le pont. Un quartier-maître s'y crochète, me saisit et me croche à lui. Il m'emmène au bout du pont, agréablement submergé par les vagues, pantalon et souliers trempés. Il me passe le harnais, me répète la consigne, « les mains sur les couilles », et je suis en l'air suspendu à un câble au milieu de l'océan gris, au-dessus d'un pont noir qui s'échappe souvent à ma vue, instant fugace, souvenir impérissable. Je suis saisi, débarrassé du harnais qui déjà redescend cueillir les officiers, suivis de l'amiral. Le ballet est terminé. L'hélico file vers Lorient, l'*Inflexible* s'enfonce dans les profondeurs pour trois mois.

ANNEXE XIV

Le Rallye des Pharaons

1er octobre – 12 octobre 1989

À partir de janvier 1987, Jean Todt me fait systématiquement inviter par Jean Boillot sur le Paris-Dakar, où, pendant quarante-huit heures, je serai leur hôte.

Saisi par la magnificence du désert, je manifeste un jour mon désir de participer à un rallye-raid. Jean me recommande Les Pharaons. Les mois passent, l'idée chemine tranquillement. Quelque temps plus tard, Peugeot ayant annoncé sa décision de se retirer des rallyes-raids, Jean me propose de me prêter une ancienne voiture d'assistance.

Je suis enivré par cette idée. Mon copilote naturel est mon frère Michel, qui partage ma passion des voitures. Le seul sujet sera de savoir lequel de nous deux conduira. Dans ma tête, ce sera à tour de rôle, ce qui sur le plan sportif n'est sûrement pas une bonne idée. Mais nous ne serons pas là pour gagner… Les mois s'écoulent, l'échéance approche, et Michel est interdit de Pharaons par son épouse, qui juge l'épreuve trop risquée. Je n'ai pas d'inquiétude pour trouver un autre équipier, mais celui-ci tarde à me donner sa réponse car il doit déplacer quelques rendez-vous.

Jean m'appelle : « Comme la réglementation des rallyes a changé, Peugeot modifie sa stratégie et poursuit sa participation aux rallyes-raids. »

Leur abandon programmé a conduit Jacky Ickx à quitter à la fin de l'année l'écurie Peugeot pour une autre. Il faut donc former aux rallyes-raids un nouveau pilote. Jean a choisi Björn Waldegård, champion du monde des rallyes en 1979. Pour tenir sa parole et récupérer sa voiture, Jean me propose d'être le navigateur de Waldegård. Je crois rêver. Je me retrouve promu navigateur d'un vrai compétiteur, moi qui n'ai aucune expérience de la navigation automobile, des rallyes, du désert... Même si Jean sait tout ça, je le lui rappelle. Il maintient sa proposition. Je suis intégré dans l'équipe Peugeot Talbot Sport du Rallye des Pharaons, édition 1989.

Le premier jour est étrange. Les voitures engagées n'arriveront à Alexandrie que le lendemain. Logés dans un hôtel à côté des pyramides, nous partons avec des 4 × 4 de location et leurs chauffeurs. Au pied des dunes, les pilotes de rallye se mettent au volant, après avoir poliment prié les chauffeurs de s'installer sur les sièges arrière et avoir, sous leurs yeux médusés, ramené la pression des pneus de 3 kilos à 0,5 kilo. Je vois ces hommes choisir leur trace, les voitures grimper comme des dromadaires pour arriver idéalement au sommet de la dune, à l'arrêt, le train avant engagé dans la descente, pour examiner les surprises que celle-ci peut réserver. Si la pente est douce et régulière, aucun problème. Si la pente de la dune n'a pas le même alignement des deux côtés, la voiture en travers risque de verser. Si la dune est à bosses, cachant de brutaux changements de pente, le risque, si la descente est trop lente, est l'ensablement dans les creux, et, si la descente est trop rapide, le tonneau juste après la bosse... Ce petit galop d'essai montre la tranquille assurance des anciens, même avec de simples véhicules de location, et l'appréhension des novices.

Le lendemain est un autre jour. C'est, autour des pyramides, le parcours de classification pour l'ordre des départs. Pendant le repérage, je prends des notes comme à la Sorbonne. Le départ donné, les choses changent. Björn est chez lui. C'est la piste dont il est un spécialiste. Il n'y a pas de dunes. Il file comme l'éclair, je suis dans un cylindre de machine à laver. Je ne sers à rien, je suis nul et dépassé. Je n'ai pas suffisamment serré la sangle de mon casque, qui tombe sur mes lunettes. Mes notes, dont j'étais si fier, sont écrites en trop petits caractères et illisibles dans la poussière. Très vite, je ne sais même plus où j'en suis. Le seul équipement dont je devrais me servir, le *trip master*[1], je ne sais pas l'utiliser. Il est temps que les 18 km sur lesquels Björn a pris ses propres repères soient terminés.

Le soir, les navigateurs des autres pilotes, de vieux routiers qui me sentent un peu dépité, me donnent quelques judicieux conseils. Depuis plusieurs minutes, j'ai en main mon premier *road book*[2] ; il faut le percer à la chignole pour solidement attacher les feuilles avec une cordelette afin d'éviter qu'elles ne s'envolent dans l'habitacle lors d'une cabriole. Marquer d'une couleur tous les points passés. Remettre le *trip master* à zéro à chaque point remarquable…

J'ai la conviction que si en trois jours je ne suis pas au niveau, je serai débarqué, ou, ce qui revient au même, que je devrai partir de mon propre chef… Les deux premiers jours posent peu de problèmes, même si je reste très médiocre.

Le troisième jour, les premières grandes dunes, proches de la frontière libyenne, se présentent. À leur pied, impressionnés, nous sommes nombreux à nous arrêter quelques secondes pour ne pas nous élancer de front à plusieurs et pour observer ceux qui passent et ceux qui s'ensablent.

Il doit être dix heures et demie, la chaleur dans nos combinaisons se fait sentir. Björn attaque la dune plein pot. Je suis assez admiratif, quand, à quelques mètres du sommet, il relâche les gaz et nous

1. Le *trip master* est un équipement électronique qui, pour être précis, doit être calibré en fonction de la pression des pneus. Il indique le temps passé et le kilométrage parcouru. Les équipements modernes donnent la position par satellite, ce qui n'est pas le cas en 1989.

2. Le *road book* contient les indications qui permettent d'arriver à destination. Selon les rallyes, les *road books* sont plus ou moins précis et détaillés. Celui du Rallye des Pharaons est considéré comme « bien fait ».

plante… Avec les concurrents qui nous rabotent l'espace à droite et à gauche, dans une chaleur épouvantable, nous passons plus d'une heure à mettre les crics, les plaques, et désensabler la voiture.

Compte tenu de son regard acéré sur ma navigation depuis le départ, je ne résiste pas à lui dire qu'il a levé le pied trop tôt. Il en convient, mais dans cette fournaise, l'ambiance est glacée… Björn franchit brillamment les dunes suivantes alors que, de retour sur le plat, la voiture commence à avoir de sérieuses pertes de puissance.

Jean trouve que nous aurions pu arriver plus tôt.

Le lendemain, dans le fond du classement, nous partons bien après les vedettes, et quelque deux heures après le départ, sur un grand plateau désertique, j'ai une très désagréable impression. Je vois au loin un concurrent du rallye couper notre route à angle droit. Björn, à juste titre, me demande si je suis sûr de ma direction. Quelques minutes plus tard, une autre voiture passe dans le sens opposé à celui de la précédente. Björn me repose la question, à laquelle je donne la même réponse.

Dans ma tête je reprends tout. Bruno Berglund, le navigateur d'Ari Vatanen, a précisé la veille que le parcours du lendemain présentait un passage délicat, mais trois voitures, dont la destination est la même, chacune dans une direction différente, c'est beaucoup. Environ une heure plus tard, la piste se rétrécit, les repères sont nets et correspondent aux indications du *road book*, nous sommes bien sur la bonne piste. Sans rien laisser paraître, je respire. Au bivouac, le soir, Bruno dira devant tout le monde : « Seul Nicolas a pris la *piste* directe… »

À partir de ce jour, sans nouer des relations intimes, notre binôme sera professionnel et respecté. Cela est d'autant plus nécessaire que si les trois voitures de course tournent comme des horloges, les voitures d'assistance tombent comme des mouches, ce qui me vaudra ce mot, que Jean ne trouvera qu'à moitié drôle, « nous sommes passés du statut de voiture d'assistance à celui d'assistée… ».

Le 4 octobre, Shekhar Mehta a un accident, heureusement sans dommages corporels, et doit abandonner. La troisième voiture d'assistance, qui essaie de nouveaux types de pneumatiques, multiplie les crevaisons et accumule les retards.

Quant à notre voiture, qui donne systématiquement des signes de fatigue au bout de deux-trois heures de route, elle décide un jour de s'arrêter au milieu de nulle part après avoir effectué à plus de cent à l'heure un joli saut sur une belle bosse.

En tant qu'équipage d'une voiture d'assistance, nous sommes « porteurs d'eau » et de nombreuses pièces de rechange dont nous essayons bon nombre sans succès. Les concurrents défilent plus vite que les heures, mais comme nous disposons d'une bonne réserve de pièces à essayer, nous ne leur demandons que de prévenir l'organisation de la course et celle de Peugeot de nos soucis mécaniques. Un camion d'assistance nous rejoint. Ses mécaniciens ne parviennent pas mieux que nous à remettre le moteur en marche. Après une bonne heure d'efforts supplémentaires inutiles, ils finissent par nous remorquer sur une piste sinueuse, étroite mais heureusement relativement plane, pendant 100 km. Au point de contrôle, déserté depuis plusieurs heures par les contrôleurs, nous attendons le second camion d'assistance, dont les mécaniciens ne parviennent pas plus à remettre le moteur en marche.

Ayant perdu quelques heures et quelques litres d'eau supplémentaires, nous sommes remorqués, au bout d'une sangle de dix mètres, sur 400 km de route goudronnée le long de la mer Rouge, de nuit, à 100 km/h, sans autre lumière que les feux rouges du camion remorqueur et les phares du camion suiveur, et sans autre visibilité que la roue de secours du premier…

Les concurrents sont arrivés vers midi. Il est près de minuit. Jean nous attend, nous laisse prendre une douche, et partage avec nous une collation qu'il a fait expressément mettre de côté. « Le Patron » est là et veille jusqu'au bout sur sa dernière couvée, serait-ce celle de vilains petits canards.

Le lendemain, jour de repos, permet aux mécaniciens de trouver le point faible de la voiture. Il fait particulièrement chaud en ce début d'octobre, 52 °C à Abou Simbel à la tombée de la nuit le 4 octobre, 70 °C dans les habitacles et plus de 110 °C dans les moteurs, fournaise que certains composants électroniques ne supportent pas. Les mécaniciens vont installer de petits ventilateurs complémentaires pour les rafraîchir.

La voiture filera ensuite comme une bombe sur les pistes désaffectées des avions de Montgomery, se faufilera entre les carcasses de Mig abattus pendant la guerre des Six Jours, les épaves de 4 × 4 des rallyes précédents ou les squelettes de dromadaires.

Ce n'est pas grâce à nous, et surtout à moi, que les Peugeot ont gagné. J'ai partagé sur le terrain la victoire d'une grande équipe, menée par un capitaine qui ne sait pas tout faire, mais qui sait choisir le meilleur dans chaque discipline, qui s'assure que chacun se donne à fond pour le bénéfice de tous et qui ne ménage pas sa peine, attentif au premier des pilotes comme au plus humble des participants.

Quant à moi, j'ai encore du soleil plein les yeux, des vrombissements plein les oreilles et du sable plein le nez…

ITINÉRAIRE SOMMAIRE

L'épreuve du Rallye des Pharaons se déroule dans le désert égyptien du 1er au 12 octobre 1989. Le départ est donné au Caire.

Le rallye part vers l'ouest et la frontière libyenne, après avoir traversé les oasis de Bahariya et de Farafra ; il pique ensuite vers le sud et Abou Simbel. Il remonte alors vers le nord-est en longeant la mer Rouge pour rejoindre ensuite Le Caire en descendant la vallée du Nil et en passant par Assouan, Hurghada et Samalut. Le parcours s'étend sur près de 5 000 km, dont 3 000 km de spéciales dans le désert.

L'ÉQUIPE PEUGEOT

L'équipe Peugeot est composée de :

— trois voitures de course dont les équipages sont les suivants : Ari Vatanen & Bruno Berglund, Jacky Ickx & Christian Tarin, Michèle Mouton & M. Baumgartner ;

— trois voitures d'assistance rapide, la première pilotée par Shekhar Mehta avec sa femme pour navigatrice, la seconde composée de deux mécaniciens, et la troisième de Björn Waldegård et moi-même ;

— six camions Mercedes 4 × 4 ;

— deux camions Mercedes 6 × 6.

Les camions sont sous l'autorité de Georges Groine, vainqueur du Paris-Dakar, catégorie camions, en 1982 et 1983. Dans chaque camion, un conducteur et deux mécaniciens.

Jean Todt suit le rallye de façon permanente. Il rallie les étapes par des routes goudronnées.

Il est présent à tous les départs et à toutes les arrivées pour donner les consignes qu'il juge utiles.

Il est constamment tenu informé des « incidents » de course.

Il bivouaque avec l'ensemble de l'équipe la nuit après avoir procédé aux retours d'expérience de la journée.

REMERCIEMENTS

Antoine Gallimard m'a conseillé tout au cours de l'élaboration de ce récit. Il a dû lire la première version en janvier 2016, la seconde cinq ans plus tard, la troisième deux ans plus tard et enfin celle-ci… Qu'il soit très chaleureusement remercié pour ce marathon éditorial auprès d'un auteur débutant.

Il m'a alors confié aux soins de Karina Hocine, qui a été d'une délicatesse et d'un encouragement incomparables.

Celle-ci a fait successivement appel à Stéphane Arteta et Clément Ribes, qui m'ont accompagné dans la remise en forme du texte.

Cécile Delmas a été une correctrice aimable, attentive et dévouée dont le travail a été complété par Vincent Châtelet.

Enfin tous les anonymes qui ont transformé une rame de pages raturées en un ouvrage de librairie.

Que chacune et chacun sachent que je leur suis très reconnaissant du temps, de la patience et de l'énergie qu'ils m'ont consacrés.

Avant-propos 9

1. *La tradition et le risque* 11
   MARGUERITE DE WITT-SCHLUMBERGER 11
   MARCEL SCHLUMBERGER 14
   MATHILDE SEYDOUX
   ET JEANNE SCHLUMBERGER 17
   LA DÉCOUVERTE DU CINÉMA 21
   RENÉ SEYDOUX 24
   GENEVIÈVE SEYDOUX 30

2. *Agir ou servir* 33
   MARIE SEYDOUX 35
   LA DÉFAITE 37
   LA CII : KOUFRA 38
   MORGAN STANLEY : BIR HAKEIM 40

3. *Gaumont* 45
   PAUL LEPERCQ 45
   JEAN RIBOUD 47
   JEAN-PIERRE RASSAM 49

LE DÉBARQUEMENT 54
ROGER SALLARD 57
JEAN LE DUC 58
PARAMOUNT 62
ALAIN SARDE 66
PIERRE VIOT 67
MARCEL DASSAULT 69
À LA BARRE 73
LE GAUMONT-PALACE 74
LE SENS D'UN NOM 76
SALUT L'ARTISTE : ALAIN POIRÉ (I) 78
CLAUDE PINOTEAU 82
YVES ROBERT 83
ÉDOUARD MOLINARO 85
GEORGES LAUTNER 86
MICHEL AUDIARD 89
ROBERT LAMOUREUX 91
L'URSS 92
LA CHINE 97

4. *Le tour de France des cinémas* 101

LE COMPLEXE 103
ÉVRY 109
LES GRANDES MÉTROPOLES 111
REIMS 111
CLAUDE BRASSEUR À SAINT-ÉTIENNE 112
MARGUERITE DURAS À GRENOBLE 113
ISABELLE ADJANI À MONTPELLIER 115
CHABAN À BORDEAUX 117
PIERRE MAUROY À LILLE 118
MARCEL GUILLAUME À AIX-EN-PROVENCE 119
LUCIEN DREYFUS ET LES CINÉMAS DE L'EST 121
PARIS 123
LES FRÈRES MALLE 127

5. *Mes parrains* 129

HENRI LANGLOIS 129
JEAN-LUC GODARD PAR JEAN-LUC GODARD 144

6. *Don Giovanni : Daniel* 157

DON GIOVANNI : L'HOMME 163
MARIE-CHRISTINE BARRAULT ET LE SUCCÈS DE *COUSIN COUSINE* 165
ISABELLE HUPPERT 166
MAURICE PIALAT 168
GÉRARD DEPARDIEU 169
DON GIOVANNI : LE FILM 172

7. *La Grande Illusion* 181

L'ITALIE 182
MILAN 186
CHEZ CASTEL, À ROME 187
LA PEAU 188
RIZ AMER 193
J'EN VEUX À FEDERICO FELLINI... 194
LE BRÉSIL 196
LES ÉTATS-UNIS 201
GAUMONT-NEW YORKER FILMS 203
TRIUMPH 204
TÉLÉFRANCE 205
RCA-COLUMBIA 208
LE FUNERAL PARLOR 209
DU MONT PALATIN AU PETIT LIRÉ 211
ERATO, QUI N'EST PAS LA MUSE DE LA MUSIQUE 211
LE POINT VERS LA ROYALE 213
DANIEL : LA SÉPARATION 217

8. *Le monde du silence* 223

1982 ÉTAIT UNE BELLE ANNÉE 225
UNE DÉCENNIE DE SOUFRE 226
FAUTE DE FUSION, C'EST LA SÉPARATION 229
SALUT L'ARTISTE : ALAIN POIRÉ (II) 231
LE TIERCÉ GAGNANT 231
JEAN-PAUL BELMONDO 232
GÉRARD OURY 234
ZIMBABWE-BOTSWANA 236
FRANCIS VEBER 238
1er MARS 1985 242
TV6 243
PATRICE LEDOUX 247
JEAN-JACQUES BEINEIX 248
LUC BESSON 249
LE GRAND BLEU 250
JEAN RENO 255
UN POIRÉ PEUT EN CACHER UN AUTRE 255
PATHÉ 258
LA RECONQUÊTE 261
LE MULTIPLEXE 261
TOULOUSE 264
CALAIS 23 MARS 1995 267
VALENCIENNES 19 JUIN 1996 271
IMAX 273
2000 274
LE MARIAGE DES CINÉMAS GAUMONT ET PATHÉ 279

9. *Le passage de témoin : Sidonie Dumas* 287

GAUMONT OR NOT GAUMONT ? 290
LA DEUXIÈME RECOMPOSITION DU CONSEIL 295

Le Directoire 302
Christian Clavier 302
Michel Boujenah 304
Olivier Marchal 305
Valérie Lemercier 306
Isabelle Mergault 307
Michel Hazanavicius 307
Djamel Bensalah 308
La directrice générale 309
Alain Goldman 310
Olivier Nakache, Éric Toledano 313
Omar Sy 318
Guillaume Gallienne 319
Franck Dubosc 320
L'année 2020 se présentait plutôt bien... 320

10. *Illusions perdues* 325

« La culture est à l'humanité... » 326
Une utopie 330
De l'utopie... au forum 333
Un nom 335
Qui pour incarner le Forum d'Avignon ? 336
Une adresse : Le Grand Palais 337
Les mécènes 337
Le fonctionnement 340
Lever de rideau 320
Le Grand Tinel 343
Le Conclave 345
Touchez pas au grisbi... 348
La culture ou le néant 348

11. *Le cinéma retrouvé* 355

12. *La culture pour tous. Aimer la France. Ma capitale* 369

UTOPIE, UTOPIE, UTOPIE 371

CONCLUSION 377

Histoire sans fin (je l'espère) 381

ANNEXES

I. *Ascendance simplifiée de Nicolas Seydoux* 387
II. *Gaumont. Le conseil d'administration* 388
III. *Gaumont. Évolution de la répartition du capital* 390
IV. *Gaumont. Les cinémas* 392
V. *Gaumont. La part de marché des cinémas Gaumont* 394
VI. *Gaumont. Les filiales* 396
VII. *Fréquentations cinématographiques comparées* 399
VIII. *Les principaux incendies dans les cinémathèques* 400
IX. *Gaumont. Italie* 402
X. *Gaumont. États-Unis* 405
XI. *Le Forum d'Avignon* 408
XII. *La culture pour tous. Aimer la France. Ma capitale* 423
XIII. *Quarante-huit heures à bord de l'*Inflexible 431
XIV. *Le Rallye des Pharaons* 437

Remerciements 445

Composition : Nord Compo
Achevé d'imprimer
par CPI Firmin-Didot
à Mesnil-sur-l'Estrée, en janvier 2024
Dépôt légal : janvier 2024
Numéro d'imprimeur : 177504

ISBN : 978-2-07-303143-3/Imprimé en France

611332